"十四五"时期国家重点出版物出版专项规划
中国共产党百年教育理论与实践研究丛书

总主编 靳 诺
执行主编 郑水泉 刘复兴

妇女教育

FUNÜ JIAOYU

主编 靳 诺 郑水泉

中国人民大学出版社
·北京·

中国共产党百年教育理论与实践研究丛书
编委会

总 主 编　靳　诺
执 行 主 编　郑水泉　刘复兴
编委会成员　（按姓氏笔画排序）
　　　　　　王树荫　邬志辉　刘复兴　吴　霓　张　剑
　　　　　　张晓京　周光礼　郑水泉　胡百精　胡莉芳
　　　　　　侯慧君　秦　宣　唐景莉　曾天山　靳　诺

总　序

2021年7月1日是中国共产党成立一百周年纪念日。2021年也是我们党的百年党史学习教育之年。2021年2月20日，习近平总书记在党史学习教育动员大会上强调："我们党的一百年，是矢志践行初心使命的一百年，是筚路蓝缕奠基立业的一百年，是创造辉煌开辟未来的一百年。……回望过往的奋斗路，眺望前方的奋进路，我们必须把党的历史学习好、总结好，把党的成功经验传承好、发扬好。"在庆祝我们党百年华诞的重大历史时刻，在"两个一百年"奋斗目标历史交汇的关键节点，我们着力推进"中国共产党百年教育理论与实践研究丛书"的编撰和出版工作，总结我们党百年来举办党和人民的教育事业的历史经验、伟大成就与重大意义。这是一件十分重要的工作，具有重大的历史价值、理论意义与实践意义。

第一，中国共产党自成立以来就高度重视教育工作，并取得了伟大历史性成就。在一百年的光辉历程中，中国共产党始终高度重视教育事业，在吸收中华优秀传统文化、西方优秀文化合理内核的基础上，以马克思主义为指导，结合新民主主义革命时期、社会主义革命和建设时期、改革开放和社会主义现代化建设新时期、中国特色社会主义新时代等不同历史阶段党的使命和任务，大力推动思想政治教育、义务教育、高等教育、职业与成人教育、农村教育、干部教育、妇女教育等教育事业的创新发展，为中国革命和社会主义建设输送了大批人才，为保障不同历史时期党的事业发展和战略目标的实现提供了坚实的智力支撑。特别是党的十八大以来，习近平总书记就教育改革发展作出了一系列重要讲话、指示批示，提出了一系列新理念新思想新观点，从根本上阐明了新时代中国特色社会主义教育的发展道路，回答了一系列方向性根本性战略性问题，为加快推进教育现代化、建设教育强国、办好人民满意的教育提供了根本遵循和行动指南。

第二，扎根中国大地办教育，必须坚持党的全面领导，传承党的红色基因。教育的发展必须有适合其生长的环境和土壤。中国的教育有着独特的内在逻辑和生成规律，我们党创造性地运用马克思主义基本原理和科学方法，在实践中形成了一系列关于教育工作的理论、方针和政策。我们需要循脉而行，不断深化对教育初心使命的领悟，从党史之脉把握教育的根本任务，从大历史观把握教育的战略定位，从百年奋斗把握教育的历史贡献。中国共产党办教育之所以取得伟大成就，根本原因在于坚持党对教育事业的全面领导，这为我国教育事业的健康发展提供了坚强的政治和组织保证。中国共产党办教育坚持马克思主义在教育工作中的指导地位，坚持教育的社会主义性质和办学方向，强调把为人民服务、为社会主义建设服务作为教育工作的根本宗旨，强调受教育者德智体美劳的全面发展。中国共产党办教育，正如同中国共产党发展自身一样，传承红色基因，赓续红色血脉，让教育事业始终航行在正确的方向上。

第三，从校史看党的教育史，中国人民大学是中国共产党创办新型正规高等教育的典范。回顾中国共产党百年教育史，涌现了一大批标志性的办学案例和成就。中国人民大学在其中具有举足轻重的地位。作为我们党创办的第一所新型正规大学，中国人民大学的前身是1937年成立于延安的陕北公学，以及后来的华北联合大学和华北大学。85年来，中国人民大学始终与党和国家同呼吸、共命运。中国人民大学的校史，承载着我们党创办和领导新型正规高等教育的伟大实践，折射着我们党培养造就先锋分子推动革命、建设和改革的不懈求索。总结中国共产党的百年教育理论与实践就是为中国教育寻根溯源，同时既能够从中国人民大学的办学史中总结我们党创办新型正规高等教育的思想与理念，又能够从历史的实践中加深我们今天对中国共产党为什么能、马克思主义为什么行、中国特色社会主义为什么好的理解。

总　序

2020年，在学校党委的统一部署下，我们启动了"中国共产党百年教育理论与实践研究丛书"的研究与编撰工作。研究团队的成员来自多个单位，主要有中国教育报刊社、中国教育电视台、教育部职业技术教育中心研究所、国家教育行政学院、中国教育科学研究院、中国科学院大学、北京师范大学、东北师范大学以及中国人民大学等相关研究机构与高校，它们有一个共同的特点，那就是与中国共产党举办新型正规高等教育的历史具有千丝万缕的联系，具有广泛的代表性。这套丛书是对我们党百年来教育理论与实践的系统性梳理，全角度、深层次、大范围地展现了中国共产党建党一百年来是如何随着中国革命和社会主义建设实践的发展而不断推进党和人民教育事业进程的历史画卷，是系统总结我们党的教育思想与理论的历史演进、鲜明特征、中国特色和成功经验的一个重要研究项目，也是以中国人民大学为代表的全体研究与编撰人员献给我们党一百年华诞和祝贺党的二十大胜利召开的一份厚礼。这套丛书不仅具有资料性，而且具有深刻的思想性和科学的指导性，对于在新时代继承中国共产党百年教育的历史经验，坚持马克思主义指导地位，贯彻党的教育方针，坚持走中国特色社会主义教育发展道路，培养德智体美劳全面发展的社会主义建设者和接班人，加快实现教育现代化，建设教育强国，都具有十分重要的启发与指导意义。

靳　诺

2022年3月29日

前　言

发展高质量妇女教育　促进妇女发展

　　中国共产党成立百年来，团结带领人民取得了新民主主义革命的胜利，建立和发展了社会主义制度，推动了社会主义建设，开创了中国特色社会主义，政治、经济、文化、社会等各项事业的伟大探索取得了巨大成就；党的十八大以后，中国特色社会主义进入新时代，党和国家的各项事业大大向前发展，胜利实现了第一个百年奋斗目标，我们离中华民族伟大复兴的目标从来没有如此近过。教育是民族复兴的基石，党的十九届五中全会明确提出"十四五"时期"建设高质量教育体系"，到2035年要建成教育强国。这一目标的提出，为新时代教育改革发展指明了坐标方位，是对新发展阶段教育工作做出的新部署，也是对妇女教育高质量发展提出的基本遵循和要求。

　　一直以来，党和国家始终高度重视促进性别平等和妇女事业发展，始终把教育赋能妇女发展摆在重要位置，始终关心和支持女性的成长和发展。从提出并实施男女平等基本国策，到建立包括100多部法律法规在内的全面保障妇女权益法律体系，再到持续实施中国妇女发展纲要，为广大妇女建功立业、实现梦想提供了广阔舞台。特别是党的十八大以来，以习近平同志为核心的党中央站在党和国家事业发展全局高度，进一步加强党对妇女工作的全面领导，将男女平等基本国策写入党的施政纲领，纳入社会发展总体规划和专门行动计划，以强有力的政治保障和制度机制保障，领导我国妇女事业在维护女性教育权益、创造男女平等的教育环境、促进女性价值实现等方面取得了历史性新成就。

经过持续不断的努力，我国妇女接受高等教育的机会不断增加，妇女人力资源培养与开发逐步增强，妇女优秀杰出人才接连涌现，高技能和专业技术人才中的女性占比持续提升。2020年，我国高等教育在校生中女研究生人数达到159.9万，占全部研究生的50.94%，与2010年相比提高了3.08个百分点；普通本专科、成人本专科在校生中女生占比分别为50.96%和57.98%，我国高等教育中女生占比已超过一半。无论是在脱贫攻坚战场上还是在抗击疫情一线，无论是在昼夜攻关的科研前线还是在紧张忙碌的乡村振兴中，妇女拼搏奋斗的身姿持续闪耀，妇女担当作为的精彩持续绽放，巾帼担当、巾帼力量正深深镌刻在中华民族伟大复兴的历史进程中。

同时，我们也清醒地认识到，在我国这样一个发展中大国，在经济快速发展、社会利益格局深刻调整的阶段，妇女发展的不平衡不充分问题仍然突出，妇女在权利、机会、资源分配等方面的平等保障仍存在不足，特别是新冠疫情的暴发，给女性的教育、健康、就业、权益保护等带来了新的挑战。促进性别平等和妇女发展任重道远，还需要我们共同努力。

2021年9月，国务院出台《中国妇女发展纲要（2021—2030年）》，特别把"妇女平等享有受教育权利，素质能力持续提高"作为总体目标的重要内容，并单设了"妇女与教育"发展领域，支持大力培养女性科技人才，明确要求教育工作全面贯彻男女平等基本国策，强调高校在校生中男女占比保持均衡，高等教育学科专业的性别结构逐步趋于平衡。这对我们提出了新的目标任务和时代课题，需要我们将促进男女平等事业的发展同推进立德树人根本任务的落实紧密结合在一起，以理论创新、制度创新、文化创新、教育创新促进女性全面发展，为女性成长成才和就业创业搭建平台、创造机会、提供保障，引领她们争做伟大事业的建设者、文明风尚的倡导者、敢于追梦的奋斗者。

作为我们党创办的第一所新型正规大学，中国人民大学一直致力于为国家经济建设和社会发展提供强大的理论保障和有力的智力支持，努力为促进妇女全面发展贡献人大智慧、人大力量。

前 言

　　学校组织全国各学科最优秀的专家智库，汇集相关院系学者的智慧和力量，积极推动性别与妇女学术研究和学科建设，培养从事妇女研究和教育的人才，并在立德树人中矢志不移地推进性别平等、促进女大学生成长。把握新发展阶段、贯彻新发展理念、构建新发展格局，"始终奋进在时代前列"的中国人民大学也将坚定推动妇女走在时代前列，我们希望同各位专家学者和关心妇女事业发展的各界人士一道，推动妇女教育发展，推进男女平等伟大事业，书写妇女全面发展的精彩篇章，不断为促进社会文明的持续进步和发展贡献力量。

靳　诺

2021 年 12 月 20 日

目 录

绪 论 ··· 001
 一、妇女教育与中国共产党妇女教育 ································ 002
 二、中国共产党妇女教育的学术研究 ································ 007
 三、本书的基本架构 ·· 026

第一章　新民主主义革命时期的妇女教育 ························ 037
第一节　中国共产党创建初期与大革命洪流中的妇女教育 ···· 039
 一、建党前马克思主义妇女解放理论的传播与宣传 ············· 039
 二、中国共产党成立初期的妇女教育 ································ 043
 三、大革命时期的妇女教育 ·· 047
 四、政治仪式中的妇女教育："三八"国际劳动
   妇女节的纪念会 ·· 054
 五、劳动妇女补习学校 ··· 056

第二节　土地革命战争时期的妇女教育 ····························· 057
 一、民众政治教育 ··· 059
 二、妇女干部教育 ··· 063
 三、女童学校教育 ··· 066
 四、成人社会教育 ··· 067
 五、妇女职业教育 ··· 073

第三节　全民族抗日战争时期的妇女教育 ·························· 075
 一、妇女干部教育 ··· 079
 二、女子学校教育 ··· 083

三、社会教育·· 085
　第四节　解放战争时期的妇女教育······························ 091
　　　一、革命实践中进行"反封建"的妇女教育················ 092
　　　二、妇女干部的培养教育······································ 096

第二章　社会主义革命和建设时期的妇女教育················· **103**
　第一节　妇女教育的方针政策···································· 104
　　　一、实施背景·· 104
　　　二、方针政策·· 105
　　　三、法律保障·· 109
　第二节　妇女教育的发展状况···································· 112
　　　一、学前及初等教育·· 113
　　　二、中等教育·· 117
　　　三、高等教育·· 122
　　　四、成人教育·· 125
　第三节　家庭教育及社会教育···································· 131
　　　一、家庭教育·· 132
　　　二、社会教育·· 133
　第四节　本时期妇女教育的主要成绩·························· 137
　　　一、妇女教育成就··· 137
　　　二、"妇女能顶半边天"··· 141

第三章　改革开放和社会主义现代化建设新时期的妇女教育········· **149**
　第一节　妇女教育的方针政策···································· 150
　　　一、实施背景·· 150
　　　二、方针政策·· 151
　　　三、法律保障·· 152
　第二节　妇女教育的发展状况···································· 154
　　　一、学前及初等教育·· 154
　　　二、中等教育·· 161
　　　三、高等教育·· 163
　　　四、成人教育及职业教育····································· 170

第三节　社会教育及家庭教育……………………………………… 173
　　　　　一、社会教育的发展……………………………………………… 173
　　　　　二、家庭教育的重视和普及……………………………………… 182
　　　第四节　本时期妇女教育的主要成绩…………………………… 187

第四章　中国特色社会主义新时代的妇女教育……………………… 195
　　　第一节　妇女教育的方针政策…………………………………… 196
　　　　　一、实施背景……………………………………………………… 196
　　　　　二、方针政策……………………………………………………… 198
　　　　　三、法律保障……………………………………………………… 203
　　　第二节　妇女教育的发展状况…………………………………… 208
　　　　　一、学前教育……………………………………………………… 210
　　　　　二、义务教育……………………………………………………… 213
　　　　　三、高中阶段教育………………………………………………… 218
　　　　　四、高等教育……………………………………………………… 221
　　　　　五、成人教育及职业教育………………………………………… 224
　　　第三节　社会教育及家庭教育…………………………………… 228
　　　　　一、社会教育……………………………………………………… 228
　　　　　二、家庭教育……………………………………………………… 231
　　　第四节　本时期妇女教育的主要成绩…………………………… 234

结　语　中国共产党百年妇女教育的根本经验与重大意义………… 241
　　　　　一、始终坚持党的领导…………………………………………… 242
　　　　　二、始终在马克思主义妇女理论中国化的进程中推进………… 243
　　　　　三、始终与党的各项事业同频共振……………………………… 246
　　　　　四、始终面向广大劳动妇女和全体党员干部…………………… 247
　　　　　五、始终坚持与时俱进回应时代主题…………………………… 248

后　记………………………………………………………………………… 253

绪论

在庆祝中国共产党成立 100 周年的特殊历史节点，讨论中国共产党百年妇女教育是一个巨大的挑战。挑战之一就是要厘清：何谓"妇女教育"？"中国共产党妇女教育"具体指什么？

一、妇女教育与中国共产党妇女教育

（一）女子教育、女性教育、妇女教育

在涉及妇女教育的讨论时，概念混用的现象比较突出。女子教育、女性教育、妇女教育、女童教育，都在不同研究者的叙述中出现过，很多情况下，所指又基本一致。其中，有比较明确界定的是"女童教育"。国际社会将 18 岁以下女孩子所进行的最基本的学校教育称为"女童教育"。我国关于女子教育的研究最早可追溯到近代，但从近代到新中国成立，女子教育的内涵和定义发生了巨大的变化。在我国，社会化的女子教育是从近代才开始的。1902 年的《钦定学堂章程》和 1904 年的《奏定学堂章程》等都没有提及女子学校，而是把女子教育放在家庭之中。1907 年 3 月 8 日，清政府学部颁布了《奏定女子小学堂章程》和《奏定女子师范学堂章程》，"追认"了女子教育的合法地位，正式将女子教育纳入学制系统[①]。尽管维新派康梁等人从救亡图存的立场出发，提倡妇女独立，主张男女平等[②]，但学者刘阳等人研究并论证了戊戌变法时期维新派关于女子教育的观点，表明这一时期女子教育的宗旨是培养具有普通知识的贤妻良母型女性，并指出这一宗旨具有浓厚的封建保守性[③]。著名的近代民众教育思想家俞庆棠总结了国外女子教育的理论和经验，提出女子教育的核心思想是崇尚男女平等，目的是促进女子个

---

① 雷良波，陈阳凤，熊贤君. 中国女子教育史 [M]. 武汉：武汉出版社，1993：261.
② 林乙烽. 清末民初的女子教育 [J]. 徐州师范学院学报，1983 (2)：110 - 114.
③ 刘阳，刘佳. 戊戌时期维新派女子教育思想论要 [J]. 华东理工大学学报（社会科学版），2003 (4)：112 - 115.

性全面发展,手段是改革女子学习课程[①]。舒新城在其《近代中国教育思想史》的第二十章中从贤母良妻教育主义、女国民教育思想、男女平等教育和女子教育等方面阐述了近代女子教育思想的发展过程[②]。与近代中国的女子教育内容和宗旨不同,西方女性教育研究的核心是学校教育及教育系统中存在的性别差异问题,提出女性在成长过程中,应该有什么样的教育、什么样的发展、什么样的职业选择等问题,凡是涉及女性的教育和成长问题都成为女性教育研究的关注焦点。张静在其《中国共产党与女子教育述论(1927—1949)》中将女子教育界定为旨在帮助女性摆脱受压迫、受奴役地位,争取和男子同等的社会地位和人格尊严的教育,研究范围包括学龄女童、青年妇女、中年妇女在内的面向广大妇女的教育[③]。武晓伟在其《我国女性教育的历史与现状探讨》中指出,女性教育是把女性作为教育的对象,一切适合女性特点的职业、心理、社会教育都是女性教育[④]。

顾明远主编的《教育大辞典》对女子教育(women education/education of girls)进行了如下界定:广义指对女子实施的各种形式和性质的教育,狭义指对女子实施的学校教育[⑤]。女子学校教育伴随着社会经济和政治的变化发展而变化发展。在原始社会,低级简单的教育是男女共享的。进入奴隶社会,学校诞生后,以奴隶主子弟为教育对象。从那时开始到整个封建社会,女子一直被排斥在学校门外。进入资本主义社会,在妇女解放运动的冲击下,女子学校诞生。女子教育发展经历了四个时期:一是从中世纪到19世纪初叶的萌芽时期,以私立女子学校的出现和逐步发展为标志;二是从19世纪中叶到20世纪初叶的建立时期,绝大多数国家颁布女子教育法规,建立起一批公立女子学校,在国家的学制中确立了好教育的地位;三是20世纪初到20世纪30年代的发展时期,女子学校及其规模迅速扩大,女子教育从幼儿园、小学、中

[①] 宫丽丽. 俞庆棠女子教育思想及其对妇女教育的启示 [J]. 河北大学成人教育学院学报, 2011, 13(2): 30-32.
[②] 舒新城. 近代中国教育思想史 [M]. 郑州:河南人民出版社, 2017.
[③] 张静. 中国共产党与女子教育述论: 1927—1949 [D]. 济南:山东师范大学, 2013.
[④] 武晓伟. 我国女性教育的历史与现状探讨 [J]. 学理论, 2010(4): 57-58.
[⑤] 顾明远. 教育大辞典 [M]. 增订合编本. 上海:上海教育出版社, 1998: 1160-1161.

学到大学形成了完整的体系；四是从 20 世纪 30 年代以来的男女平等时期，男女同校，基本实现了男女受教育平等。

同样，学者们从不同角度对"妇女教育"做了解释。比如：郭冬生认为，妇女教育是指以女性为教育对象的各级各类学校教育和正式社会教育，包括各级各类学校的女生教育、专门女子院校教育（含独立设置和混合型的中高等女子学校、妇女干部学校、高校内设女子教育机构等）和性别意识教育的研究①。宋月红认为，妇女教育以妇女为受教育的主体，是人类文明发展到一定历史阶段的必然产物与重要标尺，并将发展妇女教育、实现性别平等和妇女赋权、保障和促进妇女全面发展作为促成妇女解放和发展的重要组成部分。她提出，妇女教育包括从幼儿教育到高等教育的国民教育和干部教育、职业教育培训及大众教育等社会教育两个方面。在教育内容上，宋月红还指出，妇女教育的内容涉及从思想政治教育到科学文化知识教育，从基础教育到应用教育，从职业技能培训到身心健康教育，是不断丰富和拓展的，是系统化的学校教育与社会的广泛学习相结合的重要产物，是对妇女的全面教育和促进妇女全面发展的教育培训体系②。贾春在其《什么是妇女教育？》一文中指出了妇女教育的内涵和目的。妇女教育是指运用各种手段和方法，结合妇女本身的性别特点对其所进行的教育，其目的是提高妇女的职业技术水平和社会文化生活水平，实现我国社会主义现代化建设和我国社会主义精神文明建设以及提高我国整体社会文化生活水平，其内容主要涉及恋爱婚姻教育、子女教养教育、法制教育、女子体育、业余兴趣爱好和家庭生活教育这六大方面③。

综上，除了女童教育有明确的界定之外，女子教育、女性教育与妇女教育均指以女性为对象的教育，除了广义与狭义的区分外，在研究对象上没有本质的区别。但在概念使用上，确实有一定的时代特点。比如，近代多用"女子教育"，在妇女解放运动的背景下讨论女性教育问题，"妇女教育"与"女性教育"均比较常见。

---

① 郭冬生. 第四次世界妇女大会以来的我国妇女教育研究：以《中华女子学院学报》为主要样本 [J]. 中华女子学院学报，2011，23 (6)：23-30.
② 宋月红. 坚持和发展中国特色社会主义妇女教育 [J]. 中国妇运，2012 (6)：17-19.
③ 贾春. 什么是妇女教育？[J]. 中华女子学院学报，1998 (4)：72.

（二）中国共产党妇女教育

近代以来，伴随西方列强的入侵，中国社会发生了急剧而深刻的变化，妇女解放成为先进知识分子讨论变革中国社会时的核心议题之一，对妇女问题的讨论以及妇女解放的理论与实践一直伴随着近代中国社会的转型，是社会发展的"晴雨表"。近代妇女教育的兴起深受西方进化论和天赋人权思潮的影响。19世纪末20世纪初，资产阶级维新派通过兴办新式女学、创办女性报刊、组建女性团体等方式，争取女性的受教育权，通过教育的途径冲破被封建礼教长久束缚的思想羁绊，体现了中国民族资产阶级的进步性。以孙中山为代表的资产阶级革命派在推翻清朝帝制、创建中华民国的过程中，以西方民权学说为指导，倡导男女平等，关注妇女教育和参政，创办妇女刊物，创建女子团体，动员广大女性加入推翻帝制和争取妇女权利的革命活动之中，中国妇女解放运动呈现出新的局面。直到五四运动以前，大量西方女权主义理论被译介到国内，成为知识分子认识妇女问题、推动女性解放的基本理论工具。

"十月革命一声炮响，给我们送来了马克思列宁主义。"经过早期马克思主义者的传播，马克思主义成为分析妇女问题新的理论基础。建党前后，以李大钊、陈独秀、李达、向警予为代表的早期共产党人，运用学习到的马克思主义理论，较为系统地阐释了中国妇女问题产生的根源，为中国共产党领导的妇女解放事业奠定了一定的理论基础。纵观中国共产党百年发展史，我们必须看到，伴随着中国共产党由小到大，由弱到强，由革命党变为执政党，坚持马克思主义与中国国情的结合，重视发挥妇女的能动作用，把妇女工作纳入党的工作体系，实现妇女解放与党的事业的紧密结合，是中国共产党领导在革命、建设和改革过程中形成的优良传统及开展群众工作的科学方法，是中国共产党不断发展壮大的重要法宝[1]。教育，是妇女工作的主要方式和基本途径，从某种意义上讲也是中国共产党实现社会动员的重要手段。在长期的革命实践中，面向工农妇女的教育，主要目的是通过文化水平的提升实现妇女思想意识的转变，从而为妇女接受新的意识形态、自觉融入革命的洪流铺

---

[1] 耿化敏. 中国共产党妇女工作史：1921—1949 [M]. 北京：社会科学文献出版社，2015.

平道路。在新民主主义革命时期，中国共产党对开展妇女教育十分重视，教育方式既包括用于革命动员和知识普及的平民夜校、短期培训，也包括用于培养女性革命骨干的干部培训，还包括在局部执政区域的正规学校教育。中华人民共和国成立后，中国共产党作为执政党，带领中国人民开始了社会主义建设的艰难探索。在改造旧教育，建立符合新的意识形态、新国家的新教育的过程中，女性受教育权得到法律的保护。伴随国民教育体系的逐步完善，女性受教育程度不断提高，一代新女性摆脱了旧社会的羁绊，投身社会主义建设事业，"妇女能顶半边天"，成为共和国建设的重要力量。

改革开放之后，中国经济飞速发展，社会转型十分迅速。在这一过程中，教育事业也以前所未有的速度实现了"跨越式"发展。以发展状态来评价教育事业的发展，妇女在各级各类教育中的"获益"成为重要指标，女性在社会主义现代化建设中发挥越来越重要的作用。党的十八大以来，为实现中华民族伟大复兴中国梦，教育被提升到"国之大计、党之大计"的空前高度，受到前所未有的重视。习近平总书记关于教育的重要论述、关于妇女和妇女工作的重要论述都对我们全面、准确把握新时代妇女教育的出发点和着力点提供了基本遵循。无论是在学校教育领域，还是在社会教育、干部教育、职业教育等领域，妇女教育的发展都取得了巨大的进步，并且对接联合国2030年可持续发展目标，新时代的妇女教育呈现出鲜明的时代特色。中国共产党妇女教育历经百年探索和实践，已经从为了革命发动妇女、实现民族独立转向为了民族复兴激发妇女的创造力，在实现强国目标的基础上，为人类的共同福祉贡献中国智慧。

前文已述，描摹中国共产党百年妇女教育的发展历程，是一个巨大的挑战。原因之一，即为如何定位研究对象。对于妇女教育的理解有狭义与广义之别。显然，狭义的妇女教育是指在中华人民共和国成立之前，非中国共产党领导的学校教育中的妇女教育；而与中国共产党领导中国革命的大潮共沉浮，在组织、动员、吸收女性参与推翻"三座大山"的革命实践中，以妇女为对象施行的文化普及、干部培训、社会教育，局部执政时期初创的更广义的学校教育体系中的妇女教育是本书尝试梳理的内容。在中华人民共和国成立之后，随着国民教育体系的完善，描述侧重于在学校教育与部分社会教育领域女性教育发展的基本状态和典型事例。

简言之，本书使用的"中国共产党妇女教育"，是指中国共产党成立百年来，在由中国共产党领导的，以争取民族独立和人民解放，进而建设社会主义国家，最终迈向社会主义现代化强国的过程中，为实现男女平等这一基本目标、进一步实现妇女解放和民族复兴而开展的面向女性的社会动员、思想引导、知识普及和专业化训练的教育；主要包括学校教育、社会教育、成人教育、干部教育等多个方面。鉴于时间及研究积累所限，更为全景式的呈现还力有不逮，因此，本书在使用较为广义的妇女教育概念的同时，对不同历史时期中国共产党妇女教育基本情况的描述也略有侧重。比如，在新民主主义革命时期，面向广大工农妇女的社会动员及妇女干部培训着墨较多，而新中国成立后，尤其是改革开放以后，则使用了用发展状态数据反映妇女教育发展状况的呈现方式，凸显学校教育中妇女教育的进展和成效。

二、中国共产党妇女教育的学术研究

截至目前，还没有完整的关于中国共产党妇女教育的通史性研究成果，分阶段的纵向研究或者专题性的研究也十分零散，这是本研究具有挑战性的另一个原因。试图对中国共产党成立一百年来，党领导妇女教育的历史进行全景式的描摹，既需要了解中国近代妇女教育发展的概况、中国共产党妇女运动发展的基本线索、中国共产党在新民主主义革命时期领导妇女教育的政策与实践，也需要较为系统地呈现中华人民共和国成立之后女性通过教育获得发展的基本状态。学术界在上述几个方面的研究积累，为本书的写作提供了研究的"背景知识"和相关素材，为我们从中国共产党领导妇女教育这个视角尝试勾勒一百年发展的大致框架提供了一定的基础。

（一）中国教育史研究中的妇女教育专题研究

1. 中国妇女教育史

中国教育史研究视野中的妇女教育专题研究，主要集中在古代及近代，内容涉及基本史实的描述和妇女教育思想的变迁。较为系统的妇女教育专题著作主要有：1993年由武汉出版社出版、雷良波等人所著的《中国女子教育史》，介绍了从远古到陕甘宁边区时期的中国女子教育状况，内容涉及每一历史时期女子的总体生活状态和身份地位、女子教育的具体内容、女子教育机构的开办状况、与女子教育相关的政策条例的颁布，并介绍了每一历史时期有代表性的女子教育思想。与本研究直接相关的是该书第十三章，详细介绍了中央苏区和陕甘宁边区的女性教育开展情况，提供了当时女子教育与红军妇女教育等重要史料[①]。1995年由浙江教育出版社出版、韦钰主编的《中国妇女教育》共分为三篇。第一篇是对中国妇女教育的总览，讨论了中国妇女教育的历史演变、现状和未来发展趋势，并着重探讨了妇女就业、保健与教育的关系；第二篇详细介绍了中国基础教育、高等教育、幼儿教育、成人教育、特殊教育、少数民族教育、职业教育等各级各类教育中的女子教育发展状况，提供了个案、研究报告等资料；第三篇选编了有关中国妇女教育的重要法规和文件，以及国外有关妇女教育的重要政策文本[②]。1995年由贵州教育出版社出版、杜学元所著的《中国女子教育通史》第三编介绍了从1912年到1949年的妇女教育方针，女子初等教育、中等教育、高等教育、社会教育和留学教育的开展情况，以及重要女性教育家的思想；第四编介绍了1949年新中国成立后的女子教育政策及具体措施，在史料方面为本书写作提供了重要参考[③]。杜学元还编写了《中国女子教育文萃》《女童教育研究》《女童教育实践与研究》《城市化进程中的中国女童教育——我国小城镇女童教育研究》《中外女童教育简史》《女中学生现代素质的探索与培育研究》等著作，是中国妇女教育研究领域值得关注的学者。2009年由辽宁师范大学出版社出版、杨民主编的《女性学与女子教育研究》第三章介绍了中国女性地位的变迁和妇女运动的开展，第六章介绍了妇女权益与性别平等的法律保障，第七章介绍了女子学校的开办情况[④]。2019年由陕西师范大学出版总社出版、杨洁主编的

[①] 雷良波，陈阳凤，熊贤君．中国女子教育史［M］．武汉：武汉出版社，1993．
[②] 韦钰．中国妇女教育［M］．杭州：浙江教育出版社，1995．
[③] 杜学元．中国女子教育通史［M］．贵阳：贵州教育出版社，1995．
[④] 杨民．女性学与女子教育研究［M］．大连：辽宁师范大学出版社，2009．

《史间拾遗：中国女子教育研究》下篇以口述史的形式重点介绍了中国共产党领导下女子教育的发展情况，涉及中国女子大学的创建与发展、中国女子现代教育的制度化进程、农村教育与民办教育中的女子生存样态等①。

也有著作集中关注妇女教育的某一具体领域。2002年由高等教育出版社出版、安树芬主编的《中国女性高等教育的历史与现状研究》主要介绍了1904年以来中国女性高等教育的发展情况，涉及高等教育制度的确立和演变，不同阶段的女性高等教育政策、规模和教育内容，女性高等教育在发展过程中面临的问题等②。杜学元的《社会女性观与中国女子高等教育》重点介绍了先秦至晚清的社会女性观及其对女子高等教育开展的影响，谷忠玉的《中国近代女性观的演变与女子学校教育》重点关注女子学校教育的发展，但这两部专题著作都缺少晚清之后的相关研究③。张素玲的《文化、性别与教育：1900—1930年代的中国女大学生》聚焦新女性和女性知识分子，蒋巍、雪扬的《中国女子大学风云录》以个案的形式讲述了革命时期女子在大学中的经历④。

从时间上来看，现有文献较多涉及晚清与民国时期的妇女教育状况，对新民主主义革命时期以及新中国成立后妇女教育的发展状况介绍较少；从学术成果的出版状况来看，妇女教育的专题研究在近10年间较少，该领域的研究成果仍以2010年以前的为主；从内容上来看，现有研究以史实与思想介绍为主，尤其聚焦社会变迁与女性之间的关联，关注女性教育发展的背景以及各类影响因素，研究对高等教育与女性知识分子有特别的关注，而与中国共产党妇女教育内容相关的研究较少，只在相关著作的少数章节中出现；从研究方法来看，以历史研究为主，少量研究以个案、口述史等形式展开。

2. 中国教育通史中的女子教育

比较有代表性的教育通史类研究成果大致有：由山东教育出版社出

---

① 杨洁. 史间拾遗：中国女子教育研究［M］. 西安：陕西师范大学出版总社，2019.
② 安树芬. 中国女性高等教育的历史与现状研究［M］. 北京：高等教育出版社，2002.
③ 杜学元. 社会女性观与中国女子高等教育［M］. 北京：人民出版社，2011；谷忠玉. 中国近代女性观的演变与女子学校教育［M］. 合肥：安徽教育出版社，2006.
④ 张素玲. 文化、性别与教育：1900—1930年代的中国女大学生［M］. 北京：教育科学出版社，2007；蒋巍，雪扬. 中国女子大学风云录［M］. 北京：解放军文艺出版社，2007.

版、毛礼锐和沈灌群主编的《中国教育通史》(全6卷)。其中，第6卷第二十六章第六节专门介绍了妇女教育的发展，介绍了女子的受教育规模、女学生的占比、办学状况、女性教育仍存在的问题等[1]。2013年由北京师范大学出版社出版，王炳照、李国钧和阎国华教授主持编写的《中国教育通史》(全16卷)，第12卷至第14卷为"中华民国卷"，第15卷和第16卷为"中华人民共和国卷"[2]。其中，第12卷"中华民国卷（上）"集中介绍了民国时期的社会思潮，第一章到第三章、第六章到第八章涉及辛亥革命、国民教育、职业教育、工读运动、科学主义思潮、平民教育运动中的女子教育思想，第十章重点介绍了马克思主义妇女教育思想；第13卷"中华民国卷（中）"介绍的乡村教育、民众教育、生活、生产、普及教育思想中均涉及了女子教育的内容，第十章到第十三章重点介绍了工农民众、战时教育、马克思主义教育与新民主主义教育思想，为中国共产党妇女教育研究提供了重要的史实参考；第14卷"中华民国卷（下）"的第五章至第七章详细介绍了新民主主义时期的教育制度，不同时期中国共产党的教育方针、学制、干部教育等部分均涉及本研究的相关主题；第15卷"中华人民共和国卷（上）"第一章、第四章、第六章涉及领导人和社会的妇女教育观；第16卷"中华人民共和国卷（下）"聚焦教育制度，第一章与第二章涉及妇女教育内容。2001年由浙江教育出版社出版、刘英杰主编的《中国教育大事典 1840—1949》在卷二"基础教育"中介绍初级中学课程时涉及女生的家事课，在卷六"师范教育"中涉及女子师范，在卷九"干部教育"中涉及爱国女学、平民女学和中国女子大学，卷九提供了详细的中国共产党在民主革命时期的办学状况和学校信息[3]。2001年由华东师范大学出版社出版、张惠芬和金忠明编著的《中国教育简史》，在第二十四章"革命根据地的教育"中"民众教育"和"社会化的大教育"部分呈现了妇女教育相关内容[4]。

整体而言，中国教育通史类专著中与妇女教育相关的内容占比很

---

[1] 毛礼锐，沈灌群. 中国教育通史：第6卷 [M]. 济南：山东教育出版社，1989.
[2] 王炳照，李国钧，阎国华. 中国教育通史 [M]. 北京：北京师范大学出版社，2013.
[3] 刘英杰. 中国教育大事典：1840—1949 [M]. 杭州：浙江教育出版社，2001.
[4] 张惠芬，金忠明. 中国教育简史 [M]. 上海：华东师范大学出版社，2001.

少。由于教育通史多以时间为经,以思想、制度、教育类别等为纬展开,妇女教育作为一个专题,很少以单独的章节呈现,因此,在教育通史的"长河"中去浏览妇女教育的全貌就非常困难。

(二) 中国共产党妇女工作研究

1. 妇女运动及妇女工作研究

中国共产党妇女教育与中国共产党妇女工作密切相关,现有关于中国共产党妇女工作的研究也为本研究提供了研究资料和研究基础。随着新文化运动、五四运动的开展,中国共产党的成立,国民革命和抗日救亡运动的进行,中国妇女运动得到了蓬勃发展,在这一时期,马克思主义妇女解放理论在中国传播,并成了妇女运动的指导思想[1]。在全民族抗战时期和解放战争时期,随着妇女界统一战线的形成,妇女运动得到壮大并高涨[2]。新中国的成立标志着中国妇女运动进入新纪元,社会在经济、政治、文化等多方面的建设促进了妇女解放的进一步实现。在人民公社化运动和"文化大革命"期间,妇女运动经历了曲折、挫折的过程。在改革开放和社会主义现代化建设新时期,妇女运动又进入了蓬勃发展的阶段。

妇女运动现有较为丰富的研究成果,多部著作已对我国妇女运动史做了系统的梳理,对研究资料的整理也比较完整。由中国妇女出版社出版、中华全国妇女联合会妇女运动历史研究室编写的《中国妇女运动历史资料》是研究妇女运动重要的参考。它提供了1840—1949年间与妇女运动相关的章程、妇女运动决议案、报告、会议记录、书信、电报、传单告示、论文等多种形式的珍贵史料,其中1840—1918卷第二编的第二部分专门介绍辛亥革命时期的女学振兴,第三编的第三部分介绍民国时期的女子教育活动;其余卷本在汇编每年的妇女运动史料中也有少量与教育相关的内容。1992年由湖南出版社出版、计荣主编的《中国妇女运动史》完整介绍了妇女运动从19世纪末到社会主义现代化建设时期的发展历程,虽然没有专门的章节介绍妇女教育,但向警予、邓颖

---

[1] 计荣. 中国妇女运动史 [M]. 长沙:湖南出版社,1992.
[2] 刘红,刘光永. 妇女运动史话 [M]. 北京:社会科学文献出版社,2012.

超等女性革命家的思想以及新中国对妇女儿童权益保护的部分与本研究有较直接的关联[①]。由中国妇女出版社出版、顾秀莲主编的《20世纪中国妇女运动史》（全3卷）按照时间顺序将妇女运动的发展划分为9个历史阶段。其中，第二章第四节介绍了1915—1927年妇女教育的发展，第四章第三节介绍了全民族抗战时期的妇女教育，第五章第一节介绍了新中国成立初期妇女扫盲运动和妇女教育在科教领域的进步，第六章与第七章涉及1956—1978年间妇女教育的曲折发展、倒退与恢复，第八章第三节和第九章第二节介绍了改革开放后妇女教育的改善和繁荣。该书将妇女教育作为妇女运动的重要内容，提供了中国妇女运动近百年的发展线索，且阐明了妇女运动与妇女教育之间的关联，但妇女教育的内容在全书中占比较小。

党史研究资料中也包含与本研究相关的史料，成为本书写作的"养料"。山西人民出版社出版的《中国共产党建设全书1921—1991》系列，中央文献出版社出版、中共中央文献研究室和中央档案馆编著的《建党以来重要文献选编》系列是重要的党史文献，其中包括妇女运动决议案、妇女宣传、教育宣传决议案等内容。研究专著方面，耿化敏的《中国共产党妇女工作史（1921—1949）》[②]和《中国共产党妇女工作史（1949—1978）》[③]提供了不同历史时期中国共产党妇女工作的方针政策、工作主题、历史实践和妇女组织发展的信息。2015年由重庆大学出版社出版、杨天平和黄宝春所著的《中国共产党教育方针90年发展研究》聚焦党的教育思想演进的历程[④]。上述文献或研究专著均没有把妇女教育作为研究主题，但有关研究勾勒的基本线索对我们更好地理解中国共产党妇女运动中教育的功能、理解中国共产党妇女运动与中国共产党妇女教育之间的逻辑联系提供了启发。

妇女运动史的研究文献与党史文献在时间上多止于20世纪90年代，20世纪末以及21世纪后相关领域留下的空白在全国妇联妇女研究所编写的《中国妇女研究年鉴》系列中得到了很好的填补，该年鉴系列

---

① 计荣. 中国妇女运动史[M]. 长沙：湖南出版社，1992.
② 耿化敏. 中国共产党妇女工作史：1921—1949[M]. 北京：社会科学文献出版社，2015.
③ 耿化敏. 中国共产党妇女工作史：1949—1978[M]. 北京：社会科学文献出版社，2016.
④ 杨天平，黄宝春. 中国共产党教育方针90年发展研究[M]. 重庆：重庆大学出版社，2015.

从学术研究的视角提供了从 1991 年到 2015 年这 25 年来详尽的妇女研究成果，包含研究综述、专题研究和重点课题、论文与专著选介、妇女研究机构和学术团体的介绍、学术刊物与学者介绍等内容。与本书相关的内容主要包括：郑新蓉的《妇女教育研究综述》（1991—1995 年），史静寰的《女性教育研究综述》（1996—2000 年），郑新蓉、黄河、连英青的《女性教育学研究综述》（1996—2000 年），郑新蓉、高靓的《妇女与教育研究综述》（2001—2005 年），史凯亮的《妇女与教育研究综述》（2006—2010 年）与《妇女与教育研究综述》（2011—2015 年）等文章；马毓琴的"农村女童教育现状、问题及对策研究"，王行娟的"中国女科技人员的作用及成才的调查研究"，蔡志敏的"中国高等教育中的妇女参与现状和特点研究"，赵叶珠的"我国女性高等教育的规律和特点研究"，史静寰的"对中国幼儿园、中小学及成人扫盲教材的性别分析研究"，宋秀岩、谭琳的"女性高层次人才成长状况研究与政策推动项目"等课题研究成果；全国女性人才研究会、中共中央党校妇女研究中心的研究成果；郑新蓉的《性别与教育》，郑晓瑛的《女性学学科化建设和发展的基础：女性教育》，肖巍的《女性主义教育观及其实践》，强海燕、郑新蓉的《女童教育公平与教育质量研究》等论著。

2. 新民主主义革命时期的妇女教育

目前，中国共产党妇女教育的研究成果缺乏，现有文献集中关注党在苏区、抗日根据地、解放区的妇女教育开展情况。由教育科学出版社出版、陈元晖主编的《老解放区教育简史》提供了 1927—1949 年解放区的教育大事记[1]。耿化敏的《中国共产党妇女工作史（1921—1949）》[2]、张文灿所著的《解放的限界——中国共产党的妇女运动（1921—1949）》[3] 的第二章到第五章、刘红和刘光永所著的《妇女运动史话》[4] 的第五章到第七章、张静的博士论文《中国共产党与女子教育

---

[1] 陈元晖. 老解放区教育简史 [M]. 北京：教育科学出版社，1981.
[2] 耿化敏. 中国共产党妇女工作史：1921—1949 [M]. 北京：社会科学文献出版社，2015.
[3] 张文灿. 解放的限界：中国共产党的妇女运动：1921—1949 [M]. 北京：中国政法大学出版社，2013.
[4] 刘红，刘光永. 妇女运动史话 [M]. 北京：社会科学文献出版社，2012.

述论（1927—1949）》① 提供了大量新民主主义革命时期中国共产党的妇女运动资料。1989 年由教育科学出版社出版，皇甫束玉、宁荐戈、龚守静主编的《中国革命根据地教育纪事 1927.8—1949.9》提供了这一历史时期教育方面的史料，涉及的主要内容有女子职业学校、女童学校、抗日大学的开办情况，针对红军妇女、妇女干部、工农女子的教育，以及对妇女的社会和职业教育②。文献将这一历史时期妇女教育的特点总结为：党对妇女教育充分重视，希望通过妇女教育满足革命和战争的迫切需要，提高妇女的文化水平，从而推进妇女解放事业的发展，教育为革命战争和阶级斗争服务；党采取平民与群众路线，注重广泛动员妇女群众，尤其重视农村妇女工作，推动妇女统一战线的形成；以多种形式办学，并侧重于对妇女干部的培养。

苏维埃时期的妇女教育研究可以参考王予霞、汤家庆、蔡佳伍所著的《中央苏区文化教育史》③、黄道炫的《张力与限界：中央苏区的革命（1933—1934）》④。马于强在《试述中央苏区文化教育的特点、成绩及经验》一文中认为，中国苏维埃政权以保证工农劳苦民众有受教育的权利为目的，强调教育具有阶级性和群众性，追求实现全体劳动人民的教育⑤。苏区政府认识到妇女的文化素质和政治觉悟对革命战争的重要影响，妇女教育在当时很受重视。1991 年由教育科学出版社出版、董纯才主编的《中国革命根据地教育史》第七章详细介绍了苏区妇女的社会教育⑥，2009 年由中国社会科学出版社出版、张雪英所著的《中央苏区妇女运动史》第三章第一节介绍了苏区女子教育的兴起⑦，张要超的硕士论文《中华苏维埃共和国时期的文化教育研究》、王宝玲的硕士论文《中华苏维埃共和国时期干部教育研究》、谢庐明的《妇女亲历者口

---

① 张静.中国共产党与女子教育述论：1927—1949 [D].济南：山东师范大学，2013.
② 皇甫束玉，宁荐戈，龚守静.中国革命根据地教育纪事：1927.8—1949.9 [M].北京：教育科学出版社，1989.
③ 王予霞，汤家庆，蔡佳伍.中央苏区文化教育史 [M].厦门：厦门大学出版社，1999.
④ 黄道炫.张力与限界：中央苏区的革命：1933—1934 [M].北京：社会科学文献出版社，2011.
⑤ 马于强.试述中央苏区文化教育的特点、成绩及经验 [J].井冈山师范学院学报，2000（3）：86-90.
⑥ 董纯才.中国革命根据地教育史 [M].北京：教育科学出版社，1991.
⑦ 张雪英.中央苏区妇女运动史 [M].北京：中国社会科学出版社，2009.

述史料中的苏区群众工作：1929—1934》、李霞等人的《论土地革命战争时期中央苏区的妇女解放运动》详细介绍了妇女教育的开展举措：苏区妇女作为后勤部队密切配合前线的战斗，靠宣传动员扩红是其重要任务，苏区政府通过夜校、识字班和俱乐部等形式灵活地开展妇女扫盲运动[①]；创办了正规的女子大学，开设多种类型的培训班培养妇女干部，组织她们学习政治、文化、军事理论和群众工作方法[②]；开办妇女职业学校，使妇女通过入校学习掌握一门职业技能[③]。

全民族抗战时期的妇女教育研究可以参考丁卫平的《中国妇女抗战史研究 1937—1945》、有娟娟的硕士论文《全面抗战时期中国共产党妇女解放理论与实践研究》。他们的研究指出，在全民族抗日战争时期，唤起妇女的抗战意识、动员妇女参加抗日服务、建立妇女界抗日民族统一战线是党的关键任务[④]。赵耀宏的《延安时期干部教育的基本特征及其启示》、张媛媛的《抗战时期晋察冀根据地妇女社会教育的特点》、畅引婷和郑茂华的《抗日战争时期党对妇女运动的领导》对全民族抗战时期党的妇女教育实践进行了详细的介绍。这些研究的主要观点是：党在马克思主义妇女观的指导下大力开展针对妇女的文化教育工作，于 1939 年在延安创办了女子大学，以女校、半日校、识字组、冬学、民众学校等为基点提高妇女文化水平[⑤]；此外，特别注意培养妇女干部，将在职教育和学校教育相结合，大力开办干部学校[⑥]；将妇女报刊作为启发妇女群众觉悟的重要渠道[⑦]。

在解放战争时期，我国社会的主要矛盾由中华民族与日本侵略者之

---

① 张要超. 中华苏维埃共和国时期的文化教育研究 [D]. 吉林：吉林大学，2013.

② 王宝玲. 中华苏维埃共和国时期干部教育研究 [D]. 郑州：郑州大学，2012；谢庐明. 妇女亲历者口述史料中的苏区群众工作：1929—1934 [J]. 龙岩学院学报，2013，31 (6)：22-27.

③ 李霞，尹士风，邱祥莺. 论土地革命战争时期中央苏区的妇女解放运动 [J]. 党史文苑，2009 (2)：23-25.

④ 丁卫平. 中国妇女抗战史研究：1937—1945 [M]. 长春：吉林人民出版社，1999；有娟娟. 全面抗战时期中国共产党妇女解放理论与实践研究 [D]. 福州：福建师范大学，2014.

⑤ 张媛媛. 抗战时期晋察冀根据地妇女社会教育的特点 [J]. 山西师大学报（社会科学版），2013，40 (S4)：62-63.

⑥ 赵耀宏. 延安时期干部教育的基本特征及其启示 [J]. 党的文献，2005 (6)：64-67.

⑦ 畅引婷，郑茂华. 抗日战争时期党对妇女运动的领导 [J]. 山西师大学报（社会科学版），1995 (S1)：80-86.

间的民族矛盾转变为中国人民同国民党反动派之间的阶级矛盾。这一时期的妇女教育研究可以参考的文献有：由教育科学出版社出版、中央教育科学研究所编的《老解放区教育资料（三）解放战争时期》第四章有关陕甘宁边区妇女职业学校和师范学校部分，第五章社会教育的冬学和成人教育部分①，畅引婷的《解放战争时期党的妇运方针述论》和张雪楠的《解放战争时期中国共产党妇女思想政治教育研究》。在该时期，中国革命的任务是在解放区开展土地制度改革，因此妇女工作也以土地改革为中心，党加强了对妇女展开形势政策教育，更加重视对妇女干部文化水平和政治参与能力的训练②。

（三）关于妇女教育思想演进的研究

1. 党的妇女教育观

研究中国共产党妇女教育需要对党的妇女教育观进行思想溯源。目前研究主要集中于对中国共产党妇女观的发展脉络、内涵和特点进行概括，拉毛措的《新中国中央历代领导人对妇女事业的重要贡献》做了较为系统的梳理③。

毛泽东对中国妇女的地位和妇女解放问题有着深刻的思考，他的妇女解放思想是马克思主义妇女理论中国化的标志。《毛泽东选集》是研究妇女解放思想最直接的资料④。1993年由红旗出版社出版，全国妇联妇女研究所理论室、全国妇联干部培训基地编写的《毛泽东妇女思想研究》第七章的"妇女素质与妇女解放"中主要探讨了毛泽东对妇女教育的主张⑤；1993年由湖南教育出版社出版、湖南省妇女联合会与湖南省妇女学研究会编写的《毛泽东与中国妇女解放》中涉及毛泽东的家庭教

---

① 中央教育科学研究所. 老解放区教育资料（三）解放战争时期 [M]. 北京：教育科学出版社，1991.

② 畅引婷. 解放战争时期党的妇运方针述论 [J]. 山西师大学报（社会科学版），1997，24(1)：80-85；张雪楠. 解放战争时期中国共产党妇女思想政治教育研究 [D]. 杭州：杭州师范大学，2020.

③ 拉毛措. 新中国中央历代领导人对妇女事业的重要贡献 [J]. 青海社会科学，2019 (5)：73-78.

④ 毛泽东. 毛泽东选集 [M]. 2版. 北京：人民出版社，1991.

⑤ 全国妇联妇女研究所理论室，全国妇联干部培训基地. 毛泽东妇女思想研究 [M]. 北京：红旗出版社，1993.

育思想[1]；2011 年由湘潭大学出版社出版，詹小平、彭月英和孙海林主编的《毛泽东中央苏区教育实践与教育思想概论》第一章的"党政军干部教育""工农业余教育""职业技术教育"中介绍了妇女教育的相关实践[2]。有关毛泽东妇女思想的研究较为丰富。截至 2023 年 5 月 19 日，按照篇名检索，中国知网上与毛泽东妇女或女性思想相关的研究论文共 137 篇，较具代表性的有康琼的《论毛泽东妇女解放思想》[3]、杨慧的《毛泽东妇女解放思想》和《论毛泽东妇女解放思想的特点》[4]、单孝虹的《毛泽东对马克思主义妇女理论中国化的历史贡献》[5]，但与毛泽东妇女教育相关的论文较为缺乏，仅一篇卢国琪的《论毛泽东的早期妇女教育思想》[6]。

周恩来在革命实践中十分关注妇女解放问题，将马克思主义妇女观与中国实际相结合。目前，有关周恩来妇女解放观研究的直接资料是由人民出版社出版的《周恩来选集》和由中央文献出版社出版的《周恩来年谱》[7]；相关研究成果主要有 1988 年由人民出版社出版的《毛泽东 周恩来 刘少奇 朱德论妇女解放》[8]、毕烨的《树立有中国特色的马克思主义妇女观——学习毛泽东、周恩来同志关于妇女工作的论述》[9]、

---

[1] 湖南省妇女联合会，湖南省妇女学研究会. 毛泽东与中国妇女解放[M]. 长沙：湖南教育出版社，1993.
[2] 詹小平，彭月英，孙海林. 毛泽东中央苏区教育实践与教育思想概论[M]. 湘潭：湘潭大学出版社，2011.
[3] 康琼. 论毛泽东妇女解放思想[J]. 毛泽东思想研究，2002（3）：45-46.
[4] 杨慧. 毛泽东妇女解放思想[D]. 南京：南京师范大学，2005；杨慧. 论毛泽东妇女解放思想的特点[J]. 社会主义研究，2005（4）：106-108.
[5] 单孝虹. 毛泽东对马克思主义妇女理论中国化的历史贡献[J]. 毛泽东思想研究，2007（3）：132-135.
[6] 卢国琪. 论毛泽东的早期妇女教育思想[J]. 长春理工大学学报（社会科学版），2009，22（5）：707-709.
[7] 周恩来. 周恩来选集[M]. 北京：人民出版社，1997；中共中央文献研究室. 周恩来年谱[M]. 北京：中央文献出版社，1998.
[8] 中华全国妇女联合会. 毛泽东 周恩来 刘少奇 朱德论妇女解放[M]. 北京：人民出版社，1988.
[9] 毕烨. 树立有中国特色的马克思主义妇女观：学习毛泽东、周恩来同志关于妇女工作的论述[C]//中共中央文献研究室科研管理部. 中共中央文献研究室个人课题成果集：2011年：上. 北京：中央文献出版社，2012：184-191.

马冬玲的《周恩来论"贤妻良母"及其对妇女工作的启示》①。目前还没有直接以周恩来妇女教育为主题的研究成果。

邓小平提出的社会主义初级阶段理论揭示了中国妇女运动必须与中国特色社会主义事业同呼吸、共命运,妇女问题应从经济的角度来解决。《邓小平文选》(全3卷)是研究邓小平妇女观的直接参考资料,包含了有关邓小平重视发动妇女群众积极参与经济建设、培养和提拔妇女干部、紧抓妇女教育、提高妇女素质、重视家庭关系等主张。此外,崔兰平的《邓小平对新时期中国妇女运动的历史性贡献》介绍了改革开放后我国女性教育的实质性进展②。

江泽民在1995年联合国第四次世界妇女大会欢迎仪式上宣布"把男女平等作为促进我国社会发展的一项基本国策",这充分体现了党和政府对妇女地位的重视。

《中国妇女发展纲要(1995—2000年)》的颁布标志着将中国妇女的发展正式纳入政府规划。江泽民在题为《全党全社会都要树立马克思主义妇女观》的讲话中提出"中国共产党用以指导妇女运动的理论,是马克思主义基本原理及其妇女观",并系统梳理了马克思主义妇女观的主要内容;在实践中,他进一步推动了马克思主义妇女理论与中国妇女发展实践的结合,他的妇女发展观体现了与时俱进的特点③。有关江泽民妇女发展观研究的直接材料包括《江泽民文选》,由中国妇女出版社出版、全国妇联办公厅编写的《"六大"以来妇女儿童工作文选(1988年9月—1993年6月)》④,以及江泽民同全国妇联领导班子的讲话内容。

胡锦涛站在社会可持续发展的角度,认为妇女问题本质上需要通过发展才能得到解决,他提倡科教兴国战略,重视人才培养,非常重视提高广大妇女的思想道德素质和科学文化素质,以提高农村妇女的文化技

---

① 马冬玲. 周恩来论"贤妻良母"及其对妇女工作的启示 [J]. 中国妇运,2017(5):45-48.
② 崔兰平. 邓小平对新时期中国妇女运动的历史性贡献 [J]. 兰州大学学报(社会科学版),2015,43(6):145-150.
③ 葛彬. 江泽民对马克思主义妇女理论的继承与发展 [J]. 探求,2001(4):14-17.
④ 全国妇联办公厅. "六大"以来妇女儿童工作文选:1988年9月—1993年6月 [M]. 北京:中国妇女出版社,1993.

术素质为促进农村经济发展的重要抓手，进一步继承和发展了中国化的马克思主义妇女观①。有关胡锦涛的妇女发展观研究可以直接参考《胡锦涛文选》（全3卷）、《七大以来妇女儿童工作文选 1993年9月—1998年6月》、胡锦涛与妇联领导班子座谈会的内容②。

习近平总书记关于妇女和妇女工作的一系列重要论述是新时代中国特色社会主义思想的重要组成部分，进一步发展了马克思主义妇女理论③。同时，他关于教育的重要论述、关于脱贫攻坚的重要论述、关于构建人类命运共同体的理念中都有涉及如何看待社会进步与女性发展问题的远见卓识，这对我们认识新时代以实现中华民族复兴伟大的中国梦为目标的中国特色社会主义现代化强国建设蓝图中女性发展的重要地位和作用至关重要。截至2023年5月19日，按照篇名检索，中国知网上习近平关于妇女的重要论述的相关论文有92篇，较具代表性的有曾祥明的《习近平妇女观初探》④、张淑东等人的《习近平关于妇女和妇女工作重要论述探究》⑤、刘亚玫等人的《论习近平总书记关于新时代妇女发展和妇女工作重要论述的科学内涵》⑥、吕静的《习近平论妇女在家庭家教家风建设中的独特作用》⑦等。这些论文指出，习近平总书记提倡不断提高妇联干部队伍的自身素质，重视妇女在家庭中的角色，提出新时代的男女平等体现在权利平等、机会平等和结果平等三方面。但仅从妇女工作的角度来理解习近平总书记关于妇女教育的重要论述是远远不够的。本研究试图突破已有的研究视角，将妇女教育置于更为广阔的历史背景与国家战略中去描摹和呈现。

---

① 齐霁，乔彦丽. 试论胡锦涛对毛泽东妇女解放思想的继承与发展 [J]. 老区建设，2008 (18)：8-9.
② 全国妇联办公厅. 七大以来妇女儿童工作文选：1993年9月—1998年6月 [M]. 北京：中国妇女出版社，1998.
③ 唐娅辉. 习近平对马克思主义妇女理论的新贡献 [J]. 湖湘论坛，2016，29 (5)：5-11.
④ 曾祥明. 习近平妇女观初探 [J]. 中华女子学院学报，2016，28 (6)：5-8.
⑤ 张淑东，赵龙，林文凤，等. 习近平关于妇女和妇女工作重要论述探究 [J]. 长春理工大学学报 (社会科学版)，2021，34 (1)：1-5.
⑥ 刘亚玫，张永英，杨玉静，等. 论习近平总书记关于新时代妇女发展和妇女工作重要论述的科学内涵 [J]. 妇女研究论丛，2018 (5)：9-20.
⑦ 吕静. 习近平论妇女在家庭家教家风建设中的独特作用 [J]. 中华女子学院学报，2021，33 (4)：5-12.

2. 老一辈女性革命家的妇女解放与妇女教育思想研究

向警予是中国早期妇女解放运动的先驱和领袖，建立和发展了我国妇女解放运动的统一战线，人民出版社出版的《向警予文集》[①]、上海人民出版社出版的《向警予传》[②]、刘华清的《试论向警予妇女解放思想的体系》[③] 是研究向警予妇女解放思想的重要参考。刘婕的《向警予妇女解放思想研究》第三章第二节与辛泽的《从"以教育求解放"到"根本改造社会"——向警予妇女解放思想的发展轨迹和实践》都介绍了向警予教育思想的转变，刘婕的论文在"妇女解放的动力"部分着重介绍了向警予重视劳动妇女教育的主张[④]。丁俊萍和袁玉梅的《向警予女性教育思想探析》将向警予的女性教育思想特点总结为注重女性独立人格的发展，开展个人与社会相结合的国家意识教育，采用引导式教育手段和民主管理模式[⑤]。

蔡畅是中国妇女解放运动的先驱和领导者，较早接触马克思列宁主义和俄国的妇女解放理论，在延安时期形成了成熟的妇女解放思想[⑥]。研究蔡畅妇女解放思想的重要文献包括：1984年由中国妇女出版社出版的《妇女运动的先驱——蔡畅》，其中"蔡畅文选"部分的"一个女人能干什么""在伟大爱国主义旗帜下进一步联系与教育广大妇女""积极培养和提拔更多更好的女干部"这三篇文章涉及妇女教育思想[⑦]；郭书哲的硕士论文《蔡畅妇女解放思想研究》中"妇女解放的必要条件"部分涉及蔡畅提高妇女素质、培养妇女干部的主张[⑧]。

邓颖超是中国伟大的妇女解放运动先驱，多年领导中国妇女解放运动，将妇女解放与民族大业和时代主题相结合，形成了系统的妇女解放思想。人民出版社出版的《邓颖超文集》和《蔡畅 邓颖超 康克清妇女

---

① 向警予. 向警予文集 [M]. 北京：人民出版社，2011.
② 何鸽志. 向警予传 [M]. 上海：上海人民出版社，1990.
③ 刘华清. 试论向警予妇女解放思想的体系 [J]. 中华女子学院学报，1997 (1)：29-32.
④ 刘婕. 向警予妇女解放思想研究 [D]. 湘潭：湖南科技大学，2009；辛泽. 从"以教育求解放"到"根本改造社会"：向警予妇女解放思想的发展轨迹和实践 [J]. 湘潭师范学院学报，1995 (4)：83-86.
⑤ 丁俊萍，袁玉梅. 向警予女性教育思想探析 [J]. 思想政治教育研究，2017，33 (2)：12-17.
⑥ 李倩. 浅议延安时期蔡畅妇女解放思想 [J]. 党史博采 (下)，2021 (1)：4-6.
⑦ 邓颖超. 妇女运动的先驱：蔡畅 [M]. 北京：中国妇女出版社，1984.
⑧ 郭书哲. 蔡畅妇女解放思想研究 [D]. 哈尔滨：东北林业大学，2020.

解放问题文选（1938 年—1987 年）》、中共中央文献研究室第二编研部的《邓颖超书信选集》都是值得参考的一手资料[①]。在相关研究成果中，张佳佳的《邓颖超妇女解放思想研究》[②]、徐行和陈晓辰的《邓颖超的妇女解放和妇女工作思想及其启示》、李瑷的《邓颖超与抗日民族统一战线中的妇女运动》较为全面完整地介绍了邓颖超的妇女解放思想[③]。此外，孙杰明的《邓颖超女子教育思想述评》介绍了邓颖超在全国的平民教育活动、妇女教育宣传、对女干部的理论教育中的一系列具体实践[④]。

康克清是中国妇女解放运动的领导者，她积极投身妇女儿童工作，维护妇女儿童合法权益。她认为妇女解放运动应同新民主主义革命、社会主义革命和社会主义建设事业紧密结合起来，妇女工作的着重点应紧紧跟随全党工作的重点。解放军出版社出版的《康克清回忆录》和中国妇女出版社出版的《康克清文集》是研究康克清妇女解放思想的基础文献[⑤]。此外，沈霞的《康克清妇女解放思想研究》在"妇女要以教育求解放"和"教育上：享有权"两部分具体介绍了康克清妇女解放思想中与教育相关的内容[⑥]，傅妍的《康克清妇女解放思想初探》指出康克清将提高妇女素质作为妇女解放策略的主张[⑦]。

（四）妇女教育研究的新进展和主要研究议题

新中国成立以来，伴随中国妇女解放事业的发展和中国经济社会的巨大进步，妇女教育取得了令人瞩目的成绩，与此相应，妇女教育研究

[①] 邓颖超. 邓颖超文集 [M]. 北京：人民出版社，1994；中华全国妇女联合会. 蔡畅 邓颖超 康克清妇女解放问题文选：1938 年—1987 年 [M]. 北京：人民出版社，1988；中共中央文献研究室第二编研部. 邓颖超书信选集 [M]. 北京：中央文献出版社，2000.

[②] 张佳佳. 邓颖超妇女解放思想研究 [D]. 南宁：广西民族大学，2017.

[③] 徐行，陈晓辰. 邓颖超的妇女解放和妇女工作思想及其启示 [J]. 徐州工程学院学报（社会科学版），2019，34（5）：1-6；李瑷. 邓颖超与抗日民族统一战线中的妇女运动 [J]. 中共党史研究，1988（3）：53-61.

[④] 孙杰明. 邓颖超女子教育思想述评 [J]. 山东女子学院学报，2011（3）：74-77.

[⑤] 康克清. 康克清回忆录 [M]. 北京：解放军出版社，1993；康克清. 康克清文集 [M]. 北京：中国妇女出版社，1997.

[⑥] 沈霞. 康克清妇女解放思想研究 [D]. 南昌：江西师范大学，2012.

[⑦] 傅妍. 康克清妇女解放思想初探 [J]. 妇女研究论丛，1992（2）：30-32.

也日趋活跃，形成了一系列研究成果。特别是党的十八大以来，围绕庆祝新中国成立 70 周年、纪念在北京召开的联合国第四次世界妇女大会 25 周年等重要时间节点，聚焦教育扶贫、高等教育女性参与、女性与可持续发展等核心议题，出现了一批研究成果，体现了妇女教育发展的时代特征。

1. 联合国第四次世界妇女大会的相关研究

1995 年秋，联合国第四次世界妇女大会在北京召开。此次大会是联合国历史上规模空前、人数最多的一次盛会，也是中国政府承办的规模最大的一次全球性国际会议。大会通过的《北京宣言》和《行动纲领》，对促进男女平等、提高妇女地位，对 21 世纪人类的和平与发展产生了积极而深刻的影响，是世界妇女发展史上的一个重要里程碑。中国政府一向认为，实现男女平等是衡量社会文明的重要尺度。新中国成立后，广大妇女成为国家和社会的主人。重视妇女的发展与进步，把男女平等作为促进中国社会发展的一项基本国策是中国政府对国际社会的庄严承诺。中国是人口众多的国家，肩负着提高世界上近四分之一妇女地位的重任。数据表明，新中国成立以来，女性的政治地位、经济地位、受教育水平等显著提高[1]。2020 年 10 月 1 日，联合国大会纪念北京世界妇女大会 25 周年高级别会议召开，习近平主席通过视频发表了重要讲话，提出四点主张：第一帮助妇女摆脱疫情影响，第二让性别平等落到实处，第三推动妇女走在时代前列，第四加强全球妇女事业合作。习近平主席强调，男女平等是中国的基本国策[2]。中国建立了包括 100 多部法律法规在内的全面保障妇女权益的法律体系，基本消除了义务教育性别差距，全社会就业人员中女性占比超过四成。中国取得的这些成就反映了中国政府推动性别平等、促进全球妇女事业发展的决心和成就。在此前后，与推动性别平等直接相关的妇女教育研究呈现了一个"小高潮"，相关学术研讨主要涉及以下几个方面：

---

[1] 张莉. 新时代的女性发展 [J]. 人口与健康，2020 (11)：29 - 32.
[2] 习近平在联合国大会纪念北京世界妇女大会 25 周年高级别会议上发表重要讲话 [EB/OL]. (2020-10-01). http://www.gov.cn/xinwen/2020 - 10/01/content _ 5548947.htm.

(1) 妇女教育发展的总体性研究。

有代表性的研究成果包括刘利群的《知识改变命运 教育成就未来——北京世妇会以来中国女性教育事业进步与发展》[1]，刘利群、李慧波的《建设高质量教育体系背景下的妇女教育：面向"十四五"规划的讨论》[2]，薛宁兰的《妇女权益保障的国家意志：承诺与行动——从北京世妇会到"十四五"规划》[3]，郑新蓉、武晓伟、林思涵的《妇女与教育——我国教育性别平等的进程与反思》[4]，郑新蓉、林玲的《女性教育与社会发展空间》[5]，吕小强的《论新时代妇女教育体系的构建》[6]，等等。

(2) 妇女教育的专题性研究。

刘璐的《新时代背景下的女子高等教育——第三届中外女子大学校长论坛综述》详细介绍了中华女子学院主办的这一品牌活动的情况[7]；王雅韵的《中国的性别与教育研究：现状、趋势及政策含义》从性别视角讨论了如何将性别纳入教育、去性别化教育与分性别教育等话题，指出教育既要正视性别，又要避免过分夸大性别影响[8]。此外，与本研究直接相关的还有陈雪儿、段伟丽的《中国共产党领导下妇女扫盲教育的百年嬗变与展望》[9]，杨方、薛晓阳的《中国共产党推进农村妇女解放的一个微观视角——以新中国成立初期泰兴女童教育

---

[1] 刘利群. 知识改变命运 教育成就未来：北京世妇会以来中国女性教育事业进步与发展 [J]. 中华女子学院学报，2020，32 (6)：129.

[2] 刘利群，李慧波. 建设高质量教育体系背景下的妇女教育：面向"十四五"规划的讨论 [J]. 妇女研究论丛，2021 (2)：11-13.

[3] 薛宁兰. 妇女权益保障的国家意志：承诺与行动：从北京世妇会到"十四五"规划 [J]. 妇女研究论丛，2020 (6)：12-15.

[4] 郑新蓉，武晓伟，林思涵. 妇女与教育：我国教育性别平等的进程与反思 [J]. 山东女子学院学报，2020 (6)：1-13.

[5] 郑新蓉，林玲. 女性教育与社会发展空间 [J]. 山西师大学报（社会科学版），2020，47 (5)：31-39.

[6] 吕小强. 论新时代妇女教育体系的构建 [J]. 中国成人教育，2021 (3)：12-14.

[7] 刘璐. 新时代背景下的女子高等教育：第三届中外女子大学校长论坛综述 [J]. 中华女子学院学报，2020，32 (1)：5-7.

[8] 王雅韵. 中国的性别与教育研究：现状、趋势及政策含义 [J]. 中华女子学院学报，2020，32 (2)：31-38.

[9] 陈雪儿，段伟丽. 中国共产党领导下妇女扫盲教育的百年嬗变与展望 [J]. 终身教育研究，2021，32 (3)：21-28+81.

为例》①。

（3）脱贫攻坚与妇女教育研究。

2021年4月，国务院新闻办发布《人类减贫的中国实践》，指出改革开放以来，按照现行贫困标准计算，中国7.7亿农村贫困人口摆脱贫困，按照世界银行国际贫困标准，中国减贫人口占同期全球减贫人口70%以上，提前10年实现《联合国2030年可持续发展议程》减贫目标②。中国打赢脱贫攻坚战显著缩小了世界贫困人口版图。"扶贫先扶志，扶贫必扶智"，教育是摆脱贫困的重要手段。伴随教育扶贫政策的实施，教育扶贫研究日趋活跃，成为新时代妇女教育研究的热点，主要聚焦贫困地区女童教育、农村女教师发展、面向贫困地区的招生专项计划等等。有代表性的学术论文包括武晓伟、郑新蓉的《我国农村中小学教师性别结构的女性化——基于河北、云南、贵州三省的调查分析》③，郑新蓉、王国明的《教育公共性的嬗变——也谈我国农村教育兴衰》④，郑新蓉、姚岩、武晓伟的《重塑社会活力：性别图景中的乡村教师和学校》⑤，李长娟的《"玻璃天花板"下乡村女教师职业发展的现实表征与突破路径》⑥，李颖慧、窦苗苗、杜为公的《我国城乡女性贫困成因与治理方式研究》⑦，等等。

（4）高等教育领域女性教育研究。

高等教育领域女性教育的相关研究既包括女子高等院校的专题研究，也涉及女教师、女学生等群体的研究。目前，全国共有三所女子普

---

① 杨方，薛晓阳. 中国共产党推进农村妇女解放的一个微观视角：以新中国成立初期泰兴女童教育为例 [J]. 江海学刊，2021（3）：14-19.
② 《人类减贫的中国实践》白皮书 [EB/OL]. (2021-04-06). http://www.scio.gov.cn/zfbps/32832/Document/1701632/1701632.htm.
③ 武晓伟，郑新蓉. 我国农村中小学教师性别结构的女性化：基于河北、云南、贵州三省的调查分析 [J]. 教师教育研究，2015，27（3）：86-92.
④ 郑新蓉，王国明. 教育公共性的嬗变：也谈我国农村教育兴衰 [J]. 妇女研究论丛，2019（1）：23-32.
⑤ 郑新蓉，姚岩，武晓伟. 重塑社会活力：性别图景中的乡村教师和学校 [J]. 妇女研究论丛，2017（1）：5-20.
⑥ 李长娟. "玻璃天花板"下乡村女教师职业发展的现实表征与突破路径 [J]. 河北师范大学学报（教育科学版），2017，19（4）：121-125.
⑦ 李颖慧，窦苗苗，杜为公. 我国城乡女性贫困成因与治理方式研究 [J]. 河南社会科学，2020，28（9）：113-118.

通本科高等院校，其演变历史是研究新中国妇女干部培养从专门干部学校向全日制普通高等学校转型的样本。《中华女子学院学报》在2020年以"不负历史重托 谱写新的篇章"为主题，发表了系列笔谈，其核心就是讨论在新时代如何聚焦"培养妇联干部、妇女干部"的主责主业，坚持为经济社会发展服务、为妇女发展服务、为妇女国际交流和政府外交服务的办学方向，坚持以质量求发展、以特色求发展、以改革求发展、以创新求发展、以人为本求发展，努力将中华女子学院建设成一所质量优良、特色鲜明、具有国际影响力的女子普通高校[1]。陈新叶等人以山东女子学院为个案，系统梳理了女子高校突出女性教育特色，注重性别教育，在专业设置、课程体系建构中的具体做法[2]。

高校女教师群体也备受研究者关注。湖南科技大学朱湘虹等人在《高校女教师发展的现实困境及理性诉求——基于现实与社会性别的双重视角》中指出，高校女教师由于受男强女弱思想、多重角色冲突、男权评价体系等因素的影响，面临发展意识偏弱、职业成就偏差、晋升机会偏少的现实困境，并指出高校女教师要走出发展的困境有待于社会观念的更新、高校政策的关怀以及家庭的支持，更有待于其自身精神的发展、能力的发展和个性的发展[3]。华中科技大学程芳在《高校女教师职业发展状况、障碍因素及发展策略》中指出，高校女教师的职业发展状况不如男教师。影响高校女教师职业发展的原因有：一是缺少角色榜样带来的障碍，二是女性自身的原因造成的障碍，三是高校人力资源政策中的某些缺陷带来的障碍。改善高校女教师职业发展状况的策略有：在高校中树立女性角色的榜样，加强对女教师的职业指导；鼓励女教师继续深造，增加对女教师继续教育的投入；合理安排女教师的工作，同时确保绩考公平；加强法规制度建设，确保政策的公平性[4]。

---

[1] 回春茹，张李玺，刘利群.不负历史重托 谱写新的篇章（笔谈）[J].中华女子学院学报，2020，32（5）：5-17.

[2] 陈新叶，赵雪.女子高校办学特色的内涵与实践探索[J].当代教育科学，2013（21）：60-61.

[3] 朱湘虹，禹旭才.高校女教师发展的现实困境及理性诉求：基于现实与社会性别的双重视角[J].湖南科技大学学报（社会科学版），2015，18（4）：180-185.

[4] 程芳.高校女教师职业发展状况、障碍因素及发展策略[J].教育探索，2010（11）：104-105.

自 2009 年以来，中国高校不断扩大的女生数量优势引起大众和研究者的关注。这种被称作"高等教育女性化"的现象自 20 世纪 70 年代至今已经在世界范围内普遍出现。马宇航通过国际比较发现，高等教育大众化是高等教育女性化在世界范围出现的起点和必备条件。其中蕴含着高等教育系统规模、结构与性质的重要转变。在大众化的理论视角下，高等教育规模扩张中的增量公平、教育权利民主化进程中的观念转变、知识经济对女性人才需求的扩大、高等教育的多样化结构、以公平为导向的补偿政策等方面均为女性大规模参与高等教育创造了条件[①]。与此同时，随着女性在高等教育入学人数上的增加，学科类别和专业选择上的"性别偏好"并没有出现，就业市场的激烈竞争和固有的性别歧视被市场的逻辑进一步放大。因此，有学者认为，女研究生占比的提高未尝不是女性过分追求学历、"过度补偿"的表现，其本质是就业机会的性别不平等推动女性选择教育深造以规避失业的风险。因此，跨越"数字公平"，实现真正"平等的教育"依然是中国女性教育面临的巨大挑战[②]。

三、本书的基本架构

前文已述，试图对中国共产党成立一百年来中国共产党领导的妇女教育的基本脉络和主要史实进行初步勾勒是本书写作的目标。为了较为清晰地予以呈现，本书以时间为线索，参照中共党史及中华人民共和国史的历史分期，以中华人民共和国成立为时间节点，将中国共产党百年妇女教育分为前后两段。出于史料的考虑，也为了叙述的连贯，整个新民主主义革命时期整合为一章。其后，将中华人民共和国成立之后的 70 多年历史分为三段，即社会主义革命和建设时期、改革开放和社会主义现代化建设新时期、中国特色社会主义新时代，完整地呈现在新中国成立之后，在中国共产党领导中国人民确立社会主义基本制度、探索

---

① 马宇航. 大众化再考察：高等教育女性化的起点与内在逻辑[J]. 南京师大学报（社会科学版），2019（6）：49-59.
② 郑新蓉，林玲. 女性教育与社会发展空间[J]. 山西师大学报（社会科学版），2020，47（5）：31-39.

中国的社会主义建设道路、实行改革开放和建设中国特色社会主义、开创中国特色社会主义新时代，进而开启全面建设社会主义现代化国家新征程的历史进程中，妇女教育的政策演变、措施方法、主要成效和基本经验等。

由于对中国共产党妇女教育的系统研究才刚刚起步，有一些问题在困扰着我们。严格地讲，具有现代意义的中国妇女教育的起步是救亡图存运动的结果，也是近代中国摆脱封建桎梏、列强欺凌、民族危亡，实现人的解放的途径之一。中国共产党是近代以来为中华民族的伟大复兴不懈奋斗并做出最大牺牲的党。对妇女解放问题的关注是中国共产党从诞生、发展到壮大，从革命党到执政党历史角色变化过程中不变的话题。中国共产党领导的妇女解放运动与中国共产党妇女教育之间有着不可分割的内在联系，甚至可以说，中国共产党妇女教育就是中国共产党领导的妇女解放运动的一部分，这一特征在新民主主义革命时期尤为凸显。新中国成立后，随着我国国民教育体系的逐步确立、完善和发展，妇女教育中的一部分，甚至是比较大的部分已经融入体制化的教育系统，妇女教育在不同的学段表现出不同的特点。因此，在以时间为序的同时，如何描述中国共产党妇女教育，比如是专题性的讨论，还是主要以时间为线索兼顾不同类型教育的发展，这是争论比较多的地方。考虑到不同历史时期研究对象的发展特点，新民主主义革命时期主要以时间为经进行描述，根据不同历史时期中国共产党妇女工作发展的脉络，重点呈现妇女教育的政策背景、政策主张、政策实践，涉及了面向工农女性的扫盲教育、文化普及、政治动员、妇女干部培养等诸多方面，讨论了中国共产党局部执政时期学校教育中的女性教育内容。

新中国成立后的妇女教育，基本划分为三个历史大段落，以描述妇女教育的发展状态为主旋律，各章基本涉及当期妇女教育的方针政策、发展状况及主要成绩。发展状况主要分为学前及初等教育、中等教育、高等教育、成人及职业教育、社会教育及家庭教育等多个方面。希望通过更为翔实的数据较为全面地展现新中国妇女教育的发展状态和发展成果。

习近平总书记在庆祝中国共产党成立100周年大会上指出，过去一百年，中国共产党向人民、向历史交出了一份优异的答卷。现在，中国共产党团结带领中国人民又踏上了实现第二个百年奋斗目标新的赶考之路。结语部分结合党的十九大报告关于基本实现社会主义现代化的主要目标要求，对妇女教育的未来发展进行了展望，对中国共产党妇女教育一百年来的基本历史经验进行了初步的提炼和总结。

本章参考文献

著作类

安树芬．中国女性高等教育的历史与现状研究［M］．北京：高等教育出版社，2002.

陈元晖．老解放区教育简史［M］．北京：教育科学出版社，1981.

邓小平．邓小平文选：第1卷［M］．2版．北京：人民出版社，1994.

邓小平．邓小平文选：第2卷［M］．2版．北京：人民出版社，1994.

邓小平．邓小平文选：第3卷［M］．北京：人民出版社，1993.

邓颖超．邓颖超文集［M］．北京：人民出版社，1994.

丁卫平．中国妇女抗战史研究：1937—1945［M］．长春：吉林人民出版社，1999.

董纯才．中国革命根据地教育史［M］．北京：教育科学出版社，1991.

杜学元．社会女性观与中国女子高等教育［M］．北京：人民出版社，2011.

杜学元．中国女子教育通史［M］．贵阳：贵州教育出版社，1995.

邓颖超．妇女运动的先驱：蔡畅［M］．北京：中国妇女出版社，1984.

耿化敏．中国共产党妇女工作史：1921—1949［M］．北京：社会科学文献出版社，2015.

耿化敏．中国共产党妇女工作史：1949—1978［M］．北京：社会科学文献出版社，2016.

顾明远．教育大辞典［M］．增订合编本．上海：上海教育出版社，1998.

顾秀莲．20世纪中国妇女运动史：上卷［M］．北京：中国妇女出版社，2008.

顾秀莲．20世纪中国妇女运动史：中卷［M］．北京：中国妇女出版社，2013.

顾秀莲．20世纪中国妇女运动史：下卷［M］．北京：中国妇女出版社，2013.

谷忠玉．中国近代女性观的演变与女子学校教育［M］．合肥：安徽教育出版社，2006.

何鹄志．向警予传［M］．上海：上海人民出版社，1990.

黄道炫．张力与限界：中央苏区的革命：1933—1934［M］．北京：社会科学文献出版社，2011.

皇甫束玉，宁荐戈，龚守静．中国革命根据地教育纪事：1927.8—1949.9［M］．北京：教育科学出版社，1989.

湖南省妇女联合会，湖南省妇女学研究会．毛泽东与中国妇女解放［M］．长沙：湖南教育出版社，1993.

计荣．中国妇女运动史［M］．长沙：湖南出版社，1992.

江泽民．江泽民文选［M］．北京：人民出版社，2006.

康克清．康克清回忆录［M］．北京：解放军出版社，1993.

康克清．康克清文集［M］．北京：中国妇女出版社，1997.

雷良波，陈阳凤，熊贤君．中国女子教育史［M］．武汉：武汉出版社，1993.

刘红，刘光永．妇女运动史话［M］．北京：社会科学文献出版社，2012.

刘英杰．中国教育大事典：1840—1949［M］．杭州：浙江教育出版社，2001.

毛礼锐，沈灌群．中国教育通史：第6卷［M］．济南：山东教育出版社，1989.

毛泽东．毛泽东选集［M］．2版．北京：人民出版社，1991．

中华全国妇女联合会．毛泽东 周恩来 刘少奇 朱德论妇女解放［M］．北京：人民出版社，1988．

全国妇联妇女研究所理论室，全国妇联干部培训基地．毛泽东妇女思想研究［M］．北京：红旗出版社，1993．

舒新城．近代中国教育思想［M］．郑州：河南人民出版社，2017．

王炳照，李国钧，阎国华．中国教育通史［M］．北京：北京师范大学出版社，2013．

王予霞，汤家庆，蔡佳伍．中央苏区文化教育史［M］．厦门：厦门大学出版社，1999．

韦钰．中国妇女教育［M］．杭州：浙江教育出版社，1995．

向警予．向警予文集［M］．北京：人民出版社，2011．

蒋巍，雪扬．中国女子大学风云录［M］．北京：解放军文艺出版社，2007．

杨洁．史间拾遗：中国女子教育研究［M］．西安：陕西师范大学出版总社，2019．

杨民．女性学与女子教育研究［M］．大连：辽宁师范大学出版社，2009．

杨天平，黄宝春．中国共产党教育方针90年发展研究［M］．重庆：重庆大学出版社，2015．

詹小平，彭月英，孙海林．毛泽东中央苏区教育实践与教育思想概论［M］．湘潭：湘潭大学出版社，2011．

张惠芬，金忠明．中国教育简史［M］．上海：华东师范大学出版社，2001．

张素玲．文化、性别与教育：1900—1930年代的中国女大学生［M］．北京：教育科学出版社，2007．

张文灿．解放的限界：中国共产党的妇女运动：1921—1949［M］．北京：中国政法大学出版社，2013．

张雪英．中央苏区妇女运动史［M］．北京：中国社会科学出版社，2009．

中华全国妇女联合会. 蔡畅 邓颖超 康克清妇女解放问题文选：1938年—1987年［M］. 北京：人民出版社，1988.

胡锦涛. 胡锦涛文选［M］. 北京：人民出版社，2016.

中共中央文献研究室. 周恩来年谱［M］. 北京：中央文献出版社，1998.

中共中央文献研究室第二编研部. 邓颖超书信选集［M］. 北京：中央文献出版社，2000.

周恩来. 周恩来选集［M］. 北京：人民出版社，1997.

期刊论文类

畅引婷. 解放战争时期党的妇运方针述论［J］. 山西师大学报（社会科学版），1997，24（1）：80-85.

畅引婷，郑茂华. 抗日战争时期党对妇女运动的领导［J］. 山西师大学报（社会科学版），1995（S1）：80-86.

陈新叶，赵雪. 女子高校办学特色的内涵与实践探索［J］. 当代教育科学，2013（21）：60-61.

陈雪儿，段伟丽. 中国共产党领导下妇女扫盲教育的百年嬗变与展望［J］. 终身教育研究，2021，32（3）：21-28+81.

程芳. 高校女教师职业发展状况、障碍因素及发展策略［J］. 教育探索，2010（11）：104-105.

崔兰平. 邓小平对新时期中国妇女运动的历史性贡献［J］. 兰州大学学报（社会科学版），2015，43（6）：145-150.

丁俊萍，袁玉梅. 向警予女性教育思想探析［J］. 思想政治教育研究，2017，33（2）：12-17.

傅妍. 康克清妇女解放思想初探［J］. 妇女研究论丛，1992（2）：30-32.

葛彬. 江泽民对马克思主义妇女理论的继承与发展［J］. 探求，2001（4）：14-17.

宫丽丽. 俞庆棠女子教育思想及其对妇女教育的启示［J］. 河北大学成人教育学院学报，2011，13（2）：30-32.

郭冬生. 第四次世界妇女大会以来的我国妇女教育研究：以《中华

女子学院学报》为主要样本 [J]. 中华女子学院学报, 2011, 23 (6): 23-30.

回春茹, 张李玺, 刘利群. 不负历史重托 谱写新的篇章 (笔谈) [J]. 中华女子学院学报, 2020, 32 (5): 5-17.

贾春. 什么是妇女教育？[J]. 中华女子学院学报, 1998 (4): 72.

康琼. 论毛泽东妇女解放思想 [J]. 毛泽东思想研究, 2002 (3): 45-46.

拉毛措. 新中国中央历代领导人对妇女事业的重要贡献 [J]. 青海社会科学, 2019 (5): 73-78.

李长娟. "玻璃天花板"下乡村女教师职业发展的现实表征与突破路径 [J]. 河北师范大学学报 (教育科学版), 2017, 19 (4): 121-125.

李玲. 习近平妇女发展思想核心理念及其时代价值初探 [J]. 理论导刊, 2018 (6): 75-80.

李倩. 浅议延安时期蔡畅妇女解放思想 [J]. 党史博采 (下), 2021 (1): 4-6.

李岁月. 习近平系列重要讲话中的妇女思想初探 [J]. 中华女子学院学报, 2017, 29 (5): 5-9.

李霞, 尹士风, 邱祥莺. 论土地革命战争时期中央苏区的妇女解放运动 [J]. 党史文苑, 2009 (2): 23-25.

李颖慧, 窦苗苗, 杜为公. 我国城乡女性贫困成因与治理方式研究 [J]. 河南社会科学, 2020, 28 (9): 113-118.

李瑗. 邓颖超与抗日民族统一战线中的妇女运动 [J]. 中共党史研究, 1988 (3): 53-61.

林乙烽. 清末民初的女子教育 [J]. 徐州师范学院学报, 1983 (2): 110-114.

刘华清. 试论向警予妇女解放思想的体系 [J]. 中华女子学院学报, 1997 (1): 29-32.

刘利群. 知识改变命运 教育成就未来: 北京世妇会以来中国女性教育事业进步与发展 [J]. 中华女子学院学报, 2020, 32 (6): 129.

刘利群, 李慧波. 建设高质量教育体系背景下的妇女教育: 面向

"十四五"规划的讨论[J].妇女研究论丛,2021(2):11-13.

刘璐.新时代背景下的女子高等教育:第三届中外女子大学校长论坛综述[J].中华女子学院学报,2020,32(1):5-7.

刘亚玫,张永英,杨玉静,等.论习近平总书记关于新时代妇女发展和妇女工作重要论述的科学内涵[J].妇女研究论丛,2018(5):9-20.

刘阳,刘佳.戊戌时期维新派女子教育思想论要[J].华东理工大学学报(社会科学版),2003(4):112-115.

卢国琪.论毛泽东的早期妇女教育思想[J].长春理工大学学报(社会科学版),2009,22(5):707-709.

吕静.习近平论妇女在家庭家教家风建设中的独特作用[J].中华女子学院学报,2021,33(4):5-12.

吕小强.论新时代妇女教育体系的构建[J].中国成人教育,2021(3):12-14.

马冬玲.周恩来论"贤妻良母"及其对妇女工作的启示[J].中国妇运,2017(5):45-48.

马宇航.大众化再考察:高等教育女性化的起点与内在逻辑[J].南京师大学报(社会科学版),2019(6):49-59.

马于强.试述中央苏区文化教育的特点、成绩及经验[J].井冈山师范学院学报,2000(3):86-90.

齐霁,乔彦丽.试论胡锦涛对毛泽东妇女解放思想的继承与发展[J].老区建设,2008(18):8-9.

单孝虹.毛泽东对马克思主义妇女理论中国化的历史贡献[J].毛泽东思想研究,2007(3):132-135.

宋月红.坚持和发展中国特色社会主义妇女教育[J].中国妇运,2012(6):17-19.

孙杰明.邓颖超女子教育思想述评[J].山东女子学院学报,2011(3):74-77.

唐娅辉.习近平对马克思主义妇女理论的新贡献[J].湖湘论坛,2016,29(5):5-11.

王雅韵.中国的性别与教育研究:现状、趋势及政策含义[J].中华女子学院学报，2020，32（2）：31-38.

武晓伟. 我国女性教育的历史与现状探讨［J］. 学理论，2010（4）：57-58.

武晓伟，郑新蓉. 我国农村中小学教师性别结构的女性化：基于河北、云南、贵州三省的调查分析［J］. 教师教育研究，2015，27（3）：86-92.

谢庐明. 妇女亲历者口述史料中的苏区群众工作：1929—1934［J］. 龙岩学院学报，2013，31（6）：22-27.

辛泽. 从"以教育求解放"到"根本改造社会"：向警予妇女解放思想的发展轨迹和实践［J］. 湘潭师范学院学报，1995（4）：83-86.

徐行，陈晓辰. 邓颖超的妇女解放和妇女工作思想及其启示［J］. 徐州工程学院学报（社会科学版），2019，34（5）：1-6.

薛宁兰. 妇女权益保障的国家意志：承诺与行动：从北京世妇会到"十四五"规划［J］. 妇女研究论丛，2020（6）：12-15.

杨方，薛晓阳. 中国共产党推进农村妇女解放的一个微观视角：以新中国成立初期泰兴女童教育为例［J］. 江海学刊，2021（3）：14-19.

杨慧. 论毛泽东妇女解放思想的特点［J］. 社会主义研究，2005（4）：106-108.

曾祥明. 习近平妇女观初探［J］. 中华女子学院学报，2016，28（6）：5-8.

张莉. 新时代的女性发展［J］. 人口与健康，2020（11）：29-32.

张淑东，赵龙，林文风，等. 习近平关于妇女和妇女工作重要论述探究［J］. 长春理工大学学报（社会科学版），2021，34（1）：1-5.

张媛媛. 抗战时期晋察冀根据地妇女社会教育的特点［J］. 山西师大学报（社会科学版），2013，40（S4）：62-63.

赵耀宏. 延安时期干部教育的基本特征及其启示［J］. 党的文献，2005（6）：64-67.

郑新蓉，林玲. 女性教育与社会发展空间［J］. 山西师大学报（社会科学版），2020，47（5）：31-39.

郑新蓉，王国明. 教育公共性的嬗变：也谈我国农村教育兴衰

[J]．妇女研究论丛，2019（1）：23-32．

郑新蓉，武晓伟，林思涵．妇女与教育：我国教育性别平等的进程与反思［J］．山东女子学院学报，2020（6）：1-13．

郑新蓉，姚岩，武晓伟．重塑社会活力：性别图景中的乡村教师和学校［J］．妇女研究论丛，2017（1）：5-20．

朱湘虹，禹旭才．高校女教师发展的现实困境及理性诉求：基于现实与社会性别的双重视角［J］．湖南科技大学学报（社会科学版），2015，18（4）：180-185．

学位论文类

郭书哲．蔡畅妇女解放思想研究［D］．哈尔滨：东北林业大学，2020．

刘婕．向警予妇女解放思想研究［D］．湘潭：湖南科技大学，2009．

沈霞．康克清妇女解放思想研究［D］．南昌：江西师范大学，2012．

王宝玲．中华苏维埃共和国时期干部教育研究［D］．郑州：郑州大学，2012．

杨慧．毛泽东妇女解放思想［D］．南京：南京师范大学，2005．

有娟娟．全面抗战时期中国共产党妇女解放理论与实践研究［D］．福州：福建师范大学，2014．

张佳佳．邓颖超妇女解放思想研究［D］．南宁：广西民族大学，2017．

张静．中国共产党与女子教育述论：1927—1949［D］．济南：山东师范大学，2013．

张雪楠．解放战争时期中国共产党妇女思想政治教育研究［D］．杭州：杭州师范大学，2020．

张要超．中华苏维埃共和国时期的文化教育研究［D］．吉林：吉林大学，2013．

其他

毕烨．树立有中国特色的马克思主义妇女观：学习毛泽东、周恩来同志关于妇女工作的论述［C］//中共中央文献研究室科研管理部．中共中央文献研究室个人课题成果集：2011年：上．北京：中央文献出版社，2012：184-191．

《人类减贫的中国实践》白皮书［EB/OL］. (2021-04-06). http://www. scio. gov. cn/zfbps/32832/Document/1701632/1701632. htm.

习近平在联合国大会纪念北京世界妇女大会 25 周年高级别会议上发表重要讲话［EB/OL］. (2020-10-01). http：//www. gov. cn/xinwen/2020－10/01/content_5548947. htm.

第一章 新民主主义革命时期的妇女教育

自近代以来，妇女问题一直是先进知识分子讨论中国社会变革时的核心议题之一。妇女教育不仅被视为教育妇女、改良妇女的方式，还被视为变革社会的钥匙。为中国寻找现代化道路的中国共产党，自诞生之日起就非常重视妇女解放的理论知识与妇女运动的实践。新民主主义革命时期反帝反封建的历史任务，使中国共产党不仅把妇女视为被压迫、需要被解放的对象，还视妇女为革命主体，充分认识到妇女参与革命的能动性及其对革命的重要性。中国共产党把教育妇女、组织妇女、动员妇女参与到反帝反封建的新民主主义革命中作为革命的手段和策略；同时，也教育男性党员充分认识到妇女的革命作用以及男女平等的重要性，在革命过程中逐步实现妇女解放的初心和使命。在这个过程中，妇女教育是一个重要环节，也是中国共产党领导的妇女运动的重要内容。从教育对象来看，在中国共产党的妇女教育中，不仅妇女是教育对象，而且全体党员干部和全体民众都是中国共产党妇女教育的对象。从教育内容来看，既包括妇女接受与男子同样的各类政治教育、社会教育、文化教育等，也包括有关妇女与妇女解放的各类知识。后者包括马克思主义妇女解放理论、中国共产党的各项妇女政策、与妇女特殊需求相关的各类卫生健康知识等。所以，妇女教育作为中国共产党的干部教育与民众教育的内容之一，渗透在国民教育、社会教育、干部教育中。从教育载体来看，中国共产党利用各类宣传教育方法和手段，特别是近代报刊与民众戏剧进行妇女教育。一份报纸就是一所学校，一部戏就是一本教材。在局部执政时期，妇女的政治教育与文化教育同步体现在革命根据地初建中的国民教育、社会教育与技术教育中。

第一节　中国共产党创建初期与大革命洪流中的妇女教育

一、建党前马克思主义妇女解放理论的传播与宣传

近代以来，报纸成为大众教育的重要工具。中国的先进知识分子在寻求改造中国的道路上，各家各派都非常重视利用报纸这种近代先进的传播工具。清末，无政府主义女权报纸《天义报》在传播马克思主义学说与马克思主义妇女解放理论方面起过非常重要的作用。1908 年 3 月，《天义报》（16～19 合刊）刊载的《女子问题研究》介绍了恩格斯学说，"摘译其意"，并标明其理论来源是《家庭、私有制和国家的起源》，概述其要义在于家庭之制"均由视妇女为财产""今之结婚，均由金钱"①。相比于"风驰云涌于欧西"的资产阶级女权，"今乃挟其潮流，经太平洋汩汩而来。西方新空气，行将渗漏于我女子世界"②。从清末民初直到新文化运动中倡女权、反儒家的思想资源基本来自欧美的女权思想，欧美女权运动是中国知识界追随的妇女解放的目标与模式。十月革命后，中国的先进知识分子开始把眼光转向苏俄，亲共产主义思想的知识分子更是有意识地向国人介绍苏俄的妇女状况，并把苏俄的妇女运动作为俄国革命的一个内在组成部分介绍给国人，同时也促进了马克思主义妇女解放理论在中国的传播。从此，中国妇女运动的面貌焕然一新，劳动妇女解放道路逐渐进入国人的视野。

最早向国人介绍苏俄妇女情况的李大钊，在《新青年》第 5 卷第 5 号上发表了《Bolshevism 的胜利》，文章介绍了苏俄政府"主张一切男女都应该工作，工作的男女都应该组入一个联合"③。1919 年后，介绍

---

① 万仕国，刘禾. 天义·衡报（上）天义 [M]. 北京：中国人民大学出版社，2016：497.
② 亚特. 论铸造国民母 [N]. 女子世界，1904（7）.
③ 中共中央党史和文献研究院，中央档案馆. 中国共产党重要文献汇编：第 1 卷：一九二一年七月—一九二一年十二月 [M]. 北京：人民出版社，2022：115.

俄国妇女状况的报刊逐渐多了起来。1919年2月15日，李大钊在《新青年》第6卷第2号上发表的《战后之妇人问题》，指出欧美女权运动与苏俄妇女运动的本质不同，它们是两种阶级的运动。1919年4月，一篇发表于上海《民国日报》的文章《劳农政府治下之俄国——实行社会共产主义之俄国真相》，文中含有列宁的《在全俄女工第一次代表大会上的讲话》，介绍了俄国妇女获得选举权与被选举权、结婚离婚自由、男女教育平等情况。1919年7月，赵叔愚翻译的《列宁对于俄罗斯妇女解放的言论》在《少年世界》上发表。

在众多刊物中，最有意识地传播马克思主义妇女解放理论与介绍苏俄妇女状况的，非《新青年》莫属。1920年9月，《新青年》从第8卷第1号开始改为中国共产党上海发起组的公开发行机关刊物，第8卷开辟了"俄罗斯研究"专栏，对马克思主义理论的介绍与传播成为该专栏的政治议程。对于开始具有共产主义觉悟的早期知识分子来说，对马克思主义妇女理论的传播是马克思主义理论传播教育的内在组成部分。《新青年》第8卷第1号刊载了李汉俊翻译的《女子将来的地位》——源于著名的第二国际领袖奥古斯特·倍倍尔（August Bebel）的《妇女与社会主义》一书的第三编。《新青年》第8卷第5号的"俄罗斯研究"专栏刊载了震瀛翻译的《俄国与女子》。1921年4月，《新青年》第8卷第6号刊载了李达翻译的《劳农俄国底结婚制度》（山川菊荣著）。1921年6月，《新青年》第9卷第2号刊载了李达翻译的《列宁底妇人解放论》，转译自《劳农俄罗斯中劳动底研究》中的部分章节。

当然，除了《新青年》之外，同时期的《每周评论》、上海《民国日报》及副刊《妇女评论》《东方杂志》《少年世界》《觉悟》《妇女周报》《晨报》等刊物也都有介绍马克思主义妇女理论以及苏俄妇女解放运动的信息。1920年，恽代英在《东方杂志》上发表其摘译的《家庭、私有制和国家的起源》中部分的内容。1921年10月，李达（署名鹤鸣）继续在《民国日报》副刊《妇女评论》上发表其翻译的山川菊荣的著作，分别是《社会主义底妇女观》（第10期）和《介绍几个女社会革命家》（第11期）。1922年1月18日，李大钊在上海《民国日报》副刊《妇女评论》上发表的《现代的女权运动》，赞扬"苏俄劳农政治下妇女

第一章　新民主主义革命时期的妇女教育

享有自由独立的量，比世界各国的妇女都多"①，认为妇女们要想达到完全解放的目的，需要组织一个世界的大联合。文章还介绍了共产国际的妇女活动：第三国际的执行委员会，于1920年指定克拉拉·蔡特金为妇女共产党的国际的书记，"计画着开一国际共产党劳工妇女会，示全世界劳工阶级妇女以正当的道路"②，以矫正大战开始后1915年在伯尔尼开的第一次国际妇女大会的错误。李大钊特别呼吁中流阶级（中产阶级）的女权运动要支援后起的劳动妇女运动。

基于马克思主义妇女解放理论的传播，中国知识分子开始用历史唯物主义来解释中国妇女受压迫的根源和中国社会改革的必要性。1919年12月，李大钊发表在《新潮》杂志上的《物质变动与道德变动》，认为妇女受压迫并非从来就有的，而是社会经济发展的结果，是社会分工和私有制的产物，"妇女在社会上的地位，随着经济状况变动"③。1920年1月，李大钊发表在《新青年》第7卷第2号上的《由经济上解释中国近代思想变动的原因》，用唯物史观对中国的大家族制度进行分析，从经济基础与时代变化的角度论证儒家家族制度的不合时代性以及妇女地位提高的必然性，认为反抗旧秩序的妇女运动是"应经济的新状态、社会的新要求发生的"④，"从前大家族制下断断不许发生，现在断断不能不发生"⑤。陈启修发表于《新青年》第6卷第5号《马克思的唯物史观与贞操问题》同样是用唯物史观分析贞操问题，并用贞操观念定位中国社会的历史阶段，以此来论证中国社会改革的必要性。他认为，在人类历史上，贞操观念伴随物质生活的变化发生了四次变动。"道德观念的当中，女子贞操观念，最和实在社会有密切关系，最当随时进化，然而中国的贞操观念，还是二千年以前的观念，还是只有第二时期的方便价值。"陈启修认为："中国衰微的根本原因，在女子没有自觉，女子没有自觉的原因虽多，最要紧的，是不明贞操观念。"在这样的论述中，

---

① 中华全国妇女联合会妇女运动历史研究室. 中国妇女运动历史资料：1921—1927 [M]. 北京：中国妇女出版社，1986：51.
② 同①51-52.
③ 物质变动与道德变动 [N]. 新潮，1919-12-01.
④ 中共中央党史和文献研究院，中央档案馆. 中国共产党重要文献汇编：第1卷：一九二一年七月——一九二一年十二月 [M]. 北京：人民出版社，2022：215.
⑤ 同④213.

妇女教育

妇女教育成为中国社会改革中的关键环节，唯物史观的引入为近代这一论述逻辑与行动方案提供了理论基石。

在马克思主义妇女理论的指引下，早期马克思主义者把妇女的解放与阶级的解放视为革命的同一过程，把社会主义视为未来解决人类一切问题的答案。如，李大钊发表在《新青年》第6卷第2号上的《战后之妇人问题》，提出解决妇女问题的方法：一方面要合妇人全体的力量，去打破那男子专断的社会制度；另一方面还要合世界无产阶级妇女的力量，去打破那有产阶级（包括男女）专断的社会制度。1921年1月，陈独秀在广东女界联合会的一次演讲中，以"妇女问题与社会主义"为题，认为"妇女问题虽多，总而言之，不过是经济不独立"[1]。而经济不独立，乃是"社会制度"造成的。因此在讨论妇女问题时，"如果把女子问题分得零零碎碎，如教育、职业、交际等去讨论，是不行的。必要把社会主义作唯一的方针才好"[2]，实则是在批评当时社会上的各类女权运动。"社会主义作唯一的方针"，号召妇女姐妹与男子"全部努力于社会主义"[3]，"离了社会主义，女子问题断不会解决的"[4]。在1921年2月13日创办的《劳动与妇女》周刊，由广东共产主义小组主办，在订阅《广东群报》时附送，主要目标是宣传妇女解放与劳动，教育广大被压迫的劳动群众与妇女。除了对当时的男女平等、男女同校等问题发表看法外，该周刊还特别阐述劳动创造世界的道理，介绍苏维埃俄罗斯妇女生活和工作情况等。在该周刊的第2期上，陈独秀发表了《我们为什么要提倡劳动运动与妇女运动》一文，阐释了提倡劳动运动与妇女运动的理由，就是劳动者和妇女是"同类"，是"弱者"，所以我们应该"采取助弱抗强的伦理""发展我们人类可贵的'同类意识'"，"发挥真挚的同情心去扶助他们"[5]。

早期的马克思主义者不仅在理论上关切劳动问题，还在实践中开始调查劳动问题，关注劳动妇女状况。比如，1920年5月，陈独秀在

---

[1] 中共中央党史和文献研究院，中央档案馆.中国共产党重要文献汇编：第1卷：一九二一年七月——一九二一年十二月[M].北京：人民出版社，2022：435.

[2][3] 同[1]437.

[4] 同[1].

[5] 同[1]447.

《新青年》第 7 卷第 6 号上发表的《上海厚生纱厂湖南女工问题》，他参与到长沙报界、上海报界及实业界关于上海厚生纱厂湖南女工问题的辩论中，用马克思主义政治经济学的观点分析女工的处境以及资本家剩余价值的来源，指出劳动问题的症结是无产阶级与资产阶级的矛盾是无法调和的。

二、中国共产党成立初期的妇女教育

早期的共产党人通过报纸杂志对马克思主义妇女理论进行传播，不断教育中国知识分子认识到中国妇女运动内部存在着不同阶级的女权运动，逐渐把劳动妇女问题提到社会改造运动的政治日程上。同时，用唯物史观来解释妇女受压迫的根源，把妇女问题的解决与社会制度的根本改造联系在一起。在文化领域的宣传教育工作，深刻影响到了中国知识界对于女权运动的不同理解与定位。1921 年 7 月，中国共产党诞生之后，领导劳动妇女运动就成了中国共产党的一项重要工作，一套领导妇女运动的工作机制被建立起来。在近代以来的以城市中产阶级妇女为主的女权运动之外，开创出了一条劳动妇女解放运动的道路。

建党初期，党对工人运动包括女工运动的领导尚处于萌芽时期，党对妇女运动的领导工作主要体现在两个方面：一个是组织工作，一个是宣传工作。组织工作体现为改组中华女界联合会，同时根据中共二大妇女运动决议，在中共二大之后设立妇女部，作为党领导妇女运动的领导机构；根据中共三大的《劳动运动决议案》，中国劳动组合书记部须附设妇女部。可见党对女工运动的重视。这一时期党对女工运动的组织还处于初期阶段，党的妇女运动的核心工作是宣传教育，其主要面向三个人群：一是对城市知识分子的宣传教育。利用报刊书籍对知识分子阶层进行宣传教育的工作，继续马克思主义妇女理论的传播宣传，特别呼吁对于劳动妇女问题的关注。二是开始探索党内的妇女教育。建立妇女干部学校，培训自己的妇女干部。三是女工教育。通过开办夜校等方式展开对女工的日常教育，并积极参加到女工运动中，在罢工等女工运动中发表演讲，从生活实践中对女工进行教育。

（一）报纸杂志的宣传教育

在国民革命的群众运动爆发之前，党对妇女运动的领导主要还是体现在宣传教育上，特别是通过在公开出版的报纸杂志上发表文章来传播马克思主义妇女解放思想，进行民众教育，争取意识形态的领导权。一方面充分利用已有的公开刊物进行宣传教育，另一方面积极建立自己的机关报。1921年7月，《新青年》第9卷第3号刊载了李达翻译的《劳农俄国底妇女解放》。商务印书馆出版了李达的另一部译著《女性中心说》。李达在中共一大后负责党的宣传工作。同年7月底，中国共产党在上海成立，8月便开始积极推动上海中华女界联合会的改组。上海中华女界联合会是五四运动前老同盟会会员徐宗汉（黄兴夫人）在上海成立的妇女团体。在23位改组的筹备组成员中，有几个与早期中国共产党有密切关系的女界成员：王会悟（李达夫人）、高君曼（陈独秀夫人）、王剑虹（后成为瞿秋白夫人）。上海中华女界联合会改名为中华女界联合会，中国共产党希望中华女界联合会成为领导与影响中国妇女运动的全国性组织。1921年11月，中共中央局书记陈独秀签发了《中国共产党中央局通告》，对青年及妇女运动做出如下指示："关于青年及妇女运动，请各区切实注意。'青年团'及'女界联合会'改造宣言及章程日内即寄上，望依新章从速进行。"[①] 女界联合会的改造宣言特别提到"以前的理想及组织方法都不足应时代底要求"[②]。这份章程的时代特色在于，所列的10条纲领，除了延续近代女权运动在教育、参政、职业、家庭方面的平等要求外，一是把妇女运动与反帝反封建的政治运动联结起来，"女子与男子携手，加入一切抵抗军阀、财阀底群众运动"，这是"男女对于社会义务平等"的体现；二是增加了劳动妇女运动的阶级要求，要为维护女工与童工的权利而奋斗，以及"在男女劳动

---

① 中央档案馆.中共中央文件选集：1921—1925[M].北京：中共中央党校出版社，1989：26-27.

② 中共中央党史和文献研究院，中央档案馆.中国共产党重要文献汇编：第1卷：一九二一年七月——一九二一年十二月[M].北京：人民出版社，2022：86.

第一章　新民主主义革命时期的妇女教育

同一阶级觉悟的理由上""主张女子参加一切农民、工人的组织活动"①。《中华女界联合会改造宣言》及章程刊登在1921年9月1日出版的《新青年》第9卷第5号上。在报刊上公开发表的宣言与章程有助于发挥对民众进行无产阶级妇女运动的宣传教育作用。

1921年10月，陈独秀跟当时负责宣传的李达谈话，要求"养成妇运人才，开展妇运工作"②。在军阀统治时期，党仍是秘密组织，就以中华女界联合会的名义创办了平民女校和《妇女声》，王会悟负责物色校址和建校筹办工作。在1921年底至1922年初，他先后两次以中华女界联合会的名义在报纸上公开刊登招生广告。1921年12月13日，《妇女声》半月刊创刊，王会悟负责主要的编辑工作，王剑虹协助编辑。《妇女声》是中国共产党领导下的第一份妇女刊物。党的宣传部门的领导者李达是《妇女声》和平民女校的直接领导人。《妇女声》的创刊宣言明确宣称"妇女解放，即是劳动者的解放"③。1922年秋，刊物停办，一共出了十期，其中第六期是平民女校特刊。在刊物存在的十期中，除了对当时全国的女权运动，比如参政权运动、产儿限制、废娼运动、慈善事业等发表看法，《妇女声》还倡导中国的妇女运动应把重点转移到劳动阶级的妇女运动上，同时也介绍了共产国际的妇女运动，比如对卢森堡的悼念、对俄国妇女解放运动的介绍等。

1922年7月，中共二大通过了《关于妇女运动的决议案》，这是中国历史上第一部以政党名义提出的妇女运动决议案。在这个决议案中，中共把所有"拘囚在封建的礼教束缚中"的全体妇女视为被压迫者。决议表明中共"努力保护女劳动者的利益而奋斗"，同时为"所有被压迫的妇女们的利益而奋斗"。决议承诺要尽量实现第三国际关于妇女运动的要求：一是在共产党组织之旁设立特别委员会，以"宣传广大的妇女群众"④；二是在党的机关报中，必须为妇女特辟一栏。可见中共对于宣传教育工作的重视。中共二大决定设立一份中共中央委员会的机关报

---

① 中共中央党史和文献研究院，中央档案馆.中国共产党重要文献汇编：第1卷：一九二一年七月——九二一年十二月［M］.北京：人民出版社，2022：87.
② 汪信砚.李达全集：第1卷［M］.北京：人民出版社，2016：370.
③ 同①93.
④ 中央档案馆.中共中央文件选集：1921—1925［M］.北京：中共中央党校出版社，1989：88.

《向导》周报,蔡和森为首任主编。《向导》刊载了六篇有关妇女运动的文章①,内容包括号召劳工妇女应与工人们团结起来共同战斗,以及如何学习苏俄的斗争经验以期实现真正的解放等。

(二) 妇女干部学校

1922年2月,平民女校正式开学,校址设在王会悟李达寓所后门斜对面的老成都北路7弄30号辅德里632号。学员30多名,多为早期党员介绍,也吸收部分在上海工作的党员家属。学校分高级、初级两班:高级班分甲、乙两级,初级班教国文、算术、常识。高级班的一个设想是为投考国内专门学校与大学预科而预备,另一个设想是培养小学教员;初级班是为年长失学者而设,实行半工半读,若参加学校的工作部,则免收学费。李达任校长,王会悟负责实际校务工作,负责组织学员半工半读、分生产小组做工、拿产品去卖钱等以贴补膳宿学用,组织学员参加工人运动和学生运动,并在工厂集中的叉袋角办平民夜校。平民女校性质上是中共领导下的第一所女子干部学校。李达、蔡和森、陈独秀、高语罕、邵力子、陈望道、沈雁冰、沈泽民、李希贤等都为学员授过课。学校虽然只开办了8个月,但为党培养了一批优秀的妇女干部,王一知、钱希均、王剑虹、丁玲等都是平民女校的学员。

中国共产党在创立之初,党章里就规定党员不分性别,也就是说在党的所有干部教育中,应该包括对于妇女干部的培养与教育。建党初期,用学校的方式培养妇女干部。1922年10月,上海大学在上海成立,中国共产党人邓中夏、瞿秋白分别担任过该校的总务长、教务长。王剑虹、丁玲等人在平民女校解散后转入上海大学、上海大学附中学习。上海大学培养的著名妇女干部还有杨之华、张琴秋等。蔡和森也曾在上海大学讲授"私有财产和家族制度起源"等课程。毛泽东与何叔衡创办了湖南自修大学,湖南自修大学里有杨开慧、王会悟等女性学员。中共二大之后,李达不再担任党的宣传部门的领导职务。1922年11

---

① 参见《向导》周报第8期,1922年11月2日;《向导》周报第24期,1923年3月9日;《向导》周报第24期,1924年1月20日;《向导》周报第57期,1924年3月19日;《向导》周报第71期,1924年6月18日;《向导》周报第184期,1927年1月21日。

月，他接受毛泽东函邀，与王会悟共赴湖南，担任湖南自修大学的学长，王会悟为湖南自修大学附设补习学校的英文教员。

（三）女工教育

1922年5月22日，上海浦东日华纱厂爆发3 000多人的大罢工，王会悟代表上海中华女界联合会赶到现场做演讲，和平民女校的学生一起走上街头开展募捐，支持女工运动。王会悟在演讲中运用马克思主义剩余价值学说，把女工工资收入、生活水平与资本家的进行比较，用算账的方法呈现资本家对工人的剥削，号召工人团结、组织工会。王会悟的演讲稿《对罢工女工人说的话》发表在1922年6月10日的《妇女声》第10期上，正如文章所言，这次演讲是说给上海浦东日华纱厂罢工女工的，而其内容也可以移作对全国女工的谈话，所以发表出来[①]。从妇女教育的角度也可以看出，中国共产党成立之后非常重视在社会实践运动中对女工展开教育，而教育的手段既包括面对面现场演讲的直接动员，也包括报纸杂志等文字思想的间接宣传。

早期共产党人基本都是知识分子，而20世纪20年代初期的纱厂、烟厂中的女工基本受帮派势力的控制，共产党人进入工厂接近女工是非常困难的。因此，各地的党组织把办识字班、女工俱乐部等方式作为接近女工、教育女工的方法。武汉共产党早期组织在林育南的领导下在纱厂、烟厂和纱麻厂办识字班。在识字班，女工通过识字获得粗浅的阶级教育；在俱乐部，通过文娱活动等联谊休闲活动，增进女工的情感交流，帮助女工建立社会联结，有妇女自己的组织与社会网络。

三、大革命时期的妇女教育

1923年6月12日至20日，中共三大在广州召开。经过激烈的讨论，大会接受了共产国际关于同国民党合作的指示，决定采取以共产党员个人的身份加入国民党的方式实现国共合作。1924年1月20日至30

---

① 中华全国妇女联合会妇女运动历史研究室. 中国妇女运动历史资料：1921—1927 [M]. 北京：中国妇女出版社，1986：38.

日，国民党在广州举行第一次全国代表大会，标志着国民党改组的完成和第一次国共合作的正式形成。1924—1927年，中国大地上爆发了轰轰烈烈的反对帝国主义、反对封建军阀的革命运动，史称"大革命"或"国民革命"。大革命时期的中共妇女教育有鲜明的时代特色：一是有着鲜明的国共合作的特点，妇女运动实行统一战线，妇女教育特别是妇女干部培训依托国民党妇女部的外壳；二是群众运动中民众教育的范围从女工扩大到农妇、普通民众；三是教育内容以服务于国民革命的反帝反封建的政治教育为主；四是在大革命时期的政治运动和军事运动中教育妇女。

关于教育的方式，民众教育的主要载体仍是报刊，同时公众集会的政治教育形式开始出现。对于女工的教育主要还是采取文化教育性质的平民补习学校和精神娱乐性质的俱乐部形式。伴随着革命高潮的出现，妇女干部教育开始大规模集中出现，其主要以短期培训班为主，其他各类建制性的学制较长的干部教育学校也开始招收女学生。

（一）报纸杂志的宣传教育

在国共合作的背景下，中共三大通过的妇女运动决议案明确在妇女运动中实行统一战线。该决议案只有三条：第一条，对于劳动妇女运动，强调了劳动妇女在阶级斗争中的重要性，特别指出了男工女工之间的冲突。从指导方针与教育内容看，要求在阶级内部教育男女工人团结，特别是"扫荡男工轻侮女工之习惯与成见"[①]。第二条，对于一般的妇女运动实行统一战线，"不要轻视此等为小姐太太，或女政客们的运动"[②]，阶级色彩不要太浓，以致使她们望而生畏，党要"随时随地指导并联合这种种运动"[③]。第三条，关于如何指导妇女运动的方式，组织上设立妇女委员会并创办出版物，以"集中本党女党员之活动及系统的指导全国妇女运动"，报刊为全国妇女运动树立一"精神的中心"，

[①] 中央档案馆. 中共中央文件选集：1921—1925 [M]. 北京：中共中央党校出版社，1989：154.

[②] 同①155.

[③] 同①.

第一章　新民主主义革命时期的妇女教育

指导并批评"日常的妇女生活及妇女运动"①。如果说，中共二大的妇女运动决议案偏重于阐释党的妇女解放理论，那么，中共三大的妇女运动决议案已经有了指导全国妇女运动的明确指向，指导方式除了组织建设，仍非常重视公开出版的报刊。中共三大的妇女运动决议案由向警予起草，她当时是中共妇女部部长。《妇女声》停刊后，她所创设的指导全国妇女运动的"精神的中心"是《妇女周报》。正如《妇女周报》发刊词所云：我们是有主义的，但不愿空谈主义，天天闭目发抽象的言论，我们是要应用我们所信仰的主义来批评社会上发生的事实②。

《妇女周报》的诞生有着浓烈的国共合作的色彩。1923 年 8 月 22 日，它在上海正式创刊，是由原《民国日报》副刊《妇女评论》与《现代妇女》两个刊物合并改组而成的。《民国日报》是国民党在上海的机关报，《妇女评论》创刊于 1921 年 8 月 3 日，于 1923 年 8 月 15 日终刊。《现代妇女》是由妇女问题研究会和中华节育研究社于 1922 年 9 月 6 日在上海创刊的。妇女问题研究会由沈雁冰、周作人、周建人、章锡琛等在上海发起成立，这些人都是 20 世纪早期妇女问题的重要发声者。向警予奉党的指示，以国民党上海执行部青年妇女部部长助理的身份主编这份报纸。从 1923 年 8 月下旬到 1925 年 5 月，她在将近两年的时间里主编这份报纸，使之成为反映全国妇女运动状况的报纸。五卅运动爆发之后，国民党右派控制了《民国日报》，向警予退出《妇女周报》的编辑工作。

《妇女周报》批评狭隘的女权与参政权运动，呼吁中产阶级的女权运动与无产阶级的女工联合起来，支持女工运动。上海丝厂女工为减时增资而陆续进行罢工，这次女工罢工引起社会较大的关注，即使在罢工停止后，上海仍有 30 多个团体纷纷致信各政府机关、丝茧公所替女工吁请。迫于社会舆论，厂主暂时减少了每天 2 个工时，但亦有反复，多次引发工潮。即使在政府批文发布"每日工作九小时，一月休息两日"要求后，丝厂仍实行 12 小时工时制。1923 年 9 月，丝厂女工继续为减

---

① 中央档案馆. 中共中央文件选集：1921—1925 [M]. 北京：中共中央党校出版社，1989：155.

② 中华全国妇女联合会妇女运动历史研究室. 中国妇女运动历史资料：1921—1927 [M]. 北京：中国妇女出版社，1986：167.

时而斗争时，当局以"胁迫各丝厂女工聚众罢工"的罪名将罢工领袖九姑娘解送到军署惩办。向警予在创刊才一个月的《妇女周报》上为丝厂女工疾呼。1923年9月26日，《妇女周报》第6号同时刊载三篇文章。第一篇是面向公众喊话的《九姑娘犯了何罪？》，发出强烈谴责："上海的舆论界对于偌大的社会问题——关系十余万生命的竟毫不加以注意。劳苦妇女的贱命在资本社会里真是一钱不值吗？"①第二篇是写给丝厂女工的《告丝厂劳苦女同胞》，启发她们的阶级觉悟，号召10多万丝厂女工加入丝茧女工团，团结行动。第三篇是写给妇女界的《一个紧急的提议》，呼吁女权运动要联合无产阶级的女工，吁求各妇女团体联合上书省长、激起舆论同情、向丝茧公所总理做严厉的劝告、派代表与丝茧女工团接洽，勉其团结万众一心，做最后之奋斗。从这件事可以看到，这一时期中国共产党的妇女教育不再是空谈理论，而是抓住具体的事件，利用报刊媒体充分调动城市的舆论场，对不同的群体进行不同的宣传动员。在宣传教育的内容方面，即使在妇女统一战线时期，中国共产党的阶级立场使其努力关注无产阶级的女工运动。1924年6月，上海14家丝厂15 000多名女工罢工时，《妇女周报》第44期大篇幅刊登了女工的诉苦书。1924年3月，上海祥经丝厂女工被烧死100多人，《妇女周报》愤怒谴责。该周报还刊登了许多女工团体的宣言，以支持女工。

在国共合作时期，具有全国性影响力的妇女报刊还有天津的《妇女日报》，于1924年1月创刊，1924年9月，被军阀查封后停刊。女共产党员刘清扬任总经理，邓颖超任编辑，国民党内的妇女领袖李峙山为总编辑。这是20世纪20年代唯一由女性主办的报纸。向警予曾写过一篇题为《中国妇女宣传运动的新纪元》的文章，发表在1924年1月2日的《妇女日报》上，她提到虽然上海中华女界联合会的《妇女声》短命而死，但在这个新纪元中，出现了天津的《女星》和《妇女日报》，称"《妇女日报》的纪元，是中国沉沉女界报晓的第一声"②。向警予用"沉沉女界"形容当时劳动妇女的艰难处境和社会对妇女运动的忽视。

---

① 九姑娘犯了何罪？[N]. 妇女周报，1923-09-26.
② 中国妇女宣传运动的新纪元[N]. 妇女日报，1924-01-02.

第一章　新民主主义革命时期的妇女教育

《妇女周报》《妇女日报》等女报"报晓"的目的，向警予称为"养成其'政治的常识'和'社会的关心'"①。向警予在文章中认为："现在中国一般的教育本也糟得不堪，至于女子教育更是下而又下。……我很希望《妇女日报》成为全国妇女思想改造的养成所！"②从向警予的这篇文章中，可以看出当时的中国共产党确实是把报刊当作开展妇女思想教育的重要方式。

此外，还有湖南长沙的《妇女先锋》，于1926年3月创刊，终刊日期不详。该刊由湖南省女界联合会出版，由中国共产党湖南省委妇委书记缪伯英领导，由中国共产党女党员、省女界联合会党团书记、国民党省党部妇女部部长黄颐负责，中国共产党女党员、中国共产党湖南省委职工运动委员会干事郑杰（后改名刘英）任主编。北京的《妇女之友》半月刊，于1926年9月15日创刊，1927年4月，被军阀查封停刊。该刊是大革命时期中共北方区委（书记李大钊）妇女部联合北京国民党左派妇女共同创办的，主要领导人为中国共产党女党员刘清扬、郭隆真等，由进步的国民党女党员张挹兰和中国共产党女党员韩桂琴（后更名韩幽桐）等负责具体工作。《妇女之友》的政治倾向非常鲜明，做政治动员的工作，积极倡导工农妇女团结起来参加革命运动，谋求自身解放。后张挹兰被捕，与李大钊等国共两党的革命者一起就义。张挹兰是就义者中唯一的女性，也是最后一位走上绞刑架的革命者。

（二）妇女干部教育

1924年6月，刘清扬作为中共代表出席在莫斯科召开的共产国际第五次代表大会，并在会上介绍中国妇女运动的发展情况。这个报告谈了中国共产党领导的妇女运动所面临的四个重要问题：一是怎样与劳动妇女群众接近；二是对待各种知识阶级、小资产阶级妇女团体及其妇女运动的态度；三是人才缺乏问题；四是宗教问题③。第四个问题的实质

---

① 中国妇女宣传运动的新纪元[N].妇女日报，1924-01-02.
② 中华全国妇女联合会妇女运动历史研究室.中国妇女运动历史资料：1921—1927[M].北京：中国妇女出版社，1986：276.
③ 中国妇女管理干部学院.中国妇女运动文献资料汇编：第1册[M].北京：中国妇女出版社，1987：96.

妇女教育

是中国共产党如何向基督教女青年会争取对劳动妇女的影响。基督教女青年会凭借教会资金开展女工夜校等平民教育，在女工罢工时开展各类慈善事业。相比于基督教女青年会，中国共产党在开展劳动妇女教育时可能面临着资金与人才的双重匮乏。这份报告把女学生视为后备的妇女干部人才，但是因家庭、学校的束缚，对于女学生的宣传动员困难重重。报告提到两种培养妇女干部的方法：第一种是必须有报刊宣传，第二种是党要创办造就人才的速成学校。报刊宣传教育既是民众教育的方式，也是干部教育的方式。在对民众进行长期渗透性教育过程中，会培养与召唤出潜在的妇女干部。这一时期的报刊宣传教育已在上文论述，本部分聚焦大革命时期的干部学校。

1925年1月，中共四大制定了妇女运动决议案，充分认识到妇女运动人才的缺乏对于党开展妇女运动的阻碍。为了开展党的妇女运动，决议案要求各地党部要注意发展女党员，因为在宗法社会关系仍未被打破的社会里，没有女党员的地方妇女运动常常无从着手。同时，各党部要特别注意对妇女党员进行关于妇女运动之理论方面的指导与训练。

在国共合作的背景下，中国共产党的一些杰出妇女干部参加国民党中央妇女部的工作，通过国民党中央妇女部的管道培养各类妇女干部。1925年8月，邓颖超应何香凝之邀，从上海到广州担任国民党广东省党部妇女运动委员会秘书，以广东国民党省党部潮梅特派员身份先后到汕头、潮安、澄海、梅州等地培养干部，组建妇女组织，发起潮汕地区的妇女运动。同年8月，蔡畅从苏俄回国，担任共产党两广区委妇委副书记及国民党中央执行部妇女部干事，同国民党中央妇女部部长何香凝密切合作，开办中央妇女运动讲习所。1926年9月至1927年3月，国民党中央妇女部在广州开办妇女运动讲习所，招收了两期学员，共计70多人。何香凝兼任所长，蔡畅任教务主任，主持日常工作。课程设置有中华民族解放运动史、工人运动、农民运动、俄国妇女和中国妇女运动等课程，学习期限为半年。恽代英、邓中夏、彭湃、邓颖超、谭平山、周恩来和鲍罗廷等都曾到讲习所授课或做报告。教学重视理论联系实际，鼓励学生积极参加反帝反封建的各种斗争活动，启发学员总结交流工作经验，研究开展妇女运动的方式方法，结业后回原地区开展妇女工作。

第一章　新民主主义革命时期的妇女教育

　　1926年10月11日，国民党广东省妇女部和中山大学特别党部在广州开设妇女运动人员训练班，共招收学员60人，学员主要是广州各地的妇女运动干部。邓颖超任所长，陈铁军主持日常工作。训练班的主要课程包括孙文主义、中国国民党党史、各国革命史、党的组织法、国际问题、帝国主义侵略史、社会心理、社会问题、青年运动、农民运动、演讲学等。由萧楚女、熊锐、张秋人及中山大学的一些教授授课。1927年2月12日，国民党中央党部从广州迁至武汉，开设了妇女党务培训班。宋庆龄为主任，鲍罗廷夫人、恽代英、张太雷等人为教员。培训班课程丰富，有20多个科目。同年5月初，宋庆龄聘请刘清扬主持学校事务。后来，由于国民党内部的急剧分裂，国民党与共产党之间的合作无法继续进行，党务培训班提前结束，部分学生参加了南昌起义。1926年9月，国民党北京特别市党部创办缦云女校，招收近50名学员，该校的名誉校长为国民党党员吕缦云，实际负责人是共产党员郭隆真。这些学员受训后，大多回到各地工作，成为组织当地妇女运动的重要力量。此外，在国共合作期间，两党还派出大批干部包括蔡畅、向警予等妇女骨干赴苏联东方共产主义劳动大学接受培训。另外，有超过80名女学生就读于莫斯科中山大学，如杨之华、危拱之、帅孟奇、钱瑛等妇女运动骨干，其中大多数成为党领导的妇女运动的中坚力量。

　　除了专门的妇女干部训练班，还有一种训练妇女的干部学校，即在其他专门的培训班和专业学校中招收女学员，培养女干部。1926年3月，国民党政治讲习所在广州开办，李富春任主任，毛泽东为理事，邓中夏、恽代英、郭沫若、萧楚女等人为授课教师。第1期为期四个月，约有350名学生，其中包括杨开慧等10名女学生[①]。国民政府迁都武汉后，决定将黄埔军校的第5期学员迁到武汉，成立中央军事政治学校，同时在《申报》《新蜀报》等上刊登招收女生队的广告。1926年2月，女生队录取了183人。1927年3月，武昌南湖学兵团的30名女生并入女生队，学员增至213人。这些学员一般都受过中等教育，多数参加过学生运动或妇女运动，其中三分之一是共产党员。女生队下设三个区队，与新招收的政治科两个大队同属黄埔军校第6期。女生队培养的是

---

① 顾秀莲.20世纪中国妇女运动史：上卷［M］.北京：中国妇女出版社，2008：211.

军队政治工作人员,课程以政治课为主。恽代英讲授工人、学生运动和马克思主义基本知识,沈雁冰讲授妇女解放理论,许德珩讲授《共产主义 ABC》。每有重大事件,男女学员齐集一堂,听恽代英、邓演达等人的演讲。女生队学员同男生队学员一样,接受正规的军事教育,还进行实地军事演习。女生队学员积极参加各项政治活动和军事活动,还参加湖北妇协举行的"三八"妇女节庆祝会,向武汉三镇的民众宣传收复汉口英租界的意义,宣传反帝爱国思想。1927年,武汉国民政府发动对奉系军阀的第二次北伐,女生队被编为政治连,组织救护队和宣传队,负责宣传、救护和组织群众等工作。从出征到返校的34天内,女生队沿途做了很多宣传教育群众的工作,包括妇女解放的宣传工作,动员妇女剪发放足等。后因汪精卫在武汉发动政变,女生队被迫解散。部分共产党员和青年团员加入了叶挺和贺龙的部队,从事政治工作。黄埔女生队从建立到结束,虽然只有半年多,但培养了大批优秀的妇女军政干部。女生队指导员彭猗兰及队员谭勤先、胡毓秀等30人参加南昌起义;还有部分学员编入第四军的军医处和教导团,随叶剑英南下,参加广州起义;学员曾宪植、危拱之、张瑞华、黄杰、黄静汶等人长期参加军事、政治、妇运工作;学员赵一曼、郑梅仙等人为革命牺牲。

四、政治仪式中的妇女教育:"三八"国际劳动妇女节的纪念会

国民革命时期,大规模群众集会开始作为政治教育的一种重要方式。组织大规模的群众集会纪念"三八"国际劳动妇女节也始于大革命时期。在妇女节的纪念会上,不仅重申各种妇女权利,还对妇女进行与时事相关的政治教育。简短有力的政治口号不同于长篇大论的理论阐释,具有强烈的政治鼓动作用。集会容易产生团结有力的集体氛围与身份认同。纪念会这种政治教育模式,在不同历史时期得到继承,运用于需要大规模动员的时刻。

1921年,上海共产党组织在渔阳里六号举行纪念"三八"妇女节的活动,由高君曼演说,这是目前所知的中国最早的纪念"三八"妇女

第一章　新民主主义革命时期的妇女教育

节的活动①。但是，这次活动无疑是少数几个人的秘密集会。第一次纪念"三八"妇女节的群众集会则出现在 1924 年广州第一人民公园音乐亭，由何香凝主持，是国民党中央妇女部发起的。1924 年 3 月 5 日，主办者发布通告："广州妇女界在此日应有所表示，以警醒妇女群众……妇女部有鉴于是，谨召集广州市妇女各团体，于此日举行热烈示威活动。"② 8 日上午，执信学校、高等师范等 20 多所学校的女学生和女界联合会等妇女团体的成员千余人，齐集第一人民公园③。在会上，何香凝和曾醒先后发表演说。何香凝阐明纪念"三八"妇女节的意义，痛斥封建主义、帝国主义对妇女的双重压迫，号召妇女奋起革命。大会提出了一系列妇女运动的政治口号："解放中国殖民地之地位""解放妇女所受资本制度的压迫""要求妇女劳动权、平等教育权、平等工价权、女子参政权及一切妇女应得之权""排除纳妾及一夫多妻制度""要求女工保护、生育保护、儿童保护法立法""排除买卖女子为婢的习惯""排除（童）养媳的习惯""废除娼妓制度"等④。这些口号体现的诉求与妇女切身利益紧密相关，激发了广大妇女的参与热情。集会后，与会者高举国旗、校旗，举行庆祝游行。

　　同日，上海丝纱女工协会也开展"三八"妇女节庆祝活动，李纪源担任主席并致辞，王奠世介绍"三八"妇女节的来历及国际妇女运动的历史，女工代表王根英、陈凤英进行演说，50 多人参加了集会。

　　1925 年的"三八"妇女节，恰逢共产党和国民党共同发起的国民会议促成会召开全国代表大会。为对抗段祺瑞政府在北京召开的善后会议，促成国民会议的召开，这一年北京的"三八"妇女节纪念活动被赋予了更多的国民革命精神⑤。北京妇女国民会议促成会等 20 多个团体，在太平湖民国大学举行纪念大会。校门口高悬两面国旗，用彩绸扎成"国际劳动妇女节纪念大会"等字样，大礼堂外悬挂"争回人格""向民

---

　　① 中国社会科学院现代史研究室，中国革命博物馆党史研究室．"一大"前后：中国共产党第一次代表大会前后资料选编：二［M］．北京：人民出版社，1980：59．
　　② 广州妇女团之活动［N］．广州国民日报，1924 - 03 - 05．
　　③ 广州妇女节之大巡行［N］．广州国民日报，1924 - 03 - 10．
　　④ 中华全国妇女联合会妇女运动历史研究室．中国妇女运动历史资料：1921—1927［M］．北京：中国妇女出版社，1986：204．
　　⑤ 中共天津市委党史资料征集委员会，天津市妇女联合会．邓颖超与天津早期妇女运动［M］．北京：中国妇女出版社，1987：427．

家妇女方面做去""同等教育""同等工值"等标语。与会者包括各地团体代表、中外来宾、记者等1 300多人。这"实属北京妇女节空前未有之盛会"。大会强调纪念"三八"妇女节的原因是：第一，我们今天应当追想我们中国妇女国际上的地位。第二，我们应当回想过去的成绩。第三，我们应当确定未来一年中，我们奋斗工作的方针。现在我们妇女同胞，最紧迫最重要之奋斗工作，就是对于国民会议组织法，要力争妇女参加权[①]。会上，妇女代表喊出"打倒帝国主义""推翻旧礼教""解放东方被压迫的妇女""反对蔑视女权的国民会议组织条例""教育平等 工作平等 工资平等""儿童保护 女工妊娠保护""全世界的妇女团结起来啊""国际妇女日万岁"等口号[②]。

1926年3月8日，国民党中央妇女部率领各界人士分别向国民党中央与国民政府请愿，提出三项要求：第一，修改法律；第二，各行政机关开放容纳女子；第三，实现第二次全国代表大会妇女运动决议案[③]。广州妇女在"三八"妇女节纪念大会上向共产国际妇女书记部发去电报：我们便决心在国际妇女书记部旗帜之下，与全世界妇女联合参加世界革命的战线。此后，举办"三八"妇女节纪念活动成为中国妇女运动的一个重要内容。

中国妇女运动的倡导者引入国际性的纪念活动，有意识地将中国妇运融入广阔的国际背景中。她们借助这些活动，向公众阐发关于妇女解放和妇女运动的主张，维护妇女权益，扩大妇女运动的社会影响，进一步组织和团结各界妇女，投身妇女运动。历史上的"三八"妇女节纪念活动，已经超越"纪念"本身，根据不同时期妇女运动的特点和需要被赋予时代内涵，成为发动、组织、教育各界妇女，向社会公众进行宣传教育、开展妇女运动的重要形式之一。

五、劳动妇女补习学校

1924年，在共产国际第五次代表大会上关于中国妇女运动的报告

---

① 北京之国际妇女节[N]. 民国日报，1925-03-15.
② 中共天津市委党史资料征集委员会，天津市妇女联合会. 邓颖超与天津早期妇女运动[M]. 北京：中国妇女出版社，1987：433.
③ "三八"国际妇女节大会情形[N]. 广州国民日报，1926-03-09.

中，中国共产党的妇运领袖刘清扬坦承："与劳动妇女接近，是非常之难！"并且因为这些劳动妇女"知识的缺乏，于宣传上一时很难进行"。刘清扬提到了两种接触劳动妇女的重要方法：第一种是办教育，注重劳动妇女的教育，先使她们能粗浅识字，然后思想自易开通，最后方能确定她们的奋斗的标准。第二种方法是组织劳动妇女的俱乐部，注重于她们身心精神的快乐。但是当时的中国共产党初建不久，"既困于人才又困于经济"①，除了已成立的几处平民女校与劳工女校外，无再有创办俱乐部的能力。

事实上，刘清扬于1923年冬回到天津与邓颖超等一起创办《妇女日报》之前，邓颖超与觉悟社的女同志创办了女星社，并在1923年与1924年分别创办了女星第一补习学校和女星星期义务补习学校，对平民妇女进行文化教育。1925年，广东妇女解放协会创办劳工妇女补习学校。通过文化教育对劳动妇女渗透政治教育的方式，也一直在中国共产党的革命进程中被广泛运用。

第二节　土地革命战争时期的妇女教育

1927年，国共第一次合作破裂，妇女运动的统一战线就此不复存在，中国共产党更加强调争取劳动妇女群众。党的活动中心从城市转向农村，农妇运动的重要性逐渐上升。这一时期中国共产党妇女教育的空间主要是在农村革命根据地，最主要的背景特征是党在根据地拥有红色政权。执政地位使中国共产党妇女教育的内容与载体都呈现出新的时代特征，对民众进行政治教育的内容与形式发生了巨大变化，正规的学校教育体制出现了。

随着中国共产党历史处境与历史任务的变化，对民众进行政治教育的内容有了重大的变化。对内，在根据地进行社会革命（从婚姻革命到

---

① 中共中央党史和文献研究院，中央档案馆. 中国共产党重要文献汇编：第4卷：一九二四年［M］. 北京：人民出版社，2022：272.

妇女教育

土地革命）和各项建设（政治建设、社会建设、文化建设等）；对外，在土地革命战争时期，国共对抗的态势使保卫苏区和反"围剿"的战争成为根据地的常态。根据地各项建设与反"围剿"战争动员的需要决定了根据地妇女运动的内容，也决定了根据地有关妇女政治教育的内容。中国共产党的执政地位使政治教育的载体与方式方法也发生了变化。一是法律政策的制定、贯彻、执行过程在政治宣传教育中发挥着重要的作用，有关妇女的法律政策本身就是政治教育的内容，也是政治教育的载体。二是各类妇女运动实践对妇女的锻炼教育。虽然报刊宣传依旧发挥妇女问题的宣传教育功能，但是这一时期的报刊在妇女议题的宣传教育内容侧重上已发生变化。如果说前一时期侧重马克思主义妇女解放理论的运用，那么这一时期的报刊侧重根据地法律政策对于保护妇女权益，以及动员妇女投身苏维埃运动对于妇女解放的作用等方面的宣传教育。从理论到实践是执政条件变化产生的根本性原因，这种方式也深深影响着抗日根据地及新中国成立以后政治教育的形式与内容。故本节把"法律政策的教育"和"实践中的政治教育"单独分列出来，作为这一时期具有开创性的"民众政治教育"的内容与方式。

在执政背景下，中国共产党妇女教育的另一大特点是建立正规化的学校教育体系，相对于追求"学校教育"培养人才的目的，真正担负培养重任的是学校教育体系之外的"社会教育"，这也是中国共产党实践现代教育的开端。比如，1933年4月13日，《中共川陕省委关于红五月工作的决议案》指出了川陕苏区文化工作的任务：第一发展社会教育，创办读报班、识字班、讨论会、俱乐部、工艺演讲所、蓝衣剧团等，加紧识字运动，使苏区工农大众能识字。第二学校教育。有计划地建立各地学校，如列宁小学、业余学校、工人子弟学校等。建立出版工作，大批地出版共产主义的书籍。同时为了适应苏维埃的需要，要求省苏维埃文化委员马上成立苏维埃学校，培养文化和其他各种专门人才[1]。1933年10月，中央苏区文化教育建设大会通过的《苏维埃学校建设决议案》将中央苏区的学校分为四类：以培养共产主义新后代为目的的劳动小学即列宁小学；以扫盲、进一步提高民众文化和政治水平为

---

[1] 蔡文金，韩望愈. 川陕根据地革命文化史料选编[M]. 西安：三秦出版社，1997：33.

目的的夜校、半日学校、识字班、短期训练班等学校；以训练一般干部为目的的各种训练班，以训练中级干部为目的的初级训练班、干部专门学校等，以及以培养具备职业素质、有经济建设能力的职业人才为目的的职业学校等；以培养高等专业人才为目的的大学。所以，根据此分类，苏区的教育体系分成学校教育与社会教育，在此基础上，本节分成五部分即民众政治教育、妇女干部教育、女童学校教育、成人社会教育、妇女职业教育进行阐述。

一、民众政治教育

（一）法律政策的教育

各根据地建立工农民主政权后，都先后制定了地方性的施政纲领，体现保护女工、男女同工同酬、男女平等的原则。1931年，红一方面军连续三次取得反"围剿"胜利后，根据地发展到一定规模，中共中央决定以赣南闽西根据地为依托，建立苏维埃中央政府。同年11月7日至20日，在江西瑞金叶坪村召开中华苏维埃第一次全国代表大会。根据中共中央提出制定宪法的七条原则，通过《中华苏维埃共和国宪法大纲》（简称《宪法大纲》）。《宪法大纲》第四条规定，"在苏维埃政权领域内的工人，农民，红军兵士及一切劳苦民众和他们的家属，不分男女、种族……宗教，在苏维埃法律前一律平等，皆为苏维埃共和国的公民"，"凡上述苏维埃公民在十六岁以上皆享有苏维埃选举权和被选举权"①。第十一条规定："中国苏维埃政权以保证澈底的实行妇女解放为目的，承认婚姻自由，实行各种保护女性的办法，使妇女能够从事实上逐渐得到脱离家务束缚的物质基础，而参加全社会经济的政治的文化的生活。"② 1934年，对《宪法大纲》进行修改时，涉及妇女权利和解放的内容得到完全保留。

虽然苏区土地政策有变动与调整，但土地分配的首要标准是阶级身份，劳动妇女拥有与本阶级男人同等的土地分配权利。按人口而非劳动

---

① 中央档案馆.中共中央文件选集：1931 [M].北京：中共中央党校出版社，1991：773.
② 同①775.

力均分土地是根据地土地政策的主流。在1931年12月公布实施的《中华苏维埃共和国土地法令》，确立了在劳动贫民内部按人口均分土地的原则。"雇农，苦力，劳动农民，均不分男女同样有分配土地的权限"[①]。1932年6月，临时中央政府发表文告，严厉批评一些地方禁止离婚妇女带走土地的做法。1934年4月，中华苏维埃共和国中央执行委员会颁布《中华苏维埃共和国婚姻法》，规定离婚女子如果移居别村，可以参与新居乡村土地的分配，但如果新居乡村没有土地可分了，则女子仍保留原有土地，其处置办法或出租或与别人交换，由女子自己决定。

为争取妇女支持土地革命，各根据地在创立之初，都提出了"解除封建婚姻""婚姻自由"的口号，实行结婚离婚自由、一夫一妻制，反对买卖婚姻、废除童养媳等陋习。在各根据地的经验上，1931年，颁布了《中华苏维埃共和国婚姻条例》，1934年，颁布了《中华苏维埃共和国婚姻法》。1934年的《中华苏维埃共和国婚姻法》除确立了《中华苏维埃共和国婚姻条例》中男女平等的基本原则外，还根据当时的实际情况，在离婚部分增加了保护军婚、承认事实婚姻、解决离婚妇女土地权等几项内容。

在土地法与婚姻法的贯彻过程中，各根据地出现了两种不同倾向。一是妇女提出离婚要求后，一部分农民和红军士兵发生恐慌与担忧；二是部分群众对离婚后男女责任义务分配中偏向保护妇女的政策提出质疑。面对群众的疑虑与执行中的问题，各根据地展开了大规模的宣传运动。一方面，中国共产党坚持解放妇女和保护妇女的利益，要求坚持破除婚姻家庭中的压迫问题；另一方面，教育广大妇女与基层干部，要把妇女的需求引向更广泛的苏区的社会运动中来，批评把妇女运动看成恋爱运动，调整了"离婚结婚绝对自由"的口号，认为它会导致无政府主义的混乱状态，要求动员妇女参与到整个阶级革命中来。比如，1931年12月的《中共中央关于扩大劳动妇女斗争决议案》要求把苏区妇女工作的中心任务统一到领导劳动妇女参加土地革命的斗争中，强调妇女的特殊要求不能超出本阶级的范围，要教育农妇只有在农民斗争中才能

---

① 中央档案馆. 中共中央文件选集：1931 [M]. 北京：中共中央党校出版社，1991：777.

第一章　新民主主义革命时期的妇女教育

获得真正的解放，纠正前期妇女运动偏重恋爱婚姻问题的倾向。

（二）实践中的政治教育：自我教育和典型示范教育

中国共产党的民众政治教育，是外部的灌输性宣传教育和内在认同的自我教育相结合的。这种"知行合一""致良知"的教育方式也蕴含在中国共产党的妇女运动与妇女教育中，一套有效的运作机制建立起来。根据地的政权建设、经济建设、社会文化建设等各方面的建设，以及战争后援都需要动员广大妇女的参与。如何让妇女发自内心地主动认同苏维埃临时政府发布的动员任务，参与到整个革命过程中，实则是一个重要的妇女教育过程。

1933年11月，毛泽东同志在历时一周的调查后，写了《长冈乡调查》，他在前言中说明该文的书写缘由，因为苏维埃的工作存在"敷衍塞责或者强迫命令的严重错误"[1]，不懂做群众工作，而"长冈乡工作的特点，在于能用全力去动员群众，用极大的耐心去说服群众"[2]，是"苏维埃工作的模范"[3]，整理发展长冈乡的工作供给落后的乡苏与市苏学习。在《长冈乡调查》中，毛泽东对长冈乡的妇女工作有非常细致的描述。长冈乡的妇女工作是长冈乡工作的一部分，甚至是保证整个苏维埃工作胜利完成的必要支撑部分。毛泽东同志认为，长冈乡妇女在查田运动等各种群众斗争上，在经济战线（因为壮年男子都出外当红军或工作了，长冈乡的生产绝大部分是依靠女子）、文化战线（许多女子主持乡村教育）、军事动员（她们在扩大红军与慰劳红军运动中，平时还当短夫）、苏维埃的组织上（乡苏中的女代表）都表现出她们的英雄姿态，发挥出伟大作用。毛泽东的著名论断"妇女在革命战争中的伟大力量，在苏区是明显地表现出来了"[4]，就是基于长冈乡妇女的工作与表现得出来的。那么，为什么长冈乡妇女能积极配合苏区工作呢？毛泽东认为这与女工农妇代表会的领导与推动是分不开的。女工农妇代表会是基层妇女组织，以村为单位召集所有16岁以上的劳动妇女开会，每个代表

---

[1] 中共中央文献研究室. 毛泽东文集：第1卷 [M]. 北京：人民出版社，1993：276.
[2] 同[1]304.
[3] 同[1]277.
[4] 同[1]314.

管理5~10家，每七天开一次会。每村有一个代表会议主任，由各个村的主任及一个妇女指导员组成乡的女工农妇代表会的主席团①，每十天开一次会。平时由各个妇女代表召集所属的各家妇女开会，乡代表只是帮忙指导。这种网状组织的建立，一方面确保党、政府的指令能传达给每一个妇女，更重要的是"女工农妇代表会"这种组织载体，促成了妇女的自我教育，能够使外部的指令转化为妇女内在的认同与主动行动。《长冈乡调查》记载了村里开的三次女工农妇代表会。在第一次代表会上，参与的妇女并不踊跃，选出的妇女代表工作也不积极。后来不召开大的会议，只由妇女代表召集自己联系的妇女，召开会议，七天一次。把一切具体工作拿到会议上，比如，扩红征兵、慰劳红军、优待红属、妇女学习犁耙、妇女拿公器买公债等，会议上也曾讨论什么是正确的婚姻自由，而不要一吵架就离婚。在七天一次的妇女代表会议上的讲话，是妇女们的"讨论"，而非简单地传达命令。对于妇女们自身而言，每次会议的讨论都是自我教育与转变认识的过程，也是不断接纳与认同苏维埃政权各项工作的过程。

树典型、学模范也是中国共产党民众政治教育的一种重要方法。苏区的每项工作，几乎都以表彰模范的形式树立典型，并要求妇女干部起带头模范作用。比如，大量男性上战场后，苏区的农田生产急需女性劳动力的加入。1933年与1934年，苏维埃全区发动春耕运动，各根据地习俗不同，有的地方没有女性下田劳动的习惯。中央要求在乡苏下面设立专门的领导机构——妇女劳动委员会，以组织领导对广大农村妇女进行莳田、犁田等农田技术的教育。中央苏区妇女部提出动员口号："每个劳动妇女英勇地踏上劳动生产战线，如像红军战士上火线一样英勇。"妇女干部们带头学习农田技术。如蔡畅，时任江西省委组织部部长兼妇女部部长，她在宁都向老农学习，学会了犁耙插秧等各种农活。1934年，在春耕运动中，瑞金下州区下州乡在动员妇女参加农田生产时，首先召开女工农妇代表会议专门讨论妇女学习生产的问题。党团员带头报名，当场有10多人参加。各乡之间还展开竞赛，政府对优异者给予奖励，发帽子、蓝裙等奖品。苏区创作了一批鼓励妇女学习农田生产劳动

---

① 中共中央文献研究室. 毛泽东文集：第1卷[M]. 北京：人民出版社，1993：312.

第一章　新民主主义革命时期的妇女教育

的山歌，如"如今世界唔（不）比先，劳动妇女学犁田，英勇哥哥前方去，后方生产涯（我）担承"。这些歌谣广泛传唱，形成富有集体感染力的社会氛围。

扩红工作的工作机制也相同。利用各种宣传手段比如宣传画、口号等广泛宣传，女工农妇代表会开会动员，妇女干部起带头作用。江西省委妇女部部长李美群在第三次反"围剿"时失去了第一任丈夫，在1933年5月的扩红运动中，李美群在一次省委干部会上，站起来动员自己刚刚再婚的丈夫参加红军。省委派她到自己家乡江西省赣州市兴国县巡视和指导扩红工作，任扩红工作总指挥。她动员自己牺牲的丈夫的兄弟和自己唯一的弟弟参军。在李美群这样的妇女干部的模范带头下，兴国县在一周之内就有5 000多名青年组成兴国模范师奔赴前线。1933年12月，在江西省第一次女工农妇代表大会上，兴国县被评为妇女工作模范县，李美群获省委颁发的"送夫当红军光荣"银质五角星奖章。1934年，她作为正式代表参加第二次全国苏维埃代表大会，获"扩红模范"的称号和奖章。

二、妇女干部教育

伴随苏维埃临时中央政府工作的展开，苏区出现了干部缺乏的问题。1931年8月27日，《中央关于干部问题的决议》指出，"因干部需要的增加与干部的缺乏，形成干部恐慌的现象，成为党在执行政治上组织上的紧急任务中一个严重的困难问题"[1]，"目前革命高潮进一步的向前发展，更明显地反映着现时干部问题的严重性，万分迫切的要求全党加以最高限度的注意，采取最有力的办法求得解决"[2]。1933年8月10日，《中央组织局关于党内教育计划致各级党部的信》要求随着革命形势的扩大，必须不断地有计划有目的地进行大批干部的训练，才能解决干部的困难[3]。妇女干部同样面临短缺的问题，而且比男干部短缺更紧

---

[1] 中央档案馆. 中共中央文件选集：1931 [M]. 北京：中共中央党校出版社，1991：337.
[2] 同[1]341.
[3] 中央教育科学研究所. 老解放区教育资料（一）土地革命战争时期 [M]. 北京：教育科学出版社，1981：214.

妇女教育

迫的问题就是苏区妇女干部大多是工农出身，文化知识与政治知识水平都亟待提高。1930年，中共湘赣边特委书记朱昌偕在关于赣西南妇女运动的报告中称，"现在最困难的问题，就是做妇女工作的同志没有，在上级做妇女工作的女同志，能力亦非常差"[1]。福建妇委在给中共中央妇委的报告中亦反映干部缺少的问题："现在唯一感觉到困难就是工作多，而没有人分配去做。"[2]

苏区妇女干部的学校培训有两种主要形式：在职干部的短训班和专门的妇女干部学校。第一种是短训班。短训班的特点是配合工作需要，课程设计适合实际工作的需要，短期速成，学习时间多则几个月，少则三五天。各级政府各部门都可以举办各类干部短训班，其往往是围绕某项具体工作的需要，为推进这项工作而创办的临训班，强调实效性。短训班学员基本是从事实际工作的同志，授课的教员都是有经验的领导同志。比如，闽西革命根据地的新泉工农妇女夜校被称为苏区第一所红色妇女学校，早在1929年7月就在福建省连城县新泉村张家祠建起来了，红四军第二次进驻新泉时，毛泽东见新泉妇女没文化、受各种封建束缚，就指示新泉地方党负责人创办一所工农妇女学校。到1929年底，该夜校的学员已发展到了100多人。1930年夏，连城新泉区委为实现在全区各乡普遍创办夜校这一工作目标，特意举办了一期妇女骨干训练班，学员由各乡选送，共90多人，培训时间为3个月，结业后回乡办妇女夜校。教材是苏维埃政府组织干部自己编写的《红军识字课本》，翻印来不及时，学员边抄边学，边抄边认。师资是区乡干部轮流到夜校当义务教员，也有学得好的学员当"学员老师"，教基础较差的学员。这批受训的骨干结业回去后，几个月内就在连城南部13个乡办起了18所夜校，学员迅速达到了700多人。

1930年7月，闽西根据地的上杭古田训练班在古田区高级小学开办，训练时间为45天，学员是地方苏维埃政府推荐的身体好、有斗争觉悟的青年妇女，当期学员有四五十人。训练班由中共古田区党委宣传

---

[1] 中华全国妇女联合会妇女运动历史研究室. 中国妇女运动历史资料：1927—1937[M]. 北京：中国妇女出版社，1991：82.

[2] 同[1]103.

第一章　新民主主义革命时期的妇女教育

委员和青年团委宣传委员具体负责。训练班自编教材，学员学文化、学政治、学革命理论，在学习结束后回各乡开展各项工作，重点推动学文化运动，学成后的学员大多成为妇女运动的骨干力量。江西省妇女部在宁都办过两期妇女干部训练班，每期培训100人左右。出身工农、工作能力强的基层青年妇女干部会被选送到更高一级的苏维埃接受培训。1934年2月，闽浙赣省委从各县抽调98名优秀妇女干部，举办为期两周的妇女高级训练班。训练结束后，除少部分学员留在省委妇女部工作外，其余学员被分配到各县各区担任妇女组织的领导职务。广西左右江根据地在县区乡三级培训妇女干部，短则3天，长则3月，广西巴马县11个区33个乡109名干部全部接受过训练班培训。

第二种是干部学校。干部学校分两种：一种是专门的妇女干部学校；另一种是综合性干部学校，招收女学员。闽浙赣苏区的卢森堡学校是专门训练妇女干部的学校，两期共培训了700多名学员[①]。1933年，中央苏区在江西瑞金沙洲坝创办一所女子大学，以培养妇女干部。中央苏区时期的干部学校种类多样，中央与地方层级都创办了各级干部学校，包括专业性的干部学校。中央层级最著名的干部学校有马克思共产主义大学、苏维埃大学、中央干部教育学校等高等干部学校。以马克思共产主义学校为例，它是中共苏区中央局、中央政府人民委员会、全总执行局和少共中央局于1933年3月共同创办的一所党校性质的干部学校，其任务是培养能够领导前线和后方工作的政治干部。第一期高级班有35人，妇女学员有李贞、邱会玉、沈秉烈、彭儒。创办于1931年底的中央红色医务学校第一期招收的60名学员中，有30名妇女学员。地方层级的干部学校中，江西苏维埃干部学校相当具有代表性。江西省苏维埃政府在制定省苏维埃干部学校招生计划时，特别规定应由各县负责选送占学员总数1/3的思想觉悟高的女性积极分子，学习期限为1个月，学习政治课、专修课和常识课。学员毕业后，由省属各部负责分配到各县去工作，该校为红军和地方培养了大批的军事政治干部。

苏区还开办了一批卫生学校、师范学校和银行学校等专业性的学校。比如银行学校第二期专门招收了一个妇女班来培养管理财政方面的

---

① 顾秀莲.20世纪中国妇女运动史：上卷[M].北京：中国妇女出版社，2008：336.

妇女干部。这类学校不同于普通的职业学校,具有培养专业干部的性质。苏区在党政、军事、医药、师范、艺术、农业等领域都初步建立起干部学校。这类学校中均招生妇女学员,为各级苏维埃政府培养了一批妇女专业干部。

三、女童学校教育

《宪法大纲》第十二条规定,"中华苏维埃政权以保证工农劳苦民众有受教育的权利为目的,在进行阶级战争许可的范围内,应开始施行完全免费的普及教育"[①]。1933年10月20日,中央苏区文化教育建设大会通过的《苏维埃学校建设决议案》规定了平等教育原则:苏维埃学校制度是统一的学制,没有等级,对一切人民,施以平等教育,所以需要普遍地消灭文盲,普遍进行义务教育[②]。1934年颁布的《中华苏维埃共和国小学校制度暂行条例》,规定小学的教育目标是培养革命后代和未来的建设者,要训练参加苏维埃革命斗争的新后代,并在苏维埃革命斗争中训练将来共产主义的建设者[③]。革命根据地在各村普遍设立了列宁小学。采用大村单独设校、小村联合办理的办学形式,招收7~15岁的男女学龄儿童免费入校学习,父母不得以各种理由阻拦,否则处以罚款制裁。学制五年,分前后两期,前三年为初级小学,后两年为高级小学。另外,为了适应当地需要,还设立了半工半读的半日制小学,以招收年龄较大的、需要帮助家庭生产劳动的儿童来学习。初级小学设国语、算术、游艺三科,每周18小时;高级小学除了初级课程外还增加了社会常识、自然常识等科目,每周24~26小时。列宁小学的课程教育密切结合阶级教育和劳动教育。如《列宁学校读本》课文开头从叙述穷人的痛苦生活写起,控诉土豪劣绅和军阀国民党的罪行是穷人所受苦难的根源,以启发学童的阶级意识。课文结束段,号召广大人民群众团结起来,积极参加斗争,参加红军。整篇课文共128句,文字浅显,语

---

① 中央档案馆. 中共中央文件选集:1931 [M]. 北京:中共中央党校出版社,1991:775.
② 《中央苏区文艺丛书》编委会. 中央苏区文艺史料集 [M]. 武汉:长江文艺出版社,2017:75.
③ 董纯才. 中国革命根据地教育史:第1卷 [M]. 北京:教育科学出版社,1991:366.

言精练，容易召唤起同党和红军同呼吸、共命运的感情。关于劳动教育，在国语与常识课本中广泛传授关于生产劳动的科学知识。课程设置中还专设劳作实习，初级、高级小学都设有每周6~8小时的劳作实习和社会工作课程，培养儿童的劳动观念和劳动习惯，也培养其对劳动阶级的阶级认同以及对本阶级政权的支持。

苏区的女童教育在列宁小学体系中也得到很大发展。截至1934年，瑞金县办了258所初级和高级列宁小学，学生有1.5万多人①。全县每个乡至少办一所列宁小学，一些先进地区如龙图、牛斗光办了4所小学，每校学生四五十人。学校及学生数比根据地建立前增加了一倍。据1934年江西、福建、广东三省的统计，2 932个乡中有日校列宁小学3 052所，学生89 710人。兴国县学龄儿童有20 969人，其中女童8 893人，进入列宁小学的12 806人中，女童3 981人，女童入学率达到44.8%②。

四、成人社会教育

1930年，毛泽东在江西寻乌调查时发现，当时的寻乌县有60%的人口不识字，全县识字的女子不超过300人。加强妇女的文化教育不仅是出于妇女受教育权的考虑，还是因为"文盲是处在政治之外的"③，需要通过文化教育对妇女进行必要的政治教育。1932年，《关于保护妇女权利与建立妇女生活改善委员会的组织和工作》的训令，要求各级苏维埃政府文化部和妇女生活改善委员会一起实施妇女的文化教育，设立妇女半日学校、妇女识字班、田间识字班等妇女学校和俱乐部，苏区掀起群众性的妇女文化教育运动。面对苏区存在的家婆、丈夫阻止妇女走出家门学习文化的现象，苏维埃教育法明确规定，对"家婆禁止媳妇、老公禁止老婆参加文化教育工作"的行为予以坚决反对。在比较激进的前期，闽浙赣省委妇女部的乡妇女代表在会议报告大纲中甚至提出，对

---

① 瑞金县志编纂委员会. 瑞金县志 [M]. 北京：中央文献出版社，1993：648.
② 两年来苏维埃各种基本政策的实施 [N]. 红色中华，1934-01-26 (9).
③ 列宁. 列宁全集：第42卷 [M]. 2版增订版. 北京：人民出版社，2017：200.

妇女教育

不积极识字、懒惰的妇女应予以"无情地反对与打击"[①]。成人社会教育主要招收那些日间从事生产劳动、利用工余时间来学习的工农群众。在不影响生产生活的情况下，短期内实现扫除文盲、提高成年人的文化和政治水平的目标。通过文化教育实现对民众的政治教育。《中共川陕省第二次代表大会关于目前政治形势与党的任务决议案》指出，"必须将苏维埃的理论和实际，经过苏维埃学校、训练班、读报会、识字班、会议演讲、文字宣传、戏剧画报等，使广大群众了解"[②]。该决议案清晰地呈现了苏区当时各种社会教育的形式与载体。它们基本可以分成三类：第一类是业余学校；第二类是识字班、读书会等穿插在日常生活中的非学校类的识字教育形式；第三类是文化活动。

夜校。夜校是在苏维埃文化委员会的指导下、由群众自我管理、有固定教室、有正式开学典礼的学校。教师一般由村里文化水平相对较高的，多由政府、群众团体干部及当地日校教员担任。县苏文委会定期开办短期训练班，对夜校教师进行培训。在中央苏区，16岁以上的成年人不论性别都可以进入夜校学习。据统计，在红四闽西苏区的2 053所夜校中，妇女夜校就占60％。在长汀、上杭、宁化等县的夜校中，女子占70％。上才溪乡4所夜校共120名学员全都是女子。毛泽东创办了新泉工农妇女夜校，后来新泉区陆续办起了18所妇女夜校。据1933年毛泽东的《长冈乡调查》统计，长冈乡有9所夜校，每所学校有一名校长一名教员，校长由村里热心工作且有威望的老同志担任，9名校长中有5名女校长。9名教员都义务教课，其中有7名教员是乡苏代表。长冈乡16～45岁的青壮年共413人，大多数进夜校学习，女学员约占70％。学校按年龄和程度分成甲、乙、丙3个班。甲班学习读报、算术，乙班学习成年读本，丙班学习儿童读本。学员自备灯火和书纸笔墨[③]。教材情况，从中央教育人民委员部在1933年8月制定的《夜校办法大纲》来看，除了基本的识字教学外，夜校还要进行政治教育与科学

---

① 江西省妇女联合会，江西省档案馆.江西苏区妇女运动史料选编[M].南昌：江西人民出版社，1982：439-440.
② 四川省社会科学院，陕西省社会科学院.川陕革命根据地史料选辑[M].北京：人民出版社，1986：64.
③ 中共中央文献研究室.毛泽东文集：第1卷[M].北京：人民出版社，1993：307.

第一章　新民主主义革命时期的妇女教育

常识的教学。夜校的各类教材除《识字课本》《妇女课本》《工农读本》《群众课本》等一般性的教材外，有的夜校还用《红色中华》《青年实话》等报刊上的政治消息做教学辅助教材。各区、乡本地的党、政府、贫农团、工会、少先队等传来的消息及墙报中的讨论和汇载，也可拿来做学习用的识字材料。这些教材都渗透着反封建、倡导妇女解放的内容。学习期限根据情况来决定，以达到能写信、做报告、看普通的文件[①]，如以《红色中华》为结业标准。曾经担任兴国县某区妇委主任、江西省苏维埃政府土地部副部长的黄发桂多年后回忆："那些妇女读书、唱歌、平等平权，夜校起了蛮大的作用。"[②] 黄发桂自己就没有进过正式学堂，是于1929年在夜校学文化认字的。

半日学校。半日学校的办学方法与夜校相同。有的苏区妇女因夜间要照顾老小、家务事多，上夜校有困难，白日里不是生产上的主要劳动力，事务相对轻松，就上半日学校，半天参加劳动（或家务），半天到学校学习。

业余补习学校。业余补习学校以招收工人、学徒为主，政府机关、团体、合作社以本单位工作人员为主设立补习学校。学校经费主要由职工会的文化基金供给，学员的书籍、文具自备，特别困难的才由学校募集津贴。在办学中，因陋就简，充分发挥群众的创造性，如用树枝做笔、沙盘代纸等。

识字班。识字班主要为一些因家事拖累或家离夜校太远等而无法到校上课的群众而设，以女子为多。它与学校的区别在于没有固定的教室及上课时间，上课地点时间都很灵活。比如，1931年，中共皖西北特委通过的《妇女工作决议案》特别规定，妇女识字班的上课时间依多数妇女的意见而定，按住所的远近，以屋场或街道为单位，随时随地组成，3～10人编成一组，选举组长一人，每晚识字1～2个小时。有的还设立家庭临时识字班、田间流动识字班等。随时随地学认新字，各人把所学的字写在一个本子上，10天后由组长收齐，再交夜校教员批阅。不进学校的识字班的学习方式灵活，在根据地得到广泛使用，因方式的

---

① 武衡，谈天民，戴永增. 徐特立文存：第1卷 [M]. 广州：广东教育出版社，1995：106.
② 李小江. 让女人自己说话：亲历战争 [M]. 北京：生活·读书·新知三联书店，2003：16.

妇女教育

日常生活化,参与识字班的妇女要比参加夜校学习的人数多。

识字运动渗透在苏区人民的日常生活中,识字内容都是桌椅板凳、猪牛鸡鸭等日常生活用词,还有《工农兵三字经》这类教材:"天地间,人最灵;创造者,工农兵;男与女,都是人;一不平,大家鸣。"文字口语化,不仅通俗易懂,还能传播新的政治观念。教学采取生动灵活又有些强制性的方式,比如设立识字牌、识字游戏、写壁报等各种方式。识字牌是比较流行的做法,通常设立在村庄路口等过往人多的地方,由夜校老师或识字组长每次写2~5个字,每隔三五天换一次,先教会站岗的人,再由站岗的人考问路人。如遇到难字,还以图助教,进行启示,如"鸡"字复杂难认,就在旁边画只鸡,图字并茂,生动易记。还把日常用品、农具和动植物等绘成图画配以文字,编成《看图识字》。有的地方设立了问字所,隔十户设立一个问字所,街道每隔十铺设立一个问字所,第十户或第十铺为问字所负责人,主持识字活动。

为了提高识字热情,开展个人与个人、村与村、乡与乡的识字竞赛,并定期评奖。每个妇女每天至少学会3个字,每月要认30~50个字,并能写出来,经过几个月,不识字的人也可识得五六十个或七八十个字。1934年初,闽浙赣省委妇女部在各乡妇女之间开展识字比赛。1934年,兴国县共有130个乡识字运动总会,下辖561个村识字运动分会,有3 387个识字运动小组,共有组员22 519人[1],其中妇女13 519人,占60%。兴国夜校学生15 740人中,妇女10 752人,占68%[2]。妇女识字班的效果显著,经过短期训练后,不少妇女摆脱了文盲,积极投身到革命中。如鄂豫皖苏区将能识1 000字以上的妇女分到区、乡、村苏维埃当干部,还有妇女被安排做教育工作,所以,妇女十分积极。妇女不但自己受教育,而且已经开始管理教育,许多妇女开始成为小学与夜校的校长、教育委员会与识字委员会的委员。

读报会。1932年5月,赣东北苏区颁布了《指导群众读报条例》,要求每村组织一个读报会,10岁以上男女都须参加。赣东北苏区县、

---

[1] 江西省妇女联合会,江西省档案馆. 江西苏区妇女运动史料选编[M]. 南昌:江西人民出版社,1982:149.

[2] 中华全国妇女联合会妇女运动史研究室. 中国妇女运动历史资料:1927—1937[M]. 北京:中国妇女出版社,1991:383.

第一章　新民主主义革命时期的妇女教育

区、乡设立读报指导员，上一级读报指导员召集下一级读报指导员开会读报，村读报员参加乡读报会议后再召集全村群众开读报会，清晰地读给群众听，同时详细讲解，使群众明白报纸消息。读完报，把报纸贴于阅报处，由识字的群众解释和指导。读报活动要求每七天读报一次，每月举行两次政治讨论会和各种研究会，会上妇女也要发表意见。"读报组，识字班，每个同志都争先。要消灭青年中文盲，你来读捷报，我来读宣言，革命的生活真活跃。同志们，大家来，努力识字学文化，比一比哪个呱呱叫。"[①] 川陕革命根据地的读报歌谣，反映了当时读报组的读报内容，各种政治宣言与捷报都可拿来作为读报组与识字班的阅读材料。川陕苏区建立阅报室，有当时苏区自办的各式红色杂志，如《红军》《共产党》《苏维埃》《斧头》《少年先锋》，还有马克思列宁主义理论的相关书籍、共产主义的小册子、医学卫生常识、画报、捷报之类的读物。这些读物有专人负责读给群众听。

　　大众文化活动。大众文化活动是苏区社会教育的一种形式。中华苏维埃共和国临时中央政府教育人民委员部下有艺术局及编审局。工农剧社、蓝衫团经常在乡村举行文娱演出活动。1933年，中央苏区的工农剧社总社有社员80人。1933年3月5日，中央工农剧社召开第四次全体社员大会，讨论决定开设第一届训练班。随后少共中央局从兴国、瑞金、赣县等地，征调了40名15～18岁的活泼青年，其中女性占1/3，组成蓝衫团，李伯钊任教务主任。蓝衫团以演出活报剧为主，因演出时演员穿蓝衫而得其名。

　　1934年1月，临时中央政府教育部部长瞿秋白为了加强苏区戏剧运动人才的培养，在蓝衫团的基础上创办了高尔基戏剧学校，李伯钊任校长。学员的选招条件之一是凡年龄在16～17岁，不分种族和性别，"曾在革命机关或群众团体工作的，或参加革命斗争、积极工作的"[②]。同年制定的《高尔基戏剧学校简章》规定学校的教育期限为4个月，教育内容有：（1）前4个星期的科目有唱歌、舞蹈、活报、文字课、政治；（2）后12个星期的科目有俱乐部问题（剧社工作、剧团工作、俱

---

① 川陕革命根据地博物馆. 川陕苏区革命历史歌谣 [M]. 成都：四川文艺出版社，1985：65.
② 彭光华. 中央苏区宣传文化建设 [M]. 北京：中央文献出版社，2009：64.

乐部组织)、政治常识、戏剧理论（舞台、剧本、排演)[1]。高尔基戏剧学校先后开办了普通班、地方班和红军班，毕业生约1 000名，大多成为苏区工农剧社、苏维埃剧团、文艺宣传队和各级俱乐部的骨干力量。还有中央军事政治学校，后改名为工农红军学校，以马克思主义革命理论为中心的政治宣传鼓动工作是学习的重点。这些学校培养出来的文艺宣传干部，通过创办刊物、办壁报、印制传单、创作漫画、演讲等活动，既充实了民众的文化生活，又进行了宣传教育。蓝衫团有40人，其中女性占1/3，到博生、兴国等各地巡演时，在演出过程中发展了六七百名社员，建立了分社。闽浙赣苏区有一个40多人的剧团，准备了三四百张挂图，每到一处演出就把图画挂起来向群众讲解。因为根据地民众整体文化程度低，挂图是一种非常灵活高效的民众教育方式。

俱乐部是苏区文化娱乐活动的场所，也是政治教育的社会空间。1934年4月，中华苏维埃共和国临时中央政府教育人民委员部颁布的《俱乐部纲要》指出，俱乐部是"广大工农群众的'自我教育'的组织，集体的娱乐、学习、交换经验和学识，以发扬革命情绪，赞助苏维埃革命战争，从事于文化革命为目的，所以俱乐部是苏维埃社会教育的重要组织之一"[2]。它还规定，凡是苏维埃公民都得加入他所在地方的某一俱乐部。每一村列宁室至少要有识字班、图书室及墙报和文艺设备。所设想的俱乐部的活动形式有很多，如"读书团""体育委员会""情报委员会"等，进行演讲、读报和讲报、游艺、唱歌、政治宣传、晚会、戏剧等活动。据统计，到1934年3月，江西、福建、广东三省有1 656个俱乐部，工作人员近5万人[3]。

歌谣，通俗易懂，朗朗上口，易于传唱，是重要的民众政治教育的手段。歌谣中有很多涉及妇女教育的内容，涉及范围从反封建反压迫、动员妇女出来革命到鼓励妇女参与到苏维埃各项建设中。比如，描述妇女苦难生活、鼓动反压迫的《妇女革命歌》：妇女真可怜，几岁把脚缠，

---

[1] 彭光华. 中央苏区宣传文化建设[M]. 北京：中央文献出版社，2009：11.
[2] 同①40.
[3] 中华全国妇女联合会妇女运动史研究室. 中国妇女运动历史资料：1927—1937[M]. 北京：中国妇女出版社，1991：383.

第一章　新民主主义革命时期的妇女教育

筋骨都折断，痛苦实难言。婚姻不自由，父母来包办。不到十二三，就往婆家搬。男子受教育，妇女不相干。知识也没有，一切不能干……妇女来革命，也要掌政权，打垮豪绅们，平等才实现①。鼓励妇女读书、参加政权的《劝妇女读书歌》：共产世界最文明，女人读书真要紧，提高你政治水平……红军宗旨真正好，设立妇女夜学校，不要钱又贴油火……若要巩固苏维埃，政治提高妇女侪，妇女们快快来呀……从前专制真讨厌，女人多受男人骗，这些事好不平等……女人只为没读书，百般欺骗你要受，妇女们快快醒悟……不受欺辱人格高，参加政权快乐多，好机会切莫空过……妇女同志快快来，参加教育知识开，好成就革命人才②。

五、妇女职业教育

1929 年 9 月，中共湘赣边界特委在《湘赣边界目前工作任务决议案》中指出，苏维埃应"注意妇女教育及职业化的工作"③。1930 年 8 月，《中共寻乌县委第二次扩大会议决议案》提出，目前妇女运动方针应该是"多开办妇女看护学校，妇女劳动学校，工读学校，妇女训练班，学习妇女各种技能造成做妇运的工作人才"④。

因为苏区缺乏医护人员，中央根据地专门发布了《选派活泼青年女子入看护学校的通告》。1931 年 2 月，江西省苏维埃政府在兴国城岗赣西南总医院设立女子看护学校，招收 100 名青年女子学习看护技术，她们毕业后进红色医院从事看护工作。1932 年 3 月，湘赣全省劳动妇女第一次代表大会通过《社会文化与卫生运动决议案》，做出"开办女子工厂、女子职业学校、半日学校"的决定。仅这一年，开办的女子职业学校就有 6 所。浏阳、万载、修水、茶陵、萍乡、永新等县根据各自的需要创办了女子职业学校。学生免费入学，半工半读。1933 年 4 月，湘赣省永

---

① 蔡文金，韩望愈. 川陕根据地革命文化史料选编 [M]. 西安：三秦出版社，1997：716.
② 谢济堂. 中央苏区革命歌谣选集 [M]. 厦门：鹭江出版社，1990：409-410.
③ 江西省档案馆. 湘赣革命根据地史料选编 [M]. 南昌：江西人民出版社，1984：51.
④ 江西省妇女联合会，江西省档案馆. 江西苏区妇女运动史料选编 [M]. 南昌：江西人民出版社，1982：6.

新县苏维埃政府举办永新县赤色女子职业学校，招收 80 名年龄在 16~26 岁的青年女子，女子职业学校的课程根据实际需要而设，开设课程有缝衣、织布、织袜、织毛巾等，每天课时达 6 小时之多。湘赣省苏维埃政府文化部颁布了《女子职业学校暂行简章》，规定 16~25 岁、身体健康的工农女子均可入学。1934 年，再补充了一个录取条件"过去本人及家属不是靠剥削为生活的为合格者"[①]。对于学生阶级成分的规定一方面是受当时思想认识所限，另一方面也是为了保证教育服务于劳苦大众，招生以贫苦妇女为对象。学校设缝纫、纺织、染色三科，学制两年。学校膳宿免费，书籍、笔墨、纸张等杂费自付，开设国语、算术、政治、手工、图画、音乐、体操、游戏等课程，其中主要课程每周各授课 2 个小时，职业课为每天 6 个小时。浏阳女子职业学校也开设缝纫、染织等科目，每周学习 18 个小时文化课。在修业年限上，因革命战争紧迫，一般学时较短，大致为半年至两年。如，湘赣苏区女子职业学校的修业年限为 2 年，中华苏维埃政府国家银行开办的妇女银行职业训练班，学习时限为 6 个月。在闽浙赣根据地、赣东北妇女干部培训班的基础上，创办了省三八女子职业学校，其修业时限为 4 个月。妇女职业学校的创办，为各根据地培养了一些急需的专业技术人员与妇女干部。

在青壮男劳力上前线的背景下，农田劳动急需妇女劳动力补充。苏维埃政府不仅成立了妇女劳动教育委员会，开展春耕运动，组织妇女向有经验的老农学习各种农业生产技术，还成立了农业职业学校，以培养农业职业技术人才。1933 年 10 月，苏区还举办了短期职业中学，强调农村中学要靠近农村，棉业中学要靠近棉田，纺织中学要靠近机织工场。职业教育同样非常重视政治教育，比如 1934 年，湘赣苏区女子职业学校开设的 5 个科目中，就有政治科，以时事政治教育为主，教育学生具有一般的政治知识。

苏区通过社会教育、学校教育体系把文化教育与政治教育融合在一起，基本实现了苏维埃临时中央政府的教育任务，服务于苏维埃建设。1933 年，教育人民委员部第一号训令《目前的教育任务》就非常清楚

---

① 中央教育科学研究所. 老解放区教育资料（一）土地革命战争时期［M］. 北京：教育科学出版社，1981：238.

地陈述过苏维埃教育的任务与功能：要用教育与学习的方法，启发群众的阶级觉悟，提高群众的文化水平与政治水平，打破旧社会思想习惯的传统，以深入思想斗争，使能更有力地动员起来，加入战争，深入阶级斗争和参加苏维埃各方面的建设①。

第三节　全民族抗日战争时期的妇女教育

全面抗战爆发之后，民族矛盾上升为主要矛盾，教育的内容也转向抗日救亡。1937年8月25日，毛泽东为中共中央宣传部门写的宣传鼓动提纲《为动员一切力量争取抗战胜利而斗争》，提出了著名的十大救国纲领，其中第八条就是抗日的教育政策："改变教育的旧制度、旧课程，实行以抗日救国为目标的新制度、新课程。"② 该纲领在洛川会议上通过。1937年9月，中共中央组织部专门制定了《妇女工作大纲》，要求党的妇女工作是以动员妇女力量参加抗战、争取抗战胜利为基本任务的。通过统一战线的活动与组织，通过支持各阶级妇女的斗争要求，团结各阶级妇女在党的周围。这些斗争纲领也包括提出各阶级妇女在抗战背景下的教育需求。比如对于小资产阶级妇女，"政府要为被难女生设学校或转学"；对于女工，"要求厂方为女工设夜校，实施国防教育"；对于农村妇女，"要求政府从地方公款中，抽出一部分设立农村妇女学校，实行国难教育"；对于城市贫民妇女，"施行国难教育、提高贫妇救亡知识"水平。但整体而言，这一时期中国共产党的妇女教育更多体现在抗日根据地的教育实践中。

1938年11月6日，在延安召开的中共扩大的六届六中全会通过的政治决议案明确规定了"实行国防教育政策，使教育为民族自卫战争服

---

① 中央教育科学研究所．老解放区教育资料（一）土地革命战争时期[M]．北京：教育科学出版社，1981：29.
② 毛泽东．毛泽东选集：第2卷[M]．2版．北京：人民出版社，1991：356.

务"①的原则。根据毛泽东的意见,中共扩大的六届六中全会做出《实行国防教育政策,使教育为民族自卫战争服务》的决议。根据中共扩大的六届六中全会的决议,1939年3月3日,《中共中央妇委关于目前妇女运动的方针和任务的指示信》,提出了党的妇女运动中的五项工作:统战、组织、教育、生活改善、提高妇女地位。关于妇女大众的教育问题,提出四个方面的侧重内容,涉及教育对象、教育载体、教育内容:(1)向政府机关和民众团体建议,为妇女大众提供免费教育的学校。(2)群众自办各种社会教育与民众教育。尽可能地设立识字班、夜校、救亡室、话剧团等,以便经常地进行广泛的识字启蒙运动,启发妇女的民族意识、民主思想和基本的政治觉悟。(3)加强妇女干部教育。设立各种训练班,同时在各种实际工作中培养与提拔妇女干部和领袖。(4)利用一切机会灌输抗战常识、社会科学、防空防毒、医药卫生、救护保育等常识;尽可能使妇女受职业教育、受武装训练、学习射击等;在妇女中用说服教育的方法逐渐实现放足、破除迷信及改变恶习②。从指示信中也可以看到在全民族抗日战争时期,中共妇女教育的内容除了文化知识外,有关战争方面的知识进入普通民众教育中,同时有关妇女解放的传统内容仍是全民族抗战时期妇女教育的重要内容。从教育的载体看,基本保持了民众政治教育、学校教育、社会教育、干部教育这几种形式。

这一时期党的妇女教育的一个重要特点是特别强调对全党的教育和对全民的教育。因为动员妇女参加到抗战救国以及《中共中央关于各抗日根据地目前妇女工作方针的决定》(简称"四三决定")发布后动员妇女参加大生产的客观需要,党不断强调要"加强全党对妇女工作的注意"③,要纠正党内轻视妇女工作的观念和意识。比如1939年2月20日,《中共中央关于开展妇女工作的决定》第一条就是:"用各种方法解释妇女大众在抗战建国及将来社会主义建设中的重要作用,坚决消灭党的一切组织与党员中对于妇女及妇女运动所存在的那种陈旧的、庸俗的

---

① 中共中央文献研究室,中央档案馆.建党以来重要文献选编:1921—1949:第15册[M].北京:中央文献出版社,2011:759.

② 中华全国妇女联合会妇女运动历史研究室.中国妇女运动历史资料:1937—1945[M].北京:中国妇女出版社,1991:138-146.

③ 中央档案馆.中共中央文件选集:1939—1940[M].北京:中共中央党校出版社,1991:39.

第一章 新民主主义革命时期的妇女教育

及中世纪的态度的各种残余,纠正一切对于妇女工作的轻视、忽视与消极的态度。"① 1939年3月,中共中央妇委根据中共扩大的六届六中全会的决议与中共中央书记处的决定,发布了由中共中央书记处讨论和通过的《中共中央妇委关于目前妇女运动的方针和任务的指示信》,中共中央妇委不仅要求各级妇委讨论执行该指示信,还要求将其提交给各级党部直到支部详细讨论,按照各地条件具体执行。该文件分析了现阶段妇女运动的弱点与缺点,其中一条是许多地方的妇女运动,至今还未得到共产党的有力领导。造成这个现象的原因:一方面是党的妇女干部异常缺少,另一方面是全党对妇女工作注意得不够。"这些弱点和缺点能否克服和克服的程度,首先要看我们共产党——中国工人和劳动者的先锋队的各个党部和每个党员以及一切先进战士在妇运方面的努力如何而定。"②换言之,要全党做妇女工作,理解妇女解放、重视妇女工作不仅要成为每个支部的工作,也要成为每个党员以及党领导的革命队伍中每一个成员的工作。指示信特辟一章"加强全党对妇女工作的注意",把重视妇女工作与妇女解放提高到党性和事关抗战胜利的高度:"共产党是要解放全人类的政党,首先是代表最受压迫最受剥削的一切人民利益的政党。因此,共产党对于妇女解放事业的同情忠实和有办法,是任何其他党派所不及的。""如果我们轻视妇女工作,实际上将拖延革命和抗战胜利的到来。因此,忽视妇女工作的党员(不论男女)就不是好的共产党员。"③

在延安整风过程中,密切党与妇女群众的关系是整党的内容之一。当然,开展大生产运动需要发动妇女,也是对基层男党员进行妇女教育的大背景。比如1945年6月6日,《中共太行区党委关于当前妇女工作中几个问题的指示》提出要"打通支部思想",对(男)党员进行教育;要在支部中进行完整的群众观念的教育,以克服对妇女的封建观点;要领导支部检讨过去轻视妇女、打骂和统治妇女的思想观点;要检查党与妇女群众的关系,树立全心全意为男女群众服务的观点及解放全体劳动

---

① 中央档案馆.中共中央文件选集:1939—1940[M].北京:中共中央党校出版社,1991:27.
② 同①35.
③ 同①39-40.

妇女教育

群众的革命思想，使支部自觉领导妇女前进。如果发生了打骂妇女、包办强制婚姻等问题，就要抓住这些具体问题，在支部中进行批判讨论，使党员认识到打骂妇女、包办婚姻等是封建落后的行为，对妇女的人权及一切民主权利，应给予保障，侵犯与剥夺是违法的。此外，要使党员了解，党的男女平等和婚姻自由政策，能充分发挥妇女的生产力，对建设新社会、建立新民主主义的民主幸福家庭是非常有利的，是应该而且必须执行的。在大生产运动中，中共太行区党委清晰地指出，"必须结合批判对妇女的封建观点才能克服单纯利用妇女的观点"①。

同样，民众教育中关于妇女的教育也并不局限于以妇女作为教育对象，而是针对全民的教育。特别是在农村根据地，它是对男性农民与女性农民同时展开的教育。相比苏区在妇女解放议程上的激进性，因抗日民族统一战线的需要以及党对中国化与民族性的理解更为深入，这一时期党的妇女教育不再简单采取以丈夫和公婆（父权制家庭人格代表）作为斗争对象的激进斗争方式（比如批斗恶婆婆），而把妇女解放和妇女的家庭地位、社会地位的提升与家庭和睦、团结生产联系在一起。一方面，教育妇女要通过参加生产寻求解放，加强农民与妇女的团结；另一方面，教育男性农民与年长妇女平等对待青年妇女，理解男女平等对于家庭、社会、国家的作用，实行家庭民主化改造和组织家庭生产②。

综上可见，到延安时期，党的妇女教育的思想已日趋成熟，把妇女解放与阶级解放、民族解放辩证统一起来。一方面，反对封建观点、父权制家庭，保护妇女的特殊利益，维护妇女的参政等各项民主权利，同时教育妇女不能有狭隘的妇女主义③；另一方面，教育全党全民要认识

---

① 中华全国妇女联合会妇女运动历史研究室. 中国妇女运动历史资料：1937—1945 [M]. 北京：中国妇女出版社，1991：819-821.

② 中华全国妇女联合会妇女运动历史研究室. 中国妇女运动历史资料：1937—1945 [M]. 北京：中国妇女出版社，1991：769.

③ 浦安修在《五年来华北抗日民主根据地妇女运动的初步总结》一文中，对"妇女主义"有个界定，反映了党内对于"妇女主义"的理解。她把"妇女主义"又称为"妇运孤立主义"，"妇女主义即是将妇女从家庭中孤立起来看，与其周围的人物不联系，强调了妇女与家庭（农民）的矛盾，站在片面的、狭隘的妇女利益上解决问题，造成两性间及青老年间的对立；或者过分夸大了妇女的主观能动性；或者要求在目前妇女即彻底解放。这样，就使妇女运动脱离了农民运动而陷于孤立"。参见：中华全国妇女联合会妇女运动历史研究室. 中国妇女运动历史资料：1937—1945 [M]. 北京：中国妇女出版社，1991：700.

第一章　新民主主义革命时期的妇女教育

到妇女的革命力量，克服轻视妇女的思想，充分认识到党的男女平等的理念与各项妇女政策，并把此提升到党性的高度。

一、妇女干部教育

因为全民族抗日战争时期大规模妇女动员的需要，所以妇女干部培养成为这一时期党的妇女教育的重心。"干部决定一切"成为当时党内共识。比如，邓颖超认为抗战有利于妇女运动的发展，要完成各项工作，必须"加强妇女团体对妇女运动的领导，要大胆地提拔与信任新的妇女干部，并在实际工作中耐心地培养干部，因为干部决定一切"①。为"培养大批党的和群众团体的女干部，来迎接抗战新阶段工作的开展"②，1937年9月，中共中央组织部专门制定了《妇女工作大纲》，提出了具体训练女干部的方法：(1) 党要吸收大批女党员到各级党校及训练班学习，开办短期妇女训练班；(2) 在各级妇女部下面组织妇女问题研究会；(3) 党要适当分配女干部的工作并经常检查其工作；(4) 注意培养女工运动的干部，训练一批能领导下层群众与实际工作的干部，方式可采用短期训练班与研究会等③。可见，干部训练班是全民族抗日战争时期培训与教育妇女干部的重要方式。

全民族抗日战争前期的妇女运动干部的培训对象多以女学生为主。1940年以后，中共领导的根据地政权建立后，农村妇女干部逐渐增多。《中共中央妇委关于目前妇女运动的方针和任务的指示信》指出，"有计划地、大批地培养、提拔和爱护党和非党的妇女干部，是解决一切困难的枢纽"④。把女学生作为抗战妇女运动干部的首选。"首先动员和组织知识界的妇女及女学生，培养和训练她们成为妇运的干部，使她们不仅成为在妇女知识分子中进行工作的主力，而且成为到女工、农妇及家庭

---

① 中华全国妇女联合会妇女运动历史研究室. 中国妇女运动历史资料：1937—1945 [M]. 北京：中国妇女出版社，1991：14.
② 同①6.
③ 同①6-7.
④ 同①145.

妇女中去工作的桥梁和先锋。"① 训练女干部的主要方式有两种：第一种是党的训练班尽量吸收女党员；第二种是开办专门的女干部训练班，特别注意训练女工、农妇的党员。在党的妇女干部极其匮乏的条件下，发展女党员成为党重视妇女工作、培养妇女干部的一种方式。指示信批评了党内"有些女同志不愿作妇女工作的现象"②，提出"要在党内进行广泛的教育和转变。女党员除因特殊工作需要外，均应作妇女工作"③。

（一）党的各类学校中的女干部教育

根据地党政军办的各类学校培养了一批女干部。如抗日军政大学女生大队、八路军学兵队女生区队、新四军教导总队女生队等。1938年，相继建立的冀鲁豫根据地军政干校、山东人民抗日救国军第3军总部军政干校、山东抗日军政干校均设立女生队或女生班。从1938年到1939年，由王根英任指导员的一二九师供给部的财经干部学校中设有一个女生班。琼崖纵队在万宁县六连岭建立的抗日军政学校也有女学员。女学员边战斗、边学习，结业后全部投入抗日部队。延安的中共中央党校、马列学院、陕北公学、延安鲁迅艺术学院都招收女生，为抗日培养了不少中、高级妇女干部。陕北公学单独成立了女生队，大约每5个队中就有一个女生队。在延安总校时，有3个女生队，每队约120人，另外有两个队是男女混合编，女生共有400多人。1938年夏，陕北公学在关中办分校后，女青年来得更多了，几个月内先后成立了5个女生队，约有600人，陕北公学先后培养近1 000名女干部④。

1936年6月创办的抗日军政大学，1938年11月单独成立女生大队，张琴秋任大队长，全队600多人。女学员一面学习政治理论、军事技术，接受严格的军事训练，一面参加各种劳动，如挖窑洞、背柴、参

---

① 中华全国妇女联合会妇女运动历史研究室．中国妇女运动历史资料：1937—1945 [M]．北京：中国妇女出版社，1991：144.
② 同①145.
③ 同①144 - 145.
④ 成仿吾．战火中的大学：从陕北公学到人民大学的回顾 [M]．北京：人民教育出版社，1982：46.

第一章　新民主主义革命时期的妇女教育

加大生产运动,还学习如何做群众工作和研讨妇女解放问题。1939年夏,因抗日军政大学总校即将分批深入敌后办学,部分学员被分配到卫生、通信学校,身体素质较好的女学员随抗日军政大学校部挺进敌后,有12人参加了参谋训练班学习,成为共产党培养的第一代女军事参谋人员[①]。1940年,抗日军政大学总校迁到山西武乡与其一分校合并,举办第6期学习班,有300多名女青年受训。她们后来都成为抗战骨干。

(二) 妇女干部学校

全民族抗战时期最著名的妇女干部学校,属1939年7月20日创办的延安中国女子大学(简称延安女大)。延安女大建立的初衷就是:"培养大批有理论武装的妇女干部,而且要培养大批做实际工作的妇女运动的干部,准备到前线去,到农村工厂中去,组织二万万二千五百万妇女,来参加抗战。"[②] 其招生简章还分发到全国各抗日根据地和国统区,大批爱国女青年通过八路军办事处、各地党组织和统战关系介绍,历尽千辛万苦,辗转到延安投考延安女大。从1939年7月创办到1941年秋并入延安大学,延安女大一共开办了两个学期,先后培养了近2 000名妇女干部。其根据学员文化程度的不同进行分班教学,有针对性地进行教育。第一期招收近500名学员:一部分是由中共中央党校、抗日军政大学转过来的两个女生队;另一部分是陕甘宁根据地和各地选派的,包括一批长征干部。延安女大正式开学后,除了普通班,通过笔试和口试还成立了两个高级研究生班,来培养有较高文化水平与理论水平的妇女干部。此外,还为一些长征女干部成立了特别班,为陕甘宁基层农村妇女干部成立了陕甘宁班。到1940年底,第二期招收的学生近千人,学员年龄最小的才14岁。普通班学员,主要是从国统区和沦陷区来到延安的女知识青年,占到学员总数的80%,共9个班,每班六七十人。当时延安女大的学员来自22个省,包括台湾省,也有印度尼西亚、缅甸、泰国、新加坡、马来西亚的归国华侨,以及两个朝鲜女学生[③]。

---

① 为革命理想而斗争:回忆抗大女生队的战斗生活 [N]. 人民日报,1986-06-03 (4).
② 毛泽东在延安中国女子大学开学典礼上的讲话 [N],新中华报,1939-07-25 (3).
③ 梁怡. 延安女子大学评介 [J]. 抗日战争研究,1999 (2):93-106.

妇女教育

延安女大的必修课设马列主义原理、社会发展史、政治经济学、哲学、中国革命运动史、党的建设、新三民主义、妇女运动、妇幼卫生等；选修课有外语、新闻、文学、戏剧、音乐、缝纫、会计、师范等职业技能课[1]。教员分大教员和小教员：大教员都是当时有名的专家学者和革命老前辈，小教员是马列学院的高材生和其他从事理论研究工作的年轻干部。延安女大还有计划地组织学员参加社会调查、生产劳动和各项政治运动，使其在实际工作中获得经验。1941年，抗日根据地进入最艰难的时期，延安女大、陕北公学和延安泽东青年干部学校于7月底合并为延安大学，8月底，延安女大停办。在两年多时间里，延安女大培养了上千名妇女干部，已毕业的两届学员都奔赴敌后抗日战场、大后方和沦陷区，成为妇女运动的骨干。

1937年年底，八路军抗日军人家属学校在延安成立，对抗战军人家属实行文化政治教育，以培养抗战妇女干部。初成立时，仅收容学生10人，截至1939年底，已有300多名学员，毕业百人以上。该校为红军战士及八路军家属创造了学习机会，间或有边区政府公务员的家属参与学习。学生的食宿衣服均由公家供给，月发津贴一元。学校实行军事化管理，设立补习科和职业科，教授文化和职业技能。这些抗日军人家属，大多是工农出身的妇女，文化程度低，有的甚至目不识丁。但她们从学校毕业之后，已能写信给自己在前方抗战的家人了。

以晋察冀边区为例，到1945年时，各级妇女干部普遍受过党的、非党的学校训练。晋察冀边区在1940年前的妇女运动干部基本上由知识女性担任，因为全民族抗战初期"妇女干部做妇女工作成为当时的舆论"，晋察冀边区基本解决了干部不足的问题[2]。晋绥边区1941年已有区干部208人，这些干部多是1939年至1941年培养教育出来的，只三分区几年就培养了100多名干部，且有不少干部经过学校和训练班的培训[3]。

值得一提的是，伴随延安整风运动对于教条主义、形式主义批评的

---

[1] 周蕾，刘宁元. 抗战时期中国妇女运动研究：1931—1945 [M]. 北京：首都经济贸易大学出版社，2016：60.

[2] 中华全国妇女联合会妇女运动历史研究室. 中国妇女运动历史资料：1937—1945 [M]. 北京：中国妇女出版社，1991：797.

[3] 同②812.

第一章　新民主主义革命时期的妇女教育

深入，党对于妇女干部（包括对于农村妇女干部与女学生干部）的教育有所反思与改变。批评以前的工作内容脱离农村实际，对干部的培养方式与要求也有不妥之处①。对于农村妇女干部，以前特别注重文化学习，以"能说、会写、有文化、会写计划、报告为准绳"。她们以走向解放的心情，特别努力学习文化。但学到能写简单的信和工作报告以后，就逐渐停顿下来，特别是政治开展和工作能力不如工、农会干部进步快，甚至大部分在穿瘦衣，讲空话，向脱离群众、不关心群众疾苦、强迫命令方面发展。……才认识到这是由于工作内容和领导作风不适合农村，使她们不能向有丰富政治内容的农村实际中去开展思想、扩展能力。同时在她们粗通文字的基础上，没有继续有计划地建议和配合有关部门提高她们的文化水平②。对于女学生干部，批评她们"毫无农村经验"，要求她们加强群众观点与群众路线的学习教育，注重调查研究。要求她们改变过去的工作方法，从过去打锣集会到现在的个别接近，从讲演大道理转变到从日常生活中、从个别问题上宣传执行新政府的法令和妇女工作纲领。

　　1945年，中共中央妇委在《抗日战争时期中国妇女运动的初步总结和今后妇女工作的意见》中，针对延安整风中出现的一些女干部的问题，提出在现有的基础上，解决女干部的问题，发挥女干部的力量，提高女干部的质量。文件有针对性地提出三点要求：第一，加强对女干部的政治思想教育，培养其独立工作的能力。第二，解决女干部的家庭与事业的矛盾。党在可能范围内帮助其解决困难，但更重要的是，要求女干部提高对自身的要求，从现实出发，搞通思想，打破幻想，跳出矛盾，立下决心，选择自己的前途。第三，女干部要具备充分的群众观点，"在实际锻炼中改造思想，提高自己，力求进步"③。

二、女子学校教育

　　抗日根据地基本都是地理条件相对恶劣的农村地区，正规的女子教

---

　　①② 中华全国妇女联合会妇女运动历史研究室. 中国妇女运动历史资料：1937—1945 [M]. 北京：中国妇女出版社，1991：798.
　　③ 同①770-771.

育是极少的。正是红色政权建立后，女子的学校教育才有了初步的发展。《中共中央妇委关于目前妇女运动的方针和任务的指示信》提出要为妇女大众提供免费教育的机会。1940年3月，《中共中央书记处关于开展抗日民主地区的国民教育的指示》提出，"为了吸收青年妇女进学校，同时估计到中国旧社会中封建思想的存在，应在某些地区设立女子两级小学或女子高等小学，女子师范及女子中学，但同时应该提倡男女同学，一切学校均应吸收女子入学"[①]。

以陕甘宁边区为例，到1933年陕北刮起了革命风暴，妇女训练班和妇女识字小组才开始出现。西安事变后，陕北的女子初级教育逐渐发展起来，在小学里提倡男女同学，但因传统的束缚，还是不能把女孩子大量招到学校里。因为边区过去没有国民小学的基础，全民族抗战以来，陕甘宁边区成立的中级学校，本质上都是干部学校。鲁迅师范于1937年2月在延安成立，后迁到延长。初成立时女生颇多，因为成立时选送了一批长征过来的妇女入学受训，这些妇女大多数是八路军家属或在战争中受伤的同志，后来把部分文化程度低的学生拨到抗属学校[②]。1937年年底，学生增至360人，且半数学生来自边区以外，全部学生都是高小毕业，学校分编为高级班、师范班、预备班3种，作为正式的师范学校，成为一个专门训练小学教师的学校。1937年11月，受边区政府教育厅指令，挑选了150个学生到边区各地做冬学运动，很有成绩。因为边区存在大量失学儿童和文盲，急需发展小学教育及社会教育，所以鲁迅师范的学制缩减到一年，前六个月为预备班，后六个月为师范班。鲁迅师范的课程分为政治课、军事课、教育课、普遍文化课；与其他边区学校一样，免学费，完全是义务教育，制服、伙食均由公家供给，每月每人发零用钱一元；教职工每人每月有2~3元的津贴。到1939年底，鲁迅师范仍保持着三四十人，且学校里一直有女学生。

1938年秋，边区政府教育厅根据国防教育方针筹设边区中学。边

---

① 中央档案馆. 中共中央文件选集：1939—1940 [M]. 北京：中共中央党校出版社，1991：329.
② 中华全国妇女联合会妇女运动历史研究室. 中国妇女运动历史资料：1937—1945 [M]. 北京：中国妇女出版社，1991：189-190.

区中学招收了一部分妇女入校，一直保持着一定的女生数量。边区中学的修业时间为两年，除国语、自然科学、史地、艺术课程之外，社会科学、政治常识亦列为主要课程，教材由教育厅供给或由教员编订。边区中学的学生一度达 200 人，原定不招收边区以外的学生，但因为边区以外许多青年的涌入，所以不得不尽可能地收容他们，实质上边区中学是"一个训练边区青年干部的学校"[①]。后鲁迅师范与边区中学合并成边区师范学校。到 1939 年底，鲁迅师范、边区中学、边区农业学校的女生大约不超过 120 人[②]。1940 年 5 月，陕甘宁边区教育厅为巩固女子教育成果，又实施了《陕甘宁边区升入师范学校女生奖励办法》，特别照顾师范女生，其中规定："经考试及格升入师范的女生，除制服、膳宿、书籍、津贴等均由学校供给外，可根据家庭情况每月发给奖学金 5~10 元。"[③] 边区小学与边区大学一样，是全民族抗战时期发展最快的。到 1939 年底，边区的初小和高小共 883 所，学生有 20 400 多人，其中女生数目约占全体学生的 1/6，约 3 400 名。特别是关中分区宁县女子教育，1938 年该县小学女生才 2 人，1939 年突然增加到 200 人[④]。边区小学实行战时教育，教育内容要求适合抗战建国之原则，其间边区小学探索实行新式的现代性的启发教育，废止传统教育中的体罚，对个别不守规矩的儿童，实行说服教育，甚至在延安的边区附小实行学生自己组织的生活检讨会制度。

三、社会教育

（一）夜校、半日学校、识字组

《中共中央妇委关于目前妇女运动的方针和任务的指示信》为提高边区妇女的教育水平，提出了两种主要的教育机制：一种是政府提供

[①] 中华全国妇女联合会妇女运动历史研究室. 中国妇女运动历史资料：1937—1945 [M]. 北京：中国妇女出版社，1991：190.
[②] 同①191.
[③] 雷良波，陈阳凤，熊贤君. 中国女子教育史 [M]. 武汉：武汉出版社，1993：405.
[④] 同①191.

的免费学校教育,另一种是动员群众力量的社会教育。后者是尽可能地设立识字班、夜校、小组、救亡室、话剧团等,以便经常地进行广泛的识字启蒙运动,启发妇女的民族意识、民主思想和基本的政治觉悟①。从中可以看出全民族抗战时期社会教育的两种载体:一种是以扫盲与识字为主的识字机构,另一种是大众文艺作为民众社会教育的载体。这不同于1943年"四三决定"发布后边区妇女工作重心逐渐转向大生产运动,全民族抗战前期的边区妇女工作,教育工作上还是要占首要的地位②。

以陕甘宁边区为例,截至1939年12月,妇女的社会教育是从识字组开始的,在机关学校附近建立识字小组。据不完全统计,在延安、延长、延川、庆现四个县就建立了1260个妇女识字小组,动员7816人参加识字,还建立了便于妇女工作的半日学习制度,建立了219处半日学校,有2946人参加念书。还有冬学运动,收割完后妇女的空闲时间都用到学习上③。1938年的冬学有619处,学生有10317名,女生数目约占1/7,即为1470多名。1939年7月,陕甘宁边区(延安和延长未计算在内)的夜学数为581组,男生有7517人,女生有418人(延安和延长未计算在内)。截止到1939年7月,据陕甘宁边区19个县中延川、延安、古林、安定、志丹、靖边、淳耀、赤水8个县的统计,半日学校有186所,男生有686人(淳耀、赤水2个男生最多的县份丢去了),女生有2340人(包括淳耀、赤水)。当时没有精确的统计数据,从当年文章中摘录的一些数据尽管非常粗糙,但仍能呈现出这些半日学校的女生人数明显增加了。截至1939年7月,全边区识字小组有5513个,男生有29597人,女生有10053人(人数相当多的新正县未计算进去)。据边区妇联在1939年初春的统计,识200字左右的妇女已占全边区妇女的10%④。

在1939年的"三八"节时,晋东南全区妇女识字的还是绝对少数;

---

① 中华全国妇女联合会妇女运动历史研究室. 中国妇女运动历史资料:1937—1945 [M]. 北京:中国妇女出版社,1991:142.
② 同①185.
③ 同①184.
④ 同①192.

第一章　新民主主义革命时期的妇女教育

1940年"三八"节时，除敌占区游击区外，凡年龄在15岁以上、30岁以下者，不识一个字的也绝对是少数[1]。在文化教育方面，晋绥边区各地普遍有识字班。如临南在1940年这一年即成立识字班102个，参加识字的妇女有1 745人，最多的可识五六百字，最少的可识路条。1940年，临南14个县有19 000名妇女入冬学，占冬学人数的2/5。1941年，临南三区32处冬学有妇女784人。一般青年妇女对识字很感兴趣[2]。晋绥边区认为"四三决定"之后，边区实行以生产为中心的妇运方针，妇女参加生产劳动以改变家庭地位和经济上的地位，妇女在经济上有了地位，对文化的需求就更加迫切了。在1944年冬和1945年春，河曲、保德、临县、交城、偏关5个县就有13 628名妇女入冬学。在临南、离石，妇女普遍入冬学[3]。晋察冀北岳地区，青年妇女在文化上大有进步，不少全民族抗战前不识字的后来当了小学教员。在部分村妇救会能找出开会的记录，到区上开会的村干部能记下会议提纲，能看路条、短信及小报者更多[4]。

事实上，妇女参加识字班、入冬学并非一呼百应、一蹴而就的。推动农村地区的女子教育与中国共产党强有力的组织力及细腻的思想政治工作是分不开的，特别是妇女组织起了很大的作用。比如，晋察冀边区的曲阳县在1938年动员青年妇女上冬校时，初始并不顺利，因为按当地习俗，青年媳妇秋后便去娘家住，动员她们上冬校，就要改变这个习俗。但是冬天家务不忙，住在婆家吃饭，婆家不愿意，形成了办冬学的困难。曲阳县的妇救会就多次召集婆婆开座谈会，说明识字、写信、记账对于家务的好处，并讲明今冬让媳妇识字，明白道理，第二年春天她们就能下地，家里就能少用雇工。后来婆婆们就认为这是好事，便允许把媳妇接回来上冬校。少数顽固家长，因媳妇参加工作而虐待儿媳的，遭到妇救会的批评。即便在说服教育不够深入的地方，在抗日浪潮下，家长也认为："抗日时代、世道变了，随着来吧。"到1939年时，青妇

---

[1] 中华全国妇女联合会妇女运动历史研究室. 中国妇女运动历史资料：1937—1945 [M]. 北京：中国妇女出版社，1991：354.
[2] 同[1]812.
[3] 同[1]816.
[4] 同[1]790.

大多被发动起来,参加识字班、自卫队及各种抗日集会了(冀中相对晚些)①。1940年到1941年,青妇们逛庙会不买别的东西,先买钢笔、墨水、笔记本等物②。从曲阳县的故事中可以看出,妇女能走出家门、参加社会活动主要靠整体社会环境的变化,即"世道变了",只能"随着来吧"。党的妇女工作在其中起了很大作用,而不仅是妇女组织的动员工作。因为妇女解放与妇女工作是全党的工作,所以,当党下达有关妇女教育的指令后,党的所有组织都会被启动,少先队、儿童团、自卫军等都会动员自己的家人。其中,更主要的是党要求干部起带头模范作用。乡村干部在动员妇女入学时,得先把自己的老婆女儿送入学校③。有的乡村干部过去虐待儿媳,参加工作后,主动叫儿媳参加识字班、自卫队等抗日工作④。1945年,中共中央妇委在对全民族抗日战争时期中国妇女运动的初步总结中,认为"识字班、冬学班、半日校等遍于解放区的每一个角落"⑤。

(二) 群众性文娱活动中的妇女教育

1939年3月的《中共中央妇委关于目前妇女运动的方针和任务的指示信》,提到将救亡室、话剧团等大众文艺作为社会教育的形式。在当时各根据地妇女工作报告中,多次提到扭秧歌和演剧等一些集体性娱乐活动,发挥了赋权青年妇女的作用。比如,在晋察冀边区,1939年,青年农妇参加了年末的减租减息斗争,1939年的冬校、春节文化娱乐(有些地区的妇女开始扭秧歌、演剧),1940年"三八"节的妇女自卫队大检阅,青年妇女逐渐在村妇救会中占据领导权,在家庭和社会中的地位也大大提高⑥。在晋绥边区,1945年春节,到处开展文娱活动,离石分区130里的湫水大川、兴县大川、二分区沿河一带,以及八分区交城屯兰、原平两川的妇女均踊跃参加秧歌队、演戏,转变了过去好人不

---

① 中华全国妇女联合会妇女运动历史研究室. 中国妇女运动历史资料:1937—1945 [M]. 北京:中国妇女出版社,1991:787.
② 同①790.
③ 同①196.
④ 同①786.
⑤ 同①760.
⑥ 同①787.

第一章　新民主主义革命时期的妇女教育

参加秧歌队的认识,她们自编、自演、自唱,这对广大妇女的进步起着很大的教育作用[①]。

延安文艺座谈会之后,延安的文艺工作者响应党中央的号召,在流行于陕北农村的秧歌形式上发展出融歌、舞、剧于一体的新的艺术形式秧歌剧,创作出情节简单、人物少、道具化妆简单、载歌载舞的戏剧形式,颇受民众欢迎。1943年4月25日,《解放日报》发表了《从春节宣传看文艺的新方向》的社论,充分肯定了新秧歌剧是革命文艺发展的新方向[②]。新秧歌剧的很多故事都与中国共产党推进的妇女教育相关。《兄妹开荒》以陕甘宁边区第一个妇女劳动英雄马杏儿与其父亲开荒的故事为原型,动员妇女参加生产。《夫妻识字》讲述了刘二夫妇互帮互学,"生产当个模范、学习要争个第一",既展现了新型的夫妻关系,又宣传了根据地的中心工作。《女状元》描写了纺织运动中一位努力生产的妇女,每天出去指导邻家纺织,但其丈夫很不满意她走出家庭,后来大家选举她做女劳动英雄,她的丈夫才觉悟过来,从此改变了态度。秧歌剧《黑狗精是妖怪》宣传破除迷信,有病不要请"神神",要到医院治病。1944年,《新民报》主笔赵超构访问延安后发表的系列通讯《延安一月》中记录了一个秧歌宣传队女队员的口述故事。1944年春节,她们秧歌队下乡演出一个宣传卫生的秧歌剧,剧本讲一个妇女因为不懂卫生,接连死了6个小孩。事先她觉得新年演出这种不吉利的剧本,会招到民众的反感。然而,出乎意料的是,许多乡下婆姨多是死过小孩子的,竟纷纷拉她们到家里去,请教养育婴儿的方法。恰好秧歌队里有一位女护士,便将卫生常识告诉她们。事后,那帮婆姨说:"你们的秧歌比从前的好。因为你们的秧歌句句话都是有用的,旧秧歌中看不中用。"对此,赵超构评价:"单从宣传的观点说,秧歌的成功是无可怀疑的。"据赵超构记载,在1943年的秧歌运动中,延安共有32个秧歌队,差不多每个机关都有一个秧歌队。1944年春节时,延安上演秧歌大会,表演了近百个剧本,全边区共有600个民间秧歌队,大的有二三百人,小

[①] 中华全国妇女联合会妇女运动历史研究室. 中国妇女运动历史资料:1937—1945 [M]. 北京:中国妇女出版社,1991:816.
[②] 从春节宣传看文艺的新方向 [N]. 解放日报,1943-04-25 (1).

的也有二三十人①。

(三) 卫生教育

在边区民众的妇女教育中，特别值得一提的是卫生教育。由于边区经济文化落后，在缺医少药的乡村，神汉、巫医几乎包办了民间的"医药"。边区广大妇女中患妇女病的非常普遍，婴儿死亡率也很高。1944年，赵超构访问延安时调查了延安市附近的韩家窑村的情况，18户人家共有16个妇女，其中13人有月经病，患2种病的4人、3种病的2人、4种病的1人，有遗传病的4人。婴儿死亡率占到60%，11个女人共生过48个孩子，死了29个孩子。现存17岁以下的孩子有21个，有病的有6人②。旧法接生也是造成妇女、儿童生病和死亡的主要"杀手"。边区农村产妇生孩子多由旧产婆接生。有的旧产婆在接生过程中用碎瓦片或不消毒的剪刀或浆杆为产妇割断婴儿脐带；有的产妇生产后，只能坐在炕土、草木灰土或灰袋子上睡，不能躺下睡，产妇满月就要下炕参加劳动。1938年3月，边区政府和边区妇女联合会联合开展妇女卫生宣传教育工作。边区妇女联合会举办妇女生活展览会，用挂图向边区妇女讲明婴儿是怎样出生的。1941年1月，《陕甘宁边区政府关于保育儿童的决定》颁布，其中明确指出：对产妇进行卫生教育、保育产妇及婴儿健康是各级政府的卫生工作的中心③。边区妇联会第二次扩大执委会提道："过去我们的妇女工作者对于娃娃的死亡、妇女不生育、或生小孩不讲卫生、妇女害月经病、梅毒等病不很关心。妇女的切身利益注意不够，工作怎能做得好？"④

1944年6月30日，3 000多名群众在中共中央党校大礼堂参加边区卫生动员大会。会后，各地纷纷吸收干部家属、具备一定文化知识的妇女和旧产婆共同参加助产训练班和巡回医疗队，宣传妇婴卫生，帮助

---

① 赵超构. 延安一月 [M]. 北京：中国国际广播出版社，2013：106-107.
② 同①174-175.
③ 红色档案延安时期文献档案汇编编委会. 红色档案：延安时期文献档案汇编陕甘宁边区政府文件选编：第3卷 [M]. 西安：陕西人民出版社，2013：34.
④ 陕西省妇女联合会. 陕甘宁边区妇女运动文献资料：续集 [M]. 榆林：陕西省妇女联合会，1985：279.

第一章　新民主主义革命时期的妇女教育

群众搞卫生。1944年冬，边区创办妇女职业学校，专门培养妇幼卫生干部，具有代表性的是刘家城妇女卫生冬学。刘家城中的39位育龄妇女，一共生过194个孩子，但最终只有88个养活了，儿童死亡率高达55%。积极分子冯玉梅说："识字好，卫生更重要。旧法接生，生一个死一个，不讲卫生，将来还有谁来念书呢？"① 妇女冬学提出要以"卫生第一，识字第二"为教学方针。妇女冬学讲卫生知识的消息很快传开，学生很快增至70人。

接生训练班开始出现。1944年这一年，仅陕甘宁边区就成立了18处接生训练班，推广妇婴卫生，减少妇婴的死亡率，争取人财两旺②。"人财两旺"的口号是在大生产运动中提出来的，也使妇女卫生教育受到男性农民的欢迎。

第四节　解放战争时期的妇女教育

全民族抗战胜利之后，国内的政治格局和革命形势变化迅速，中国的主要社会矛盾发生了变化。党的妇女工作的方针与任务伴随革命中心任务的不同而不同。在国统区是联合、宣传和教育一切民主力量中的妇女，包括从争取民主建国到反抗美蒋统治。1945年8月，毛泽东在延安干部会议上的讲话指出，为了使人民群众真切了解战后国内的情况，"我们要在人民群众中间，广泛地进行宣传教育工作，使人民认识到中国的真实情况和动向，对于自己的力量具备信心"③。全面内战爆发之后，特别是1947年7—9月中共中央召开全国土地会议之后，新老解放区的妇女工作转向"土改、支前、生产"。在政治跌宕起伏、风云变幻的历史时期，最核心的妇女教育依旧是贯穿在各项政治运动中的政治教

---

① 彭月英，孙海林，葛意诚，等．毛泽东延安时期教育实践与教育思想概论［M］．湘潭：湘潭大学出版社，2012：225-226.
② 中华全国妇女联合会妇女运动历史研究室．中国妇女运动历史资料：1937—1945［M］．北京：中国妇女出版社，1991：760.
③ 毛泽东．毛泽东选集：第4卷［M］．2版．北京：人民出版社，1991：1131.

育。这一时期妇女政治教育的内容主要是认识到妇女在土改、支前、生产各项工作中的重要性,强调反封建和保护妇女特殊利益,教育对象主要针对全党和全体人民。这也是解放战争时期妇女政治教育区别于前一时期的时代特点。

一、革命实践中进行"反封建"的妇女教育

1947年全国土地会议之前,即解放区土地改革之前,解放区的妇女运动基本延续全民族抗战时期"四三决定"确立的妇运方针,发动妇女参加生产、开展妇女的文化教育和民主参政工作是抗日根据地妇女工作的核心内容。关于妇女文化教育的内容基本在"识字明理"的层面,这个"理",一是破除迷信与愚昧意识,二是提高文化政治水平。教育的载体仍是识字班、民校、秧歌剧团、读报小组等[①]。

1947年7月到9月,中共中央召开全国土地会议。在全国土地会议上,妇女工作被提到前所未有的重视地位,各地代表发言者29人,其中19人提到妇女工作,冀南做了妇女工作的专题报告,会外,各代表团或小组又举行了专题座谈,主席团进行了专题发言[②]。土改运动中如此重视妇女工作,原因在于妇女在土改、支前与参加生产中的必要性和重要性。正如1947年10月6日,中共中央就妇女工作方针及目前妇运中心工作给中共中央妇委的复示指出:"妇女成为土改运动中的一个重要力量。"[③] 因为战争规模不断扩大,大批壮年男性不断上前线,妇女参加生产去支援长期战争成为必要。从党的妇女工作角度出发,需要在广大妇女群众中做"许多有系统的宣传组织工作"[④]。伴随着解放战争的迅速推进,1948年5月15日,《中共中央关于目前妇女工作的指示》再次强调:"具体的中心工作是土改、支前及生产,在这许多方面

---

① 中华全国妇女联合会妇女运动历史研究室. 中国妇女运动历史资料:1945—1949 [M]. 北京:中国妇女出版社,1991:33-34.
② 同①207.
③ 土改前期,尤其在发动与组织群众诉苦清算斗争中,妇女所起的作用是相当大。有的地区妇女发动起来,成为斗争地富和诉苦的先锋。参见:中华全国妇女联合会妇女运动历史研究室. 中国妇女运动历史资料:1945—1949 [M]. 北京:中国妇女出版社,1991:205.
④ 中央档案馆. 中共中央文件选集:1948 [M]. 北京:中共中央党校出版社,1992:160.

第一章　新民主主义革命时期的妇女教育

妇女尽能代替男子。"①

在1947年全国土地会议结束之后，中共中央妇委的5个委员邓颖超、张琴秋、杨之华、康克清、张秀岩及一部分女干部连开了3天的会，提出解放区妇女的中心工作是"土改、支前、生产"。在这份呈报给中央的妇女工作报告中，对几个方面都提出了要求：(1) 对党组织及党员干部的要求。"党的领导机关对这一工作应提高，使其成为全党的任务，不应只是少数妇女工作者的责任"②，要纠正过去工作中"完全没有或取消妇女工作的现象"③。从思想到组织、领导上都要给予保证："党的各级领导机关应设妇女工作的专门部门或指定专人负责，党委应将妇女工作列入议程，定时讨论检查，改善对妇女工作干部的政治待遇，要求中央及工委、后委加强对妇委及妇女工作的领导"④，要求在实际工作中教育培养选拔妇女干部。(2) 对妇女的教育。土改中要保证妇女分得土地与所有权，妇女要参加农会的领导，参加农业与副业的劳动，学习技术，在民主运动中为妇女获得民主自由、男女平等而斗争。(3) 对民众的教育。在农民的翻身运动中适时进行打破妇女封建束缚的斗争，在阶级的一致性与全体利益之下，争取妇女的解放与应得的权利，提出"实行男女平等""婚姻自由""婚姻自主""废除买卖婚姻""反对包办强迫婚姻""禁止缠足""禁止溺女""家庭民主和睦""妇女有参加社会政治活动的自由"等口号。(4) 对妇女干部的教育。中共中央妇委首先要改进工作，工作要面向群众，深入下层；配合全党整编，对女干部进行查思想、查阶级。各级妇委同志应加强学习，首先参加土改学习，锻炼加强政治上的修养，从原则上、政治上、工作上更好地团结起来⑤。会后，中共中央妇委的同志请示中央后都参加了各地的土改。1948年5月15日，《中共中央关于目前妇女工作的指示》基本重

---

① 中央档案馆. 中共中央文件选集：1948 [M]. 北京：中共中央党校出版社，1992：161.
② 中央档案馆. 中共中央文件选集：1946—1947 [M]. 北京：中共中央党校出版社，1992：542.
③ 同②543.
④ 同②543-544.
⑤ 中华全国妇女联合会妇女运动历史研究室. 中国妇女运动历史资料：1945—1949 [M]. 北京：中国妇女出版社，1991：207-209.

复强调了 1947 年这份中共中央妇委报告的内容①。

解放战争时期的妇女教育内容,相比于全民族抗战时期家庭统一战线的要求,妇女教育的内容更为突出"反封建压迫""解除妇女特殊痛苦""保护妇女的特殊利益",且教育的对象是全党与全体人民。1946年3月,《华中解放区第一次妇女代表大会决议》专门提出了"关于反封建压迫和束缚,解除妇女特殊痛苦的决议"②,其主要目标是改造重男轻女的社会思想和旧习惯、旧制度,特别要取缔与转变最恶劣的几种制度或习惯:一是缠足穿耳和打骂妇女的制度;二是蓄婢纳妾、抢亲、抢寡妇、杀女婴及私生子、虐待童养媳、贩卖人口等恶习③。在反封建的议题上,解放战争时期的做法与土地革命战争时期的相比,更强调"说理"和"教育"。华中解放区决议案中提出的工作方法是"普遍进行宣传教育""可以进行说理","必要时也可以发动个别群众性的斗争,以求得工作的进展,但决不可以单纯的把反封建工作看成是短期突击斗争所能解决的问题,不能划出一定时间的反封建作为中心来进行,以免寻仇觅恨,东斗西打,造成家庭分裂,男女对立,社会影响恶劣,使妇女工作陷于孤立地位"④。

1948 年 12 月 20 日的《中共中央关于目前解放区农村妇女工作的决定》(简称"四八决定"),与华中解放区妇女代表大会的决议的背景有所不同,"四八决定"发布的背景是解放战争已进入战略反攻阶段,全国胜利在望。随着解放区的土改逐渐展开,有的老解放区的土改基本完成。"四八决定"再次确认了"四三决定"确立的方针:组织妇女参加生产劳动是妇女工作的中心。"四八决定"实则是中国共产党面向未来,思考妇女在新民主主义的国家建设中的位置与作用。妇女参与生产已不只是为了战争时期男性劳动力退出之后填补空缺的需要。战争结束后,大规模的建设很快就会展开,妇女与男子将会共同参与国家建设,两性如何在生产劳动和日常生活中相处、如何建构一个新的社会秩序、如何在新社会贯彻男女平等成为当时亟须解决的问题。正如"四八决

---

① 中央档案馆. 中共中央文件选集:1948 [M]. 北京:中共中央党校出版社,1992:160 - 162.

②③④ 中华全国妇女联合会妇女运动历史研究室. 中国妇女运动历史资料:1945—1949 [M]. 北京:中国妇女出版社,1991:36.

第一章 新民主主义革命时期的妇女教育

定"所指出的，在新民主主义政权下，过去束缚虐待妇女、使妇女处于屈从地位的法律已不复存在了。保障男女在经济上、政治上、社会上的地位完全平等的新法律在新民主主义政权下已经制定或基本制定了，但问题是如何使这些法律能够贯彻实现。旧社会遗留下来的重男轻女观念和各种封建习俗的束缚，特别是旧社会遗留下来的妇女在经济上要依靠男子，妇女不善于从事各种劳动，甚至鄙视劳动中的妇女，妨碍了妇女迅速实现法律上已规定了的权利。这是"四八决定"在确认组织妇女参加生产是妇女工作的中心任务之后，转而严厉批评有些基层党组织在反封建和保护妇女特殊利益方面工作不力的背景和深层原因。

党批评有些地方在发动妇女参加土改、支前、生产工作的过程中，"未能有意识地注意解除存留着的一些对妇女的封建束缚，以满足妇女的特殊利益的要求，认为发动妇女参加生产和土地改革，就一切都自然会随着解决了；或者是机械地把一般工作与妇女工作割裂开来，以致妇女群众的某些特殊痛苦，未能及时解除，阻碍了妇女群众的充分发动"[①]。批评少数地区还存在孤立突出地进行妇女解放工作的错误倾向，以致男女农民、青年老年妇女内部的对立。孤立解决妇女问题的倾向在1943年之后"已大体纠正"[②]；但忽略妇女特殊痛苦的做法，直到1948年"还是各地比较普遍存在的现象"[③]。"四八决定"认为产生这种缺点的主要原因是："有些地区党和妇女组织中的部分干部，缺乏完整的群众工作观点，没有全面地认识妇女工作的重要性，不够深刻地了解妇女工作是整个革命工作的一部分，未能适当地把发动妇女积极生产与保护妇女特殊利益相结合。"[④] 同时，也提供了解决问题的方法：在生产过程中，应经过各种群众组织和会议，经常对全体农民进行男女平等的思想教育，批评封建思想和传统习俗，指出一切束缚妇女的封建习俗均必须废除。对于要保持旧的封建习俗的人、经常欺压妇女的少数落后分子，必要时适当地进行斗争。但这种斗争的性质与力度要控制在"农民内部的思想斗争，与反对封建地主的阶级斗争应有严格区别"[⑤]，这种

---

①② 中央档案馆．中共中央文件选集：1948 [M]．北京：中共中央党校出版社，1992：593．

③④ 同①594．

⑤ 同①597．

斗争的目的"是为了更有效地教育全体农民……更加巩固和加强农民内部的团结"①。特别是在新解放区，党要求"必须在广大群众中进行男女平等的教育，启发群众觉悟，按其觉悟的程度，有意识有步骤地逐渐破除之"②。

二、妇女干部的培养教育

随着解放区规模日益扩大，对干部的需求急剧增加，党内再次出现大规模的"干部荒"现象。妇女对于革命与建设的重要性日益凸显，妇女干部的培养也被提上议程。1947年，蔡畅在东北妇女工作会议上的报告指出，培养大批新干部成为今后一个重要的问题，为满足当前形势的需要，我们有责任培养大批优秀的女干部。关于妇女干部的培养教育，"四八决定"对党组织和女干部两方面都提出了要求。从党组织的角度而言，要根据妇女干部不同的成长情况有分别、有针对性地进行培养教育。对于现有的干部，必须大胆培养、放手使用和提拔大批的党与非党的女干部到各种工作岗位上去，并加强教育各级妇女组织的干部。男女干部同等能力者，给予同等培养和教育的机会，不得加以歧视；并按女干部的特殊情况，更加注意提高其政治理论、文化水平及工作能力。对于农村新起来的劳动妇女干部，特别要在原有的工作岗位上加强教育、耐心培养、逐步提拔，并注意发展女党员。在新解放区特别注意培养本地的妇女干部。各级党校和政府主办的训练班，应有计划地吸收女干部学习，党的各级组织部、宣传部应把培养和教育女干部列入其业务之内，把女干部面临的家庭与工作冲突的困难也提出来，作为党培养女干部时要注意的问题。从女干部本身角度而言，女干部应在党的领导教育下，自觉地积极工作，精通业务，加强团结，提高工作效率，努力学习理论、政策、文化知识及生产业务的知识和技能，开展批评与自我批评，克服妇女的弱点，力求进步，加强为人民服务的思想③，进而提

---

① 中央档案馆. 中共中央文件选集：1948 [M]. 北京：中共中央党校出版社，1992：597.
② 同①598.
③ 同①600.

第一章　新民主主义革命时期的妇女教育

高自己、成为党的优秀干部。

　　解放战争时期，妇女干部培养的另一个特点是强调在实际工作中的培养教育。《华中解放区第一次妇女代表大会决议》详细介绍了培养地方妇女干部的方法：（1）在工作中、运动中、斗争中发现积极分子后，领导干部应对积极分子了解清楚，分别对象，进行适合于她的教育，有计划地培养她。（2）在工作中培养和教育，提高其政治觉悟与工作能力，分配其一定的工作，具体地帮助和指导，经常给她检讨工作和总结工作。（3）针对农村妇女思想上有农民意识和封建社会带来的弱点，应给予改造思想的专门的学习机会，采取轮流学习的方法，不断地办短训班，逐渐改造思想，克服狭隘嫉妒、自私保守等思想弱点。总之，培养干部的全部过程是从工作斗争和运动中挑选，又从工作斗争和运动中培养提拔和考验，同时给予思想教育，改造其思想，关心与解决其困难①。1948年6月28日，中共冀察热辽分局妇委的妇女工作报告中也提到，妇女干部的培养提拔基本是在工作之中进行，还应有计划地将妇女干部送入训练班学习。该报告特别提到在培养区级干部时，应使其在村中工作时间长些为宜，建立为人民服务的思想，锻炼联系群众，不要过早地脱离生产②。

　　1947年10月6日，中共中央在回复中共中央妇委的报告时称，在伟大的土地改革、生产运动和支援前线中，大批女干部会涌现出来，要在这些运动中好好努力去提拔培养她们，使她们不仅能做妇女工作，而且能参加政权的各个部门和党的其他的各种工作。面对新中国的曙光，妇女干部的培养同时被提上了新中国的政治议程。1949年3月26日，在中国妇女第一次全国代表大会上，邓颖超在工作报告里再次强调，"必须有千百万的女干部，大量吸收城乡劳动妇女及女知识分子参加各学校和训练班，培养与提高她们成为能够担任各种工作的干部，大胆大批提拔现有的女干部"③。

---

　　① 中华全国妇女联合会妇女运动历史研究室. 中国妇女运动历史资料：1945—1949 [M]. 北京：中国妇女出版社，1991：37-38.
　　② 同①253.
　　③ 同①368.

本章参考文献

著作类

邓颖超. 妇女运动的先驱：蔡畅 [M]. 北京：中国妇女出版社，1984.

陈独秀. 陈独秀文集：第1卷 [M]. 北京：人民出版社，2013.

陈独秀. 陈独秀文集：第2卷 [M]. 北京：人民出版社，2013.

黄新宪. 中国近现代女子教育 [M]. 福州：福建教育出版社，1992.

李大钊. 李大钊文集：第2卷 [M]. 北京：人民出版社，1999.

李大钊. 李大钊文集：第3卷 [M]. 北京：人民出版社，1999.

李大钊. 李大钊文集：第4卷 [M]. 北京：人民出版社，1999.

李大钊. 李大钊文集：第5卷 [M]. 北京：人民出版社，1999.

李星华. 回忆我的父亲李大钊 [M]. 上海：上海文艺出版社，1981.

卢国琪. 中国早期马克思主义群体教育思想研究 [M]. 北京：人民出版社，2020.

苏平. 蔡畅传 [M]. 北京：中国妇女出版社，1990.

向警予. 向警予文集 [M]. 北京：人民出版社，2011.

张雪英. 中央苏区妇女运动史 [M]. 北京：中国社会科学出版社，2009.

中共天津市委党史资料征集委员会，天津市妇女联合会. 邓颖超与天津早期妇女运动 [M]. 北京：中国妇女出版社，1987.

中华全国妇女联合会. 蔡畅 邓颖超 康克清妇女解放问题文选：1938年—1987年 [M]. 北京：人民教育出版社，1988.

中华全国妇女联合会儿童工作部. 蔡畅 邓颖超 康克清论儿童少年与儿童少年工作 [M]. 成都：四川少年儿童出版社，1990.

红色档案延安时期文献档案汇编编委会. 红色档案：延安时期文献档案汇编陕甘宁边区政府文件选编：第3卷 [M]. 西安：陕西人民出

版社，2013.

毛泽东．毛泽东选集：第2卷［M］．2版．北京：人民出版社，1991.

毛泽东．毛泽东选集：第4卷［M］．2版．北京：人民出版社，1991.

中共中央文献研究室．毛泽东文集：第1卷［M］．北京：人民出版社，1993.

列宁．列宁全集：第42卷［M］．2版增订版．北京：人民出版社，2017

汪信砚．李达全集：第1卷［M］．北京：人民出版社，2016.

蔡文金，韩望愈．川陕根据地革命文化史料选编［M］．西安：三秦出版社，1997.

陈元晖．老解放区教育简史［M］．北京：教育科学出版社，1981.

成仿吾．战火中的大学：从陕北公学到人民大学的回顾［M］．北京：人民教育出版社，1982.

顾秀莲．20世纪中国妇女运动史：中卷［M］．北京：中国妇女出版社，2013.

广东省档案馆，广东妇女运动历史资料编纂委员会．广东妇女运动史料：1924—1927年［M］．1983.

韩延龙，常兆儒．中国新民主主义革命时期根据地法制文献选编：第1卷［M］．北京：中国社会科学出版社，1981.

江西省档案馆．湘赣革命根据地史料选编［M］．南昌：江西人民出版社，1984.

江西省妇女联合会．女英自述［M］．南昌：江西人民出版社，1988.

江西省妇女联合会，江西省档案馆．江西苏区妇女运动史料选编［M］．南昌：江西人民出版社，1982.

彭光华．中央苏区宣传文化建设［M］．北京：中央文献出版社，2009.

彭月英，孙海林，葛意诚，等．毛泽东延安时期教育实践与教育思想概论［M］．湘潭：湘潭大学出版社，2012.

瑞金县志编纂委员会．瑞金县志［M］．北京：中央文献出版社，1993.

陕西省妇女联合会. 陕甘宁边区妇女运动文献资料：续集［M］. 榆林：陕西省妇女联合会，1985.

西华师范大学历史文化学院，川陕革命根据地博物馆. 川陕革命根据地历史文献资料集成［M］. 成都：四川大学出版社，2012.

谢济堂. 中央苏区革命歌谣选集［M］. 厦门：鹭江出版社，1990.

延安中国女子大学北京校友会. 延水情：纪念延安中国女子大学成立六十周年［M］. 北京：中国妇女出版社，1999.

赵超构. 延安一月［M］. 北京：中国国际广播出版社，2013.

《中央苏区文艺丛书》编委会. 中央苏区文艺史料集［M］. 武汉：长江文艺出版社，2017.

董纯才. 中国革命根据地教育史：第1卷［M］. 北京：教育科学出版社，1991.

四川省社会科学院，陕西省社会科学院. 川陕革命根据地史料选辑［M］. 北京：人民出版社，1986.

武衡，谈天民，戴永增. 徐特立文存：第1卷［M］. 广州：广东教育出版社，1995.

李小江. 让女人自己说话：亲历战争［M］. 北京：生活·读书·新知三联书店，2003.

川陕革命根据地博物馆. 川陕苏区革命历史歌谣［M］. 成都：四川文艺出版社，1985.

中共天津市委党史资料征集委员会，天津市妇女联合会. 邓颖超与天津早期妇女运动［M］. 北京：中国妇女出版社，1987.

中共中央文献研究室，中央档案馆. 建党以来重要文献选编：1921—1949：第15册［M］. 北京：中央文献出版社，2011.

中共中央党史和文献研究院，中央档案馆. 中国共产党重要文献汇编：第1卷：一九二一年七月——一九二一年十二月［M］. 北京：人民出版社，2022.

中共中央党史和文献研究院，中央档案馆. 中国共产党重要文献汇编：第4卷：一九二四年［M］. 北京：人民出版社，2022.

中央档案馆. 中共中央文件选集：1921—1925 [M]. 北京：中共中央党校出版社，1989.

中央档案馆. 中共中央文件选集：1931 [M]. 北京：中共中央党校出版社，1991.

中央档案馆. 中共中央文件选集：1939—1940 [M]. 北京：中共中央党校出版社，1991.

中央档案馆. 中共中央文件选集：1946—1947 [M]. 北京：中共中央党校出版社，1992.

中央档案馆. 中共中央文件选集：1948 [M]. 北京：中共中央党校出版社，1992.

中国妇女管理干部学院. 中国妇女运动文献资料汇编：第1册 [M]. 北京：中国妇女出版社，1987.

中国社会科学院现代史研究室，中国革命博物馆党史研究室. "一大"前后：中国共产党第一次代表大会前后资料选编：二 [M]. 北京：人民出版社，1980.

中华全国妇女联合会妇女运动历史研究室. 中国妇女运动历史资料：1921—1927 [M]. 北京：中国妇女出版社，1986.

中华全国妇女联合会妇女运动历史研究室. 中国妇女运动历史资料：1927—1937 [M]. 北京：中国妇女出版社，1991.

中华全国妇女联合会妇女运动历史研究室. 中国妇女运动历史资料：1937—1945 [M]. 北京：中国妇女出版社，1991.

中华全国妇女联合会妇女运动历史研究室. 中国妇女运动历史资料：1945—1949 [M]. 北京：中国妇女出版社，1991.

期刊论文类

陈永红. 邓颖超对妇女干部的期望 [J]. 广东党史，1998（4）：43-44.

戴安林. 论向警予的妇女教育思想 [J]. 湘潮（下半月），2016（4）：114-120.

拉毛措. 新中国中央历代领导人对妇女事业的重要贡献 [J]. 青海社会科学，2019（5）：73-78.

李惠康，朱海．论向警予的早期教育救国思想与实践［J］．江西社会科学，2012，32（10）：129-133．

孙杰明．邓颖超女子教育思想述评［J］．山东女子学院学报，2011（3）：75-77．

吴敏．论蔡畅的妇女教育观［J］．世纪桥，2010（15）：75-77．

杨红玲．试论邓颖超妇女解放思想及历史启示［J］．南昌教育学院学报，2010，25（6）：20-21．

梁怡．延安女子大学评介［J］．抗日战争研究，1999（2）：93-106．

刘亚玫，张永英，杨玉静，等．论习近平总书记关于新时代妇女发展和妇女工作重要论述的科学内涵［J］．妇女研究论丛，2018（5）：9-20．

报纸类

广州妇女团之活动［N］．广州国民日报，1924-03-05．

广州妇女节之大巡行［N］．广州国民日报，1924-03-10．

"三八"国际妇女节大会情形［N］．广州国民日报，1926-03-09．

两年来苏维埃各种基本政策的实施［N］．红色中华，1934-01-26（9）．

北京之国际妇女节［N］．民国日报，1925-03-15．

为革命理想而斗争：回忆抗大女生队的战斗生活［N］．人民日报，1986-06-03（4）．

毛泽东在延安中国女子大学开学典礼上的讲话［N］．新中华报，1939-07-25（3）．

第二章 社会主义革命和建设时期的妇女教育

第一节 妇女教育的方针政策

一、实施背景

1949年10月1日，中华人民共和国成立，人民成为新中国新社会的主人，建立一个什么样的国家和社会制度是新中国成立后党和人民关心的主题。在千疮百孔的华夏大地上，党和国家带领各族人民开始了政治、经济、文化等各项事业的伟大探索。新的政治秩序得以确立，社会主义制度开始建立，文化教育事业除旧布新，社会主义法律体系初步制定；新的经济基础逐渐确立，土地改革进行得如火如荼，以农业生产为中心的农村工作推动了农村发展，社会主义三大改造完成，工业化起步，成功实现了政治、经济、文化、社会的伟大变革。社会主义革命和建设实践探索既有径情直遂之时，也有十磨九难之期。教育事业历经了向工农开门办学、与生产劳动相结合、"以阶级斗争为纲"三个阶段，在曲折发展的过程中仍然开创了新中国教育的新局面，为争取妇女的全面解放奠定了坚实的教育基础。

新中国成立后，妇女获得了平等的法律地位和权利。《中国人民政治协商会议共同纲领》、《中华人民共和国婚姻法》、《中华人民共和国土地改革法》、1954年《中华人民共和国宪法》等法律的先后颁布施行，在家庭关系、经济生产关系、财产关系等方面赋予了妇女平等的地位，在政治、经济、家庭、教育等方面解放了旧社会对妇女的种种束缚，为妇女教育发展开辟了道路。新中国禁娼使妓女这一特殊妇女群体的身体得以解放。从1949年起，暴风骤雨般的"北京模式"和循序渐"禁"的"天津模式"成为新中国妓女改造的先锋，掀起了全国其他地区不同模式的禁娼运动，并建立了收容改造妓女的机构——妇女生产教养院（所），为妓女进入社会重建了社会身份。

在社会主义建设的探索时期（1956—1966年），妇女被动员积极投身社会主义建设。1956年9月，在党的第八次全国代表大会上，邓颖超提出了妇女运动的基本原则：培养和发展各族各界妇女广泛参加社会主义经济建设[①]。1957年9月，中国妇女第三次全国代表大会召开，明确了"勤俭建国、勤俭持家，为社会主义而奋斗"的妇女工作方针。会议指出这一时期中国妇女的总任务"就是继续建成和巩固我国的社会主义制度，在政治战线上和思想战线上继续取得社会主义革命的彻底胜利；就是集中一切力量来发展我国的社会生产力，尽可能迅速地把我国建设成为一个伟大的社会主义国家"[②]。然而，各地开始的大鸣大放辩论等形式的妇女整风运动和反右派斗争扩大化，使不少妇女被错划为右派，给妇女事业发展带来了损失。

在社会主义建设的曲折发展时期（1966—1978年），妇女运动"以阶级斗争为纲"，"以生产为中心"的妇女工作方针被扣上了"修正主义路线"的罪名，"两勤"方针被反对；妇女组织瘫痪，妇女工作停顿，妇女运动路线被批判。直到1973年3月8日，《人民日报》发表社论《劳动妇女是伟大的革命力量》，妇联组织才得以整顿恢复。

二、方针政策

为了尽快创建一个属于新中国的现代教育体制，毛泽东提出了"民族的""科学的""大众的"三个重要原则，这成为新中国教育制度革故鼎新的重要指导思想。

《中国人民政治协商会议共同纲领》（简称《共同纲领》）中的"文化教育政策"是根据毛泽东的新民主主义教育思想，并结合中国教育实际情况拟定的，为中国教育发展指明了方向。在社会主义革命和建设时

---

① 罗琼. 当代中国妇女[M]. 北京：当代中国出版社，2020：39.
② 全国妇联妇女研究所. 当代中国妇女运动简史：1949—2000[M]. 北京：中国妇女出版社，2017：61-62.

期，党制定了一系列方针政策，引领着旧教育改造、社会主义新教育制度确立，开辟了古老东方大国的教育新局面。

（一）学校向工农开门，多种形式办学，大力发展高等教育（1949—1956年）

1949—1956年，这一时期的教育是新民主主义的教育，《共同纲领》明确规定了"民族的、科学的、大众的"教育方针。

教育为国家服务，学校向工农开门。1950年5月，教育部副部长钱俊瑞在《当前教育建设的方针》中指出：这一时期教育的重心是"为工农服务""为生产建设服务"[1]。1950年，全国教育工作的总结指出："第一次全国教育工作会议，确定了全国教育工作的总方针，强调指出教育必须为国家建设服务，学校必须为工农开门，明确了改革旧教育的方针和步骤与发展新教育的方向。"[2] 1951年10月1日，中央人民政府政务院颁布的《关于改革学制的决定》明确规定，"中学、工农速成中学和业余中学应给学生以全面的普通的文化知识教育"，"高等学校应在全面的普通的文化知识教育的基础上给学生以高级的专门教育"[3]。

贯彻全面发展方针，多种形式办学。这一时期，我国的政治、经济和文化建设都是稳步发展的，教育事业充满活力。1954年3月13日，政务院文化教育委员会副主任习仲勋在政务会议上做的题为《1954年文化教育工作的方针和任务》的报告指出："中等教育和初等教育，应贯彻全面发展的教育方针。"把全面发展和教育方针联系了起来。对于如何在经济落后的情况下发展教育，党中央认识到完全由国家包办是不现实的，允许多种形式办学即后来的"两条腿走路"的方针，即统一性与多样性结合，实行国家办学、厂矿企业办学和群众办学并举等。1956年9月，党的八大为独立自主地进行符合中国国情的社会主义建设规划了总蓝图，为教育事业发展提供了良好的外部条件和新要求。

高等院系调整，高等教育大力发展。1950年6月，第一次全国高

---

[1] 李国钧，王炳照. 中国教育制度通史：第8卷 [M]. 济南：山东教育出版社，2000：15.
[2] 何东昌. 中华人民共和国重要教育文献：1949—1975 [M]. 海口：海南出版社，1998：92.
[3] 中共中央文献研究室. 建国以来重要文献选编：第2册 [M]. 北京：中央文献出版社，1992：393-395.

等教育工作会议召开，明确了我国高等教育改革和建设的方向。会议确定了为人民服务和培养国家高级建设人才的目标，指出了培养"工农出身的新型知识分子"的途径。1952年下半年开始，高等院校在教育部的领导下进行了大规模院系和专业调整。调整方针以培养工业建设人才和师资为重点，发展专门院校，整顿和加强综合大学。到1953年，全国高等学校共182所，其中，综合性大学14所，高等工业院校38所，高等师范学校31所；院系调整后，大多数省份拥有1所综合性大学或师范大学和各类专科学校，高等工业院校得到加强，工科专业有107种[1]，我国高等教育工科门类基本建成，具备培养工程技术人才的自主能力。

（二）培养有社会主义觉悟的有文化的劳动者与教育"以阶级斗争为纲"（1956—1966年）

发展德育、智育、体育，培养有社会主义觉悟的有文化的劳动者。1950—1954年教育方针执行上的实际偏差导致轻视体力劳动、体力劳动者的状况出现。毛泽东于1957年2月27日在《关于正确处理人民内部矛盾的问题》中特别强调，教育方针"应该使受教育者在德育、智育、体育几方面都得到发展，成为有社会主义觉悟的有文化的劳动者"[2]。该方针强调了人才培养的总要求是培养"劳动者"，包含了与"剥削者"相对立的体力劳动者、脑力劳动者、体力和脑力结合的新型劳动者；突出劳动者的素质是又红又专，政治素质和文化知识相统一，而统一的前提是"有社会主义觉悟"。毛泽东重视工、农、商、学、兵、政、党的思想教育工作，重视提高全民文化素质，因此扫盲、农村教育和社会教育备受重视；重视个体素质德育、智育、体育结构，尤其重视其中的德育。1953年6月30日，毛泽东提出的"要使青年身体好、学习好、工作好"成为相当长时间中小学优秀学生的标准；在社会主义教育方针中，德育是第一位的[3]。

教育为无产阶级政治服务，教育与生产劳动相结合。随着各级各类

---

[1] 胡莉芳.高等教育课程的主要问题[M].北京：中国人民大学出版社，2018：40-41.
[2] 李国钧，王炳照.中国教育制度通史：第8卷[M].济南：山东教育出版社，2000：26.
[3] 同②26-29.

学校数量成倍增长、规模不断扩大，高校展开了"红"与"专"问题的激烈讨论。整风运动和反右派斗争开始，且后者被扩大化。1958年4月15日，教育工作会议召开，讨论了教育方针，批判了教育部门的教条主义、右倾保守思想和教育脱离生产劳动、脱离实际，并在一定程度上忽视政治、忽视党的领导的错误。1958年5月，在中共八届二次会议上，刘少奇同志代表中央委员会所做的《中国共产党中央委员会向第八届全国代表大会第二次会议的工作报告》指出，教育的"主要任务是：扫除文盲，普及小学教育，逐步地做到一般的乡都有中等学校，一般的专区和许多的县都有高等学校……培养新知识分子；改造旧知识分子，建立一支成千万人的工人阶级的知识分子队伍"。1958年9月，《中共中央、国务院关于教育工作的指示》提出："党的教育工作方针，是教育为无产阶级的政治服务，教育与生产劳动相结合，为实现这个方针，教育工作必须由党来领导。"这一教育工作方针与毛泽东提出的全面发展的教育方针结合起来，形成了完整的党的教育方针，直到党的十一届三中全会前，它都被全社会普遍认可。

"以阶级斗争为纲"和社会主义教育运动。1962年，党的八届十中全会上，毛泽东提出阶级斗争要"年年讲、月月讲、天天讲"。1964年12月至1965年1月，中共中央工作会议制定的《农村社会主义教育运动中目前提出的一些问题》，明确了"以阶级斗争为纲"的意见。截至1965年底，全国395所高等学校共有22万多名师生参加了社会主义教育运动。各级各类学校参加社会教育运动的主要目的是在运动中对师生进行政治思想教育。"以阶级斗争为纲"的思想以及社会教育运动中激进的做法，为"文化大革命"时期发展"无产阶级专政下继续革命"的理论做了比较负面的理论准备，造成了长时间的思想混乱和对各项实际工作的干扰破坏[1]。

（三）"文化大革命"的"教育革命"（1966—1978年）

"文化大革命"时期，党的教育方针被"左"倾思想扭曲以符合"文化大革命"形势的需要。1966年，"五七指示"提出"资产阶级知

---

[1] 李国钧，王炳照. 中国教育制度通史：第8卷 [M]. 济南：山东教育出版社，2000：40-45.

第二章　社会主义革命和建设时期的妇女教育

识分子统治我们学校的现象，再也不能继续下去了"。1968 年，"七二一指示"片面否认高等教育文科价值和理工科大学的教育方式。1971年，《全国教育工作会议纪要》做出了错误的"两个估计"："文化大革命"前 17 年，教育战线是资产阶级专了无产阶级的政，是"黑线专政"；知识分子的大多数世界观基本上是资产阶级的，是资产阶级知识分子。这一时期，教育从为政治服务转变为无产阶级专政的工具，"政治挂帅"，教育事业受到严重破坏①。

（四）"两勤"方针与妇女社会教育

新中国成立以后，中国共产党的妇女教育可以分为三个层次：一是通过教育向工农妇女开门，推动最广大妇女的解放；二是重视干部教育，提高妇女骨干的素质；三是以生产为中心开展妇女社会教育，解放妇女，促进社会主义建设。1957 年 9 月，中国妇女第三次全国代表大会在北京召开。《勤俭建国　勤俭持家　为建设社会主义而奋斗——在中国妇女第三次全国代表大会上的工作报告》指出："勤俭建国、勤俭持家，为建设社会主义而奋斗，是今后我国妇女运动的根本方针。"② 全国妇联积极推动"两勤"方针的宣传贯彻，各级妇联组织宣传勤俭建国和勤俭持家的关系，妇女群众积极参与"两勤"方针的贯彻落实，媒体积极宣传各地涌现的勤劳节俭先进模范。1958 年后，妇女积极参与了"大跃进"和人民公社化运动。1961 年 12 月，邓小平参加了妇联主任会议，再次强调"两勤"方针要十年不易，坚持到底。"两勤"方针的宣传贯彻发挥了妇女的社会教育作用，对解放妇女运动产生了深远影响。

三、法律保障

（一）《中华人民共和国宪法》对教育和妇女教育的规定

《中华人民共和国宪法》保障了妇女在各方面享有同男子平等的权

---

① 李国钧，王炳照. 中国教育制度通史：第 8 卷 [M]. 济南：山东教育出版社，2000：45-50.
② 勤俭建国　勤俭持家　为建设社会主义而奋斗：在中国妇女第三次全国代表大会上的工作报告 [EB/OL]. (1957-09-09). https://www.women.org.cn/art/1957/9/9/art_46_13020.html.

利。1954年9月20日，第一届全国人民代表大会主席团公布了新中国第一部《中华人民共和国宪法》。1954年的《中华人民共和国宪法》在"公民的基本权利和义务"中规定："中华人民共和国公民有受教育的权利。国家设立并且逐步扩大各种学校和其他文化教育机关，以保证公民享受这种权利。国家特别关怀青年的体力和智力的发展。"同时第96条规定："中华人民共和国妇女在政治的、经济的、文化的、社会的和家庭的生活各方面享有同男子平等的权利。"相比于1949年《共同纲领》的第6条，增加列举了"家庭"这个领域内的男女平等。针对妇女的这条规定，直至1978年五届全国人大一次会议通过了《中华人民共和国宪法》都未改变。

（二）土地制度与妇女劳动解放

改革封建土地制度，解放妇女劳动力。《共同纲领》确立了"有步骤地将封建半封建的土地所有制改变为农民的土地所有制"的总纲领，要求在尚未实行土地改革的地区广泛发动农民群众参与土地改革，从而实现耕者有其田。1950年6月30日，中央人民政府颁布《中华人民共和国土地改革法》，确立了按人口统一分配土地的原则，以法律的形式明确了妇女享有与男子同等的土地所有权。同月，刘少奇在《关于土地改革问题的报告》中特别指出，要吸收农村妇女参与土地改革运动，吸纳农村妇女中的积极分子参加土地改革领导工作[1]。各地在执行过程中，相继制定了地方性法规政策指示，动员妇女参与土地改革运动。一场规模空前的土地改革运动在新解放区如火如荼地展开。1950年7月，中央人民政府和各地区成立土地改革委员会，保障土地改革顺利进行。1950年9月，中共中央华东局发出《关于在土地改革准备时期加强妇女工作的指示》，要求认真贯彻男女劳动一齐发动的方针，明确发动妇女参与土地改革运动是一切党员与干部共同的责任。西北军政委员会在《关于西北区颁发土地房屋所有证暂行办法》中规定：家庭财产为全体成员（男女老幼）所共有[2]。与《中华人民共和国土地改革法》的颁布

---

[1] 坚持贯彻男女农民一起发动的方针[J]. 新中国妇女，1950（9）：7.
[2] 陕西省地方志编纂委员会. 陕西省志：第62卷（三），妇女志[M]. 西安：陕西人民出版社，2001：126.

第二章　社会主义革命和建设时期的妇女教育

相联系的《关于划分农村阶级成分的决定》，对地主和富农阶级的妻儿影响最深。她们及其后代的阶级成分和生活改变了，渐进地被划分为工农阶级。同时，各级妇联组织在动员妇女参与土地改革运动、保障农村妇女土地权益方面发挥了重要作用。

土地改革运动产生了农村新妇女。她们参与农村生产，参与农村社会秩序重建，在家庭地位等方面得到提升。一方面摧毁了束缚在妇女身上的枷锁，另一方面对贫雇农、军烈属或革命荣誉军人家属、地主阶级妻女的阶层进行了大调整。军烈属或革命荣誉军人家属得到应有的优待，贫雇农妇女阶层在政治和经济上翻了身。

（三）《中华人民共和国婚姻法》与妇女自由

1950年5月1日颁布的《中华人民共和国婚姻法》是恢复妇女自由平等人权的宣言，撬动了旧社会秩序，转向了社会新秩序的建构，从"破"转向了"立"。男女平等成为国家建构社会新秩序的一个重要维度[①]。该法的第一条规定：废除包办强迫、男尊女卑、漠视子女利益的封建主义婚姻制度。实行男女婚姻自由、一夫一妻、男女权利平等、保护妇女和子女合法权益的新民主主义婚姻制度。第二条规定：禁止重婚、纳妾。禁止童养媳。该法确立了新中国处理婚姻家庭关系的基本原则，反映了新民主主义婚姻制度的特征，从根本上打破了旧的封建主义的婚姻制度[②]。以索取财务为目的，强迫包办他人婚姻的人要受到批评教育；情节恶劣、后果严重的，还要受到刑事处分。该法第七条规定了夫妻双方在家庭中的地位平等；第九条规定了夫妻双方有选择职业、参加工作和参加社会活动的自由；第十条规定了夫妻双方对于家庭财产有平等的所有权与处理权；第十一条规定了夫妻有各用自己姓名的权利；第十七条规定了男女双方离婚的自由，第二十四条规定："离婚时，原为夫妻共同生活所负担的债务，以共同生活时所得财产偿还；如无共同生活时所得财产或共同生活时所得财产不足清偿时，由男方清偿。男女

---

① 宋少鹏. 价值、制度、事件："男女同工同酬"与劳动妇女主体的生成[J]. 妇女研究论丛，2020（4）：108-128.

② 中国人民大学法律系民法教研室、资料室. 中华人民共和国婚姻法资料选编（内部编印）[M]. 1982：16.

一方单独所负的债务,由本人偿还。"① 婚姻中的男女平等关系成为建立新式夫妻关系和幸福家庭的基础。

《中华人民共和国婚姻法》以调整婚姻关系为主,以男女婚姻自由、一夫一妻、男女权利平等、保护妇女和子女合法权益为核心,是新中国在国家层面助推妇女迈向解放的重要一步,它使妇女从封建婚姻制度束缚下解放出来,推动了中国社会的整体性变迁。

中国共产党以"妇女解放"为口号,推动了妇女的觉醒,极大地动员妇女为了反对封建压迫、实现男女平等而加入革命队伍,成为无产阶级革命的积极拥护者和实践者。新中国成立以后,在党的法律政策保障之下,人民获得平等的地位,确立了自己的新身份。妇女作为新中国当家作主的成员之一,也亟须找寻自我定位和身份认同。1950年4月26日,中共中央发布了庆祝"五一"劳动节口号,号召:"全国妇女积极参加工业和农业生产,在生产中争取妇女权利!实行新的婚姻法,解除对妇女的封建束缚!"② 表明了妇女要在生产、婚姻、法律中实现自我的解放。解放妇女既是人民翻身做主人的内涵之一,也是解放生产力、建设社会主义的必然要求。新中国所塑造的妇女,包括知识女性、职业女性、家庭妇女等,她们从思想到行动都需要尽力达到一个标准,就是像工农劳动妇女一样去生活、去工作。劳动最美,这无差别地体现在男女性别之中。这使得这一时期的妇女教育主要是为劳动服务,教育引领妇女投入生产活动中,成为国家建设的新生的强大力量。

第二节 妇女教育的发展状况

中华人民共和国的成立结束了半殖民地半封建的历史,也开启了教育事业的新篇章。随着文化教育建设工作的推进,如何提高广大妇女的

---

① 中国人民大学法律系民法教研究、资料室. 中华人民共和国婚姻法资料选编(内部编印)[M]. 1982:15.
② 中共中央文献研究室. 建国以来重要文献选编:第1册[M]. 北京:中央文献出版社,1992:212.

第二章　社会主义革命和建设时期的妇女教育

文化水平，将其从旧社会的牢笼中解救出来，成为国家建设的重要力量，成为全党上下关心的议题。为实现这一任务，党和政府颁布了一系列方针、政策，并动员起了社会各界力量。正如《光明日报》社论所言，"革命胜利打垮了封建阶级，摧毁了封建制度，妇女们在政治经济上翻了身，也应当获得享受教育的平等机会"，不过"妇女们由于种种条件的限制，她们要毫无挂虑地参加学习，参加工作，还是相当困难的。因此，怎样帮助妇女们走出家庭的狭小圈子，怎样解决她们学习和就业的困难，政府和社会人士都有责任"①。

新中国成立至改革开放前，妇女教育大体经过了三个时期：一是新中国成立至社会主义三大改造完成的过渡时期。依照"教育向工农开门，为生产建设服务"的工作方针，党和政府一方面有计划有步骤地接管和改造旧有教育机构，另一方面在承继老解放区经验的基础上着手建立新的教育体制。过去单设的各级各类妇女学校被逐步取消，妇女得以在入学条件、师资、授课内容、文凭等方面享有与男子一致的权利。尤其是1954年宪法明确规定了男女享有平等的权利和义务，妇女平等的受教育权在法律意义上得以确认。至1956年社会主义三大改造基本完成时，男女合校制、男女同班制已在各级各类教育中基本普及，妇女平等的受教育权得以落实，这为日后妇女教育的发展奠定了良好的基础。二是1957年至1965年社会主义妇女教育艰辛探索和全面建设时期。这个时期党和政府积极推进妇女教育的发展，通过社会主义、共产主义教育，勤俭建国、勤俭持家教育，科学文化技术教育，培养与社会主义建设相适应的妇女人才。但受错误思想的影响，妇女教育在这个时期经历了艰辛的探索。三是1966年至1978年中国妇女教育的曲折发展时期。由于我党在指导思想上犯了严重的错误，各级各类妇女教育遭到了不同程度的破坏。拨乱反正后，妇女教育逐步得到了恢复与发展。

一、学前及初等教育

新中国成立之初把"有计划有步骤地实行普及教育"列为重要任务

---

① 为实现学制改革，发展人民教育事业而奋斗［N］．光明日报，1951-10-20（3）．

之一①，在党的领导下，各地陆续接管、改造、兴建起了一批幼儿园和小学，扩大了女童接受教育的机会，也把广大妇女从家庭中解放了出来。

（一）幼儿教育

幼儿教育主要招收"三足岁到七足岁的幼儿"，其任务是"根据新民主主义教育方针教养幼儿，使他们的身心在入小学前获得健全的发育"②。

新中国成立初至 1956 年，我国幼儿教育事业蓬勃发展，在党和政府一系列切实有效的改革措施下，办学水平有了显著提高。首先，党和政府在新中国成立以后陆续接管了旧有幼儿教育机构。1950 年，在政务院颁布的《关于处理美国津贴的文化教育救济机关及宗教团体的方针的决定》指导下，各地接管了美国投资兴办的幼稚园、孤儿院、育婴堂、慈幼园 200 多所。1952 年至 1954 年，教育部又陆续将全国私立幼儿园改为公立幼儿园，这为兴办具有新民主主义性质的幼儿教育扫清了障碍。其次，党和政府着手规范幼儿教育办学，以提高幼儿教育办学质量。1951 年 8 月，第一次全国初等教育与师范教育会议在北京召开，会议讨论通过了《幼儿园暂行规程（草案）》，为幼儿园办学设置了标准。1954 年 10 月，教育部举办的"北京、天津两市幼儿园教养员工作经验交流会"，为各省和自治区提供了幼儿教育经验交流的平台，也促进了办学水平的提高。1956 年，这项工作逐渐形成制度并固定下来。同年 11 月，教育部发出《关于组织幼儿教育义务视导员进行视导工作的办法》，要求各地广泛组织有经验的幼儿园园长和教师担任义务视导员，为日后幼儿教育水平的提升和理论研究工作打下了良好基础③。

"大跃进"时期，幼儿教育工作出现了盲目扩大规模的现象。较之 1957 年，1958 年至 1960 年间各地幼儿园数、幼儿数、教师数都呈现出了几十倍迅速增长的趋势，1962 年后幼儿教育秩序基本得到了恢复。

---

① 《中国教育年鉴》编辑部. 中国教育年鉴：1949—1981 [M]. 北京：中国大百科全书出版社，1984：123.
② 顾明远. 教育大辞典 [M]. 增订合编本. 上海：上海教育出版社，1998：1937.
③ 同①116-117.

第二章　社会主义革命和建设时期的妇女教育

十年动乱时期，女童教育受到了极大损失。过往的幼儿教育工作成绩被否定，师范院校学前教育专业被迫停止招生，大多幼儿园被迫停办或撤校，幸存的幼儿园由于缺乏有效领导而质量堪忧，幼儿教育受到了极大破坏。

党对幼儿教育的重视与促进妇女教育和解放紧密相关。一方面，新中国成立以后致力于破除"重男轻女"的封建观念。随着幼儿教育的发展，女童教育也得到了显著进展。另一方面，幼儿园的兴办将母亲从家庭中解放出来，使其有时间参加政治活动、生产劳动和文化教育。为切实达到减轻母亲负担的目的，《幼儿园暂行规程（草案）》特别规定："为便利妇女工作"，要办理"寄宿制幼儿园，供给、照顾幼儿的膳宿"，幼儿园的事业也应"以不放寒、暑假为原则"，同时要兴办"季节性幼儿园（班），以便利在农业、游牧、渔业和蚕业等地区的劳动妇女进行生产"。1956年2月，内务部、教育部、卫生部发出的《关于托儿所、幼儿园几个问题的联合通知》也指出："随着国家经济建设和文化建设的日益发展，今后将有更多的妇女参加生产劳动和社会工作。为了帮助母亲们解决照顾和教育自己的孩子的问题，托儿所和幼儿园必须有相应的增加。"[1] 在党的领导下，全社会各方面的积极力量被调动起来，推动幼儿教育办学形式多样化，逐步解决了广大人民群众，尤其是家庭妇女对幼儿教育的需求。可以说，托儿所、幼儿园的广泛建立加大了女童接受教育的机会，同时也使得妇女从家庭中解放出来，拥有了接受教育的条件。

（二）小学教育

1956年社会主义三大改造完成时，小学教育得到大力发展，男童女童入学平等的原则基本实现。在旧学制之下，广大的工农和他们的子女很少甚至没有可能获得受教育的机会。新学制下的小学采取了五年一贯制，这就保证了城市和乡村一切劳动人民的子女都能够享受完全初等

---

[1] 《中国教育年鉴》编辑部. 中国教育年鉴：1949—1981 [M]. 北京：中国大百科全书出版社，1984：115.

教育的平等机会①。马叙伦在1950年全国教育工作会议上指出，由于广大人民在政治上得到解放，成为国家的主人，农村又进行了土地改革，生活（水平）有了提高，群众迫切要求送子女上学②。为满足广大群众的需求和愿望，中央大力发展小学教育，尤其注重适龄女童的入学问题，要求各类小学都面向女童开放，肃清男尊女卑的封建腐朽观念，真正实现男女受教育权的平等。在各级政府、家庭、学校、社会的多方努力下，女童入学人数稳步增长，到1956年，已有2 231.5万女童接受了小学教育，较1951年增加了近一倍，女学生占调查学生数的比例达到了35.2%③。1957年至1965年，妇女小学教育事业得到了全面建设。

1958年，《中共中央、国务院关于教育工作的指示》要求全国在3至5年时间内，基本完成普及小学的任务，此后小学教育规模急速扩张，女学生数显著增长。1958年的小学在校生数比1957年的增长了34.41%，入学女童增加至3 325.7万人，占小学在学总人数的34.5%，1960年这一占比达到了39.1%。1961年，由于我国处于经济暂时困难期，小学入学人数呈现减少的趋势，女学生也相应地从1960年的3 665.6万人下降为2 082.5万人。中共中央高度重视此次初等教育领域的波动，立即重申普及初等教育的重要性，采取措施恢复小学教育秩序。至1964年，小学在校女学生数已恢复到了1958年的水平，达到3 250.5万，占全部学生的35%。不少女学生将学校所学应用于实践，成为国家建设的重要力量。如1960年高小毕业的女学生张俊棠告别父兄，去了太行山上最艰苦的地方——山西平顺县西沟金星人民公社，帮助公社记工算账、做保健工作，用所学投身于山区建设，被当地百姓称赞为名副其实的"老西沟接班人"④。

"文化大革命"期间，小学教育受到了一定程度的干扰，1966—1970年，女童入学率持续走低。1971年7月6日，周恩来总理在接见

---

① 为实现学制改革，发展人民教育事业而奋斗 [N]. 光明日报，1951-10-20（3）.
② 《中国教育年鉴》编辑部. 中国教育年鉴：1949—1981 [M]. 北京：中国大百科全书出版社，1984：125.
③ 同②1024.
④ 田方. 老西沟新来的接班人 [J]. 中国妇女，1962（2）：6-9.

第二章　社会主义革命和建设时期的妇女教育

全国教育工作会议领导小组成员时指出：要普及小学教育，"这是一个大政"[①]。女童被动员上学，女学生人数逐渐增多，所占比例也逐渐提高，至1975年，已有6 824.3万女童在小学接受教育，占全部学生的比例稳定在45.2%左右[②]。

二、中等教育

中等教育肩负着实施普通中学教育、中等职业技术教育和中等师范教育的多重任务，是国家教育建设的重要环节。新中国成立后，党高度重视妇女的中等教育。初等教育女学生人数的增多，为中等教育提供了更多生源，各类中学向妇女开放，为其接受多样化的中等教育提供了条件。由此，妇女中等教育在新中国成立以后获得了较大的发展，越来越多的妇女通过中等教育走上工作岗位，在社会主义建设中贡献自己的力量，实现了自己的价值和真正的解放。

（一）普通中学教育

普通中学教育在社会主义制度建立和发展时期意义重大。一方面，国家百废待兴，各行业都迫切需要具有中等教育水平的人才补充进国家建设队伍中；另一方面，普通中学教育是保证高等教育质量、培养高级人才的基石。

新中国成立初至1956年的过渡时期，中学阶段的妇女教育快速发展。首先，根据《共同纲领》中关于"加强中等教育"的决定，各级政府以"维持、整顿、改革"为方针，开始有计划、有步骤地对解放区旧有公私立中学进行接管和改造。改变教学组织，抽调优质干部加强中学领导工作，组织学生尽快入学；改革课程，取缔"党义"等反动内容，开设政治课，加强师生的革命政治学习；改编教材，贯彻科学性与爱国主义精神，力求课程内容适合国家建设的需要。其次，党和政府通过设

[①]《中国教育年鉴》编辑部. 中国教育年鉴：1949—1981[M]. 北京：中国大百科全书出版社，1984：123.

[②] 小学女学生各类数据参见：《中国教育年鉴》编辑部. 中国教育年鉴：1949—1981[M]. 北京：中国大百科全书出版社，1984：1024.

妇女教育

置普通中学办学的规定,提高其办学质量。1951年,第一次全国中等教育会议对普通中学的宗旨、教育目标、课程标准、任务和培养目标等进行了规定。1952年的《中学暂行规程(草案)》,为普通中学办学确定了标准,为提高中学教育质量提供了依据。以上举措使得这一时期普通中学教育获得了稳步发展,普通中学的女学生数也实现了平稳增长。1950年,只有34.61万妇女接受了普通中学教育,但经过五年的发展,到1954年,普通中学女学生已达到89.6万人。1955年12月,教育部在普通教育与师范教育计划座谈会上提出初高中争取提前完成第一个五年计划任务的要求,故而1956年的普通中学女学生数较1955年猛增,女学生占比从26.9%提升到了30.8%。

20世纪50年代中期,妇女普通中学教育在调整中得到发展。各地广泛建立普通中学,入学人数迅速增长。如1958年,河南省长葛县建立了第三中学,不少妇女由此获得了接受中学教育的机会,成为有社会主义觉悟的有文化的劳动者。四合公社的刘桂荣、李桂枝曾就读于长葛三中,毕业回乡后,她们"领导社员搞了四十亩棉花试验田",极大促进了家乡的农业生产,"棉花开花结桃时,附近生产队里的社员都来参观学习"[①]。1958年,全国普通中学达到28 931所,比1957年增长了160%,在学女学生达到266.33万人,占全部学生的31.3%。普通中学规模的扩张为更多妇女提供了接受教育的机会,促进了妇女中等教育的发展;但发展速度过快带来了"脱离实际"的问题。新中国成立初至1958年,普通中学学生人数的增速为13.9%,而1958—1960年这3年的增速达到了30.7%,至1960年,女学生数首次突破了300万。1961年进行了调整:"全日制普通中学的发展速度,1961年应当放慢一点,要采取多种形式普及初中,全日制初中不可办得过多。"[②] 故而1961年,普通中学的学生数回落到851.7万,但女学生的占比并未下降,反而从1960年的31.2%提升至32.2%。此后,妇女的普通中学教育获得了稳步发展。

---

① 陈健,李文.一所培养新型劳动者的学校[J].中国妇女,1965(3):39-40.
② 《中国教育年鉴》编辑部.中国教育年鉴:1949—1981[M].北京:中国大百科全书出版社,1984:150.

第二章　社会主义革命和建设时期的妇女教育

十年动乱期间，虽然普通中学在数量上得到了较大的发展，但其教学质量、办学秩序却遭受了严重的破坏。1975年以前，虽有超过千万名妇女接受了中等教育，但因中等教育结构单一，质量不高，远远不能满足社会主义建设的需要。且虽然普通中学在学女学生人数不断增加，但合格率并不高[①]。1975年，教育部部长周荣鑫遵照邓小平副总理的指示精神，着手对普通中学教育开展整顿工作。1976年粉碎江青反革命集团以后，中央对普通中学进行了拨乱反正，对"马振扶公社中学事件"[②]和"北京永乐中学事件"[③]等进行了深刻的批判。至1977年底，普通中学在学女学生达到了2 825.39万人，与1973年的1 136.91万人相比，增加了1倍多。妇女普通中学教育得到了恢复与发展。

（二）中等职业技术教育

妇女主要通过中等职业学校、技工学校和中等专业学校（新中国成立初称为中等技术学校）接受中等职业技术教育。

新中国成立初至1956年的过渡时期，在国家工业化建设的背景下，中等职业技术教育取得了较大发展。其一，党和国家高度重视中等技术人才在国家建设中的作用，促进了中等职业技术教育规模的扩大。新中国成立以后，各地陆续兴办起了各类职业技术学校，不少妇女经由这些学校的培养，成为适应国家建设需要的技术人才。1953年，随着第一个五年计划的推进，各地又陆续建立起了技工学校，"积极贯彻以生产实习教学为主的方针，使培养的学生既有文化技术理论知识，又有实际操作技能，到生产岗位后能较快地独立操作"[④]。这对过渡时期我国顺利完成第一个五年计划起到了促进作用。其二，党和政府通过一系列规章加强了对中等职业技术教育的领导权，推动了中等职业技术教育规范、高质量的发展。1952年，政务院颁布的《关于整顿和发展中等技

---

① 杜学元.中国女子教育通史［M］.贵阳：贵州教育出版社，1995：781.
② 河南省教育局.揭开所谓"马振扶公社中学事件"的真相［J］.人民教育，1977（3）：20-23.
③ 北京市永乐中学党支部.揭开所谓"北京永乐中学事件"的真相［J］.人民教育，1977（3）：24-26.
④ 《中国教育年鉴》编辑部.中国教育年鉴：1949—1981［M］.北京：中国大百科全书出版社，1984：187.

术教育的指示》和教育部颁布的《中等技术学校暂行实施办法》为中等技术教育的办学设立了标准，各类中等技术学校逐步转归有关部门领导。

进入社会主义建设时期之后，中等职业技术教育乃是教育发展的重中之重，经历了规模的迅速扩张与调整。1958年，在"大力举办农业中学、工业中学和手工业中学，把高小毕业生培养成为有社会主义觉悟、有文化、又有一定生产技能的劳动者"的方针指导下，全国各地城乡大批兴办农业中学、职业中学和技术学校，妇女被鼓励从家庭走向学校和社会，中等职业技术教育得到进一步发展。至1958年底，农业中学和其他职业中学的女学生已达到45万人，占全部学生的22.5%。但职业教育的迅速扩张带来了教育质量下降等问题，故而1962年开始对各类职业技术教育学校的规模进行调整和压缩，接受职业技术教育的妇女人数也随之下降。中等专业学校和技工学校规模的压缩引发了中等教育的结构性问题，在"两条腿走路"方针的指导下中等职业技术教育再次逐步发展起来。至1965年底，各类中等职业技术教育学校在校学生达到142.3万人，占在校中学生的52.1%，中等教育结构趋于合理，妇女也由此拥有了接受多样化中等教育的机会。"文化大革命"时期，"两条腿走路"的办学方针受到批判，中等教育结构的单一化问题凸显。大批中等职业学校、技工学校、中等专业学校被迫停办或改为普通中学，带有职业技术教育性质的中学数量锐减。至1976年底，普通中学在校学生多达5 836.6万人，而同期各类职业技术学校在校学生仅占中等教育阶段在校学生的1.16%，妇女大多在普通中学中接受教育。

（三）中等师范教育

中等师范教育担负着培养小学和幼儿园师资的任务，是中等专业教育的重要组成部分。邓颖超高度评价了师范教育，认为"师范教育是件对国家、对人民极其有益的事情，是一项光荣的事业"[1]。

新中国成立以后，中等师范教育稳步发展，为各级各类教育培养了大量的师资。1951年8月，第一次全国师范教育会议召开，会后制定

---

[1] 邓颖超勉励河北师大师生忠于教育事业 [N]. 人民日报，1986-06-14（3）.

第二章 社会主义革命和建设时期的妇女教育

了《师范学校暂行规程（草案）》，规定了中等师范学校的学制、教学计划等基本问题，促进了中等师范教育的规范发展。1956 年，教育部先后制定和颁布了《师范学校规程》《师范学校附属小学条例》《师范学校教育实习办法》，总结了以往的办学经验，积极改进教学，提升质量。至此，我国建立起了一套完整的、符合中等师范教育特点的规章制度，中等师范学校的办学逐渐步入正轨，越来越多的妇女有机会进入中等师范学校进行学习。1951 年，中等师范学校女学生有 57 247 人，至 1956 年，女学生已达到近 8 万人，占全部学生的近 30%[①]。

进入社会主义建设时期之后，中等师范教育在规模、质量上也开始了新的探索。1960 年，中等师范学校的学生数较 1957 年增加了 2.8 倍，女学生从 1957 年的 83 972 人增长至 1960 年的 262 444 人。规模的盲目扩张带来了学校分布不平衡、办学条件差、质量下降等问题。1961 年，在"调整、巩固、充实、提高"方针的指导下，党和政府对师范教育进行了调整，纠正了师范教育中一些"左"的做法，男女平等的受教育权利得到了进一步推进和落实。至 1965 年，中等师范学校的在校人数已稳定在 15 万左右，教学水平基本恢复到 1958 年以前的水平，在校女学生达到 73 593 人，已占全部学生的 48.6%。

十年动乱期间，中等师范教育受到了极大的摧残。1966—1971 年，全国各地师范学校被迫停止招生，大部分师范学校被迫停办。1971 年后，师范教育虽然得到了一定的恢复，但仍远未达到与初等教育相适应的水平。

中等师范教育为国家培养出了大量优秀的师资，许多优秀妇女由此走上了教书育人的道路。据《中国教育年鉴》编辑部统计，1951 年，小学中的女教师仅有 22.4 万人，占全部小学教师的 18.4%，至 1977 年，小学中的女教师已达到 201.5 万人[②]，成为小学教师队伍中的重要力量。她们是妇女教育发展的受益者，同时，也是妇女教育发展的积极推动者。1963 年 8 月，李珍珠奔赴山高路险、风多雾大的浙江省平阳

---

① 中华全国妇女联合会妇女研究所，陕西省妇女联合会研究室. 中国妇女统计资料：1949—1989 [M]. 北京：中国统计出版社，1991：136.

② 《中国教育年鉴》编辑部. 中国教育年鉴：1949—1981 [M]. 北京：中国大百科全书出版社，1984：1024.

县水亭公社斗雾大队,决心把文化知识带给山里的孩子,她在那里办起了第一所小学。"为了帮助贫下中农在文化上翻身",她为孩子开设了午班,对那些不能读午班的孩子则采取上门教学的办法,"决心在山区里做一名传播文化的尖兵"[①]。1965 年,武看看毕业后成为山西运城车盘公社中的一名幼儿教师,她自言:"看好孩子,就能腾出好多妇女参加劳动,这不就是为人民服务,不就是干革命嘛!"在认识到"教好幼儿是关系到培养和造就无产阶级革命事业接班人的一项重要战略任务"之后,她"高高兴兴地当了幼儿教师"[②]。如李珍珠和武看看一样,一大批优秀妇女在接受了中等师范教育后,奔赴全国各地,成为学前及初等教育教师队伍中的中坚力量。

三、高等教育

在党的领导下,新中国成立初至 1956 年是我国妇女高等教育取得较大发展的阶段。全日制高等教育以"接管、恢复、整顿"为主题,一方面,对旧有高等学校进行了接管和改革;另一方面,在继承根据地、解放区办学传统,学习苏联经验的基础上创办了一些新型正规大学,如中国人民大学、哈尔滨工业大学等,并确立了党和政府对大学的全面领导。1952 年下半年,教育部根据"以培养工业建设人才和师资为重点,发展专门学院,整顿和加强综合性大学"的方针,进行了大规模院系调整,明确了各类院校的性质和任务,高等教育得以更有效地适应新中国政治、经济的发展和建设需要。为促进男女享受平等的接受高等教育的权利,单独设立的女子高校逐渐被取消,各级各类高校纷纷向妇女开放,女生人数和占比都大幅提升。1949 年,高等教育中女学生仅有 23 157 人,占学生总数的 19.77%。但随着妇女教育的发展,至 1977 年,接受高等教育的妇女不仅人数有了显著提升,达到 181 623,占学生总数的比例也提升到了 29.04%。

普通本科和专科的协同发展促进了妇女人才发展路径的多样化,越

---

① 卓志. 热心山区办学的李珍珠 [J]. 中国妇女,1965 (10):24-25.
② 武看看. 用毛泽东思想办好幼儿班 [J]. 中国妇女,1966 (13):26-28.

第二章　社会主义革命和建设时期的妇女教育

来越多的妇女经由高等教育提升了觉悟，在各自的岗位上大放光彩，也为国家的建设贡献力量。比如，著名表演艺术家李婉芬在大学里虽然穿着"跟大箩筐似的"深灰色的粗布军装，住着旧亭子改的宿舍，睡着只铺着稻草的地铺，但一点儿也没觉得艰苦，只是感到新鲜和愉快。学校的教育不仅培养了其坚韧的品格，也提升了她的革命觉悟。在学校组织观看《白毛女》后，李婉芬生平第一次知道了什么叫人压迫人、人剥削人。在学校的培育下，"她从一个小资产阶级知识分子成长为一名无产阶级革命文艺战士"。毕业后她被分配到了华北大学文工团做演员，塑造了《骆驼祥子》中的虎妞、《咸亨酒店》中的五婶、《王昭君》中的姜夫人等一系列性格各异、鲜活逼真的人物形象，实现了自己的人生价值[1]。又比如茅盾文学奖得主张洁，1956 年考入中国人民大学计划统计系，1979 年加入中国作协。她以笔为刃，针砭时弊。作为政协委员参政议政时，每年"两会"时她都会提交很多提案，以实际行动彰显了女性力量[2]。

进入社会主义建设时期以后，高等教育在质量与规模之间摸索和调整了发展道路。1958 年 9 月发布的《中共中央、国务院关于教育工作的指示》提出了"争取在 15 年左右的时间内，基本上做到使全国青年和成年，凡是有条件和自愿的，都可以受到高等教育"的目标，由此掀起了各地大办高等教育的热潮[3]。高校女学生人数进一步增加，越来越多的妇女拥有了进入大学学习的机会。旧社会里的李兆珍是一个大字不识的缝纫工，新中国成立后，经过干部文化补习学校、工农速成中学的学习，于 1958 年成为天津大学的一名学生。"光有一股建设社会主义祖国的热情还不够，必须学会建设本领，才能出色的工作"，本着这样的想法，李兆珍在天津大学期间刻苦努力，毕业后，成为天津电子仪器厂的骨干，主持了多项精密电子仪器的设计工作，成为新中国的一名精密

---

[1] 中国人民大学校报编辑部. 人民共和国的建设者：中国人民大学校友专访录 [M]. 北京：中国人民大学出版社，2019：480-481.

[2] 同[1]155.

[3] 《中国教育年鉴》编辑部. 中国教育年鉴：1949—1981 [M]. 北京：中国大百科全书出版社，1984：234.

电子仪器设计师①。1961年，在"调整、巩固、充实、提高"的方针指导下，各级政府一方面总结过去经验，颁布"高校六十条"以期提高高等教育的办学质量；另一方面对高等教育事业进行了全面的调整和压缩。因此妇女教育规模相应地有所缩减。1962年，高等教育学生人数下降到80多万，比上一年减少了10多万，但女学生占比并没有降低，仍占总学生数的25%左右。

"文化大革命"十年，高等教育受到了极大的摧残，妇女入学人数也明显减少，1973年，接受高等教育的妇女仅有96 500人，与1965年相比减少了8万多人，不过高等教育中女学生所占比例反而上升到了30.77%。粉碎"四人帮"后，我国高等教育重新进入了发展时期。1977年恢复全国高等学校统一招生考试制度，调动了学生的积极性，被破坏的高等院校陆续得到重建，妇女高等教育也得以快速恢复和发展。以武汉大学为例。一方面妇女入学人数明显回升，1950年武汉大学共有学生2 455名，其中女学生仅有371名，占全部学生的15.11%，"文化大革命"结束后，1977年，武汉大学在校女学生达到了1 085名，占全部学生的34.78%②。另一方面，越来越多品学兼优的妇女在校担任了学生干部的工作，1950年，学生干部有665人，其中妇女干部占总数的25.57%，到1977年，妇女干部达到了351人，占全部干部的40.62%③。由此可见，不论从质量还是数量来看，妇女高等教育都有了较大发展。

新中国成立以后，妇女也开始逐步接受研究生教育。自20世纪50年代起，我国便初步建立起了研究生招生制度，但招生人数不多。至1965年，全国已有518名妇女接受了研究生教育，占研究生总数的11.4%④。1966年到1977年，受"文化大革命"的影响，研究生教育中断了有12年之久。1977年10月12日，国务院批转了教育部《关于高等学校招收研究生的意见》，指出高等学校，特别是重点高等学校，

---

① 钟辛. 女童工当了设计师[J]. 中国妇女，1965(11)：20-21.
② 韦钰. 中国妇女教育[M]. 杭州：浙江教育出版社，1995：98.
③ 同②100-101.
④ 中华全国妇女联合会妇女研究所，陕西省妇女联合会研究室. 中国妇女统计资料：1949—1989[M]. 北京：中国统计出版社，1991：171.

第二章　社会主义革命和建设时期的妇女教育

凡是教师条件和科学研究基础比较好的，应从1977年起，在办好本科的同时，积极招收研究生[①]。研究生教育由此重新焕发了生机，进入恢复期。1978年，入学女研究生已达到828人。但此时学位制度尚没有建立起来，研究生毕业后仅获得研究生毕业证书。

四、成人教育

新中国成立以来，党在关注妇女学校教育规模和质量的同时，也十分重视妇女的成人教育。在国家建设的过程中，社会各界逐步意识到，妇女可以成为经济文化建设的重要力量。在动员和组织妇女参加生产的过程中，必须同时注意开展妇女教育，启发妇女的思想觉悟，增加她们的生产知识，帮助妇女解除封建传统习俗的束缚，由此才能逐渐提高妇女的地位。城乡扫盲运动的广泛开展，工农业余教育和干部教育的发展，高等函授教育、夜大学、广播电视大学的创办，使得千万妇女获得了接受教育的机会。

（一）扫盲教育

扫除文盲是我国文化史上的一个大革命，也是社会主义建设中的一项极为重大的政治任务[②]。新中国成立以后，全国5.5亿人口中有80%以上的文盲，农村高达95%。在妇女群体中，文盲率达90%以上，其中农村妇女文盲率为95%，有的地区甚至为100%[③]。党领导全国人民展开了大规模扫盲运动。

妇女扫盲运动开展之初，各地普遍面临着招生难、留生难的问题，激发妇女接受教育的愿望，动员妇女主动参与学习迫在眉睫。新中国成立初，"成人妇女不知受教育重要，各级学校民众教育班招生殊感困难，而留生更难，致使各地办理民教（民众教育班）成绩与预期目标相差尚

---

① 《中国教育年鉴》编辑部．中国教育年鉴：1949—1981[M]．北京：中国大百科全书出版社，1984：629．
② 同①577．
③ 罗琼．当代中国妇女[M]．北京：当代中国出版社，1994：222．

远，惟推行民教扫除文盲，厥为当务之急"[①]。针对此情况，1950年至1960年，在"开展识字教育，逐步减少文盲"的方针指导下，我国集中开展了扫盲运动的动员工作。在各种动员力量中，妇联主任、妇女干部发挥了决定性作用。如北京市妇联、各区妇女工作组与文教科积极配合，在市教育局统一领导下，举办成人夜校和妇女识字班，参加的有9 000人（女工除外）[②]。朝鲜族妇女黄顺玉在旧社会没有念过一天书，新中国成立后上了一年夜校，在劳动间隙抓紧时间读书读报，不仅摘掉了文盲的帽子，作为吉林省延吉县东盛人民公社第十生产队的妇女队长，还带动村里的青年和老人学习知识，提升政治觉悟，成为家喻户晓的山沟里的"女秀才"[③]。此次集中动员不仅激发了中青年妇女学习的愿望，连老年妇女也积极参加识字班。如江西省铜鼓县窑辅村的罗福秀，虽已年过花甲，但仍带领全家参加冬学，她说："我年纪虽老，但脑筋不老，在旧社会里穷人莫想读书，女人想读书更是做梦，现在新社会里，男女老少都有书读，当然要努力学习。"[④] 编写教材是扫盲工作的重要部分，也是动员妇女参加扫盲学习的切入点。教材只有切合民众们的需要，随地而异，从他们的生活需要上去找补充教材，才能加强他们的学习兴趣[⑤]。为此，《新中国妇女》杂志试编了工农妇女常识读本，文化水平以初级小学中的中等文化水平为主，主要面向城市女工。一些城市识字班自编教材，照顾了家庭妇女群体，如北京师范大学的妇女识字班以使学生学习文化、提高她们的政治认识、增加生活常识为目的编写教材。

妇女被动员后，扫盲运动在全国城乡迅速展开。在农村通过识字小组、冬学、民校、读报组、识字班等多种形式展开识字教育。在城市中的识字运动则主要以识字班、夜校、职工业余学校、文化补习学校等形式展开[⑥]。此一时期，扫盲工作一方面承继解放区的有益经验，继续发

[①] 研究报告特辑：成人班妇女班应如何留生 [J]．慈溪教育，1949（8）：13．
[②] 一年来的北京妇女工作 [N]．人民日报，1950-01-31（3）．
[③] 本刊记者．山沟里的女秀才 [J]．中国妇女，1964（3）：6-10．
[④] 湖南省妇联妇女干部学校，湖南省委党校妇女理论教研室．妇女学概论 [M]．长春：北方妇女儿童出版社，1987：218．
[⑤] 同①．
[⑥] 全国妇联妇女研究所．当代中国妇女运动简史：1949—2000 [M]．北京：中国妇女出版社，2017：49．

第二章 社会主义革命和建设时期的妇女教育

挥冬学在普及文化方面的作用，在学习方法上采取灵活多样的形式，如"十字先生、白字先生、选拔女群众教师"，实行"即知即传"等；另一方面，在党的领导下积极探索有效推进扫盲教育的新方式，大量城乡妇女中的文盲、半文盲通过识字学校和识字班（组）接受了扫盲教育。1952年，教育部发出《关于各地开展速成识字法的教学实验工作的通知》，扫盲教育迎来高潮，至1953年，已有700多万工民群众参加了速成识字班的学习[①]。针对白天需要劳作、无法接受教育的妇女，各地则通过夜校（亦称夜学校、夜学），利用夜晚业余时间对其进行扫盲教育。

通过冬学、夜学和识字班，许多妇女接受了文化普及教育，扫盲运动效果显著。在刘少奇"要以极大努力逐步扫除文盲"的倡导下，扫盲工作稳步推进。1956年，全国已有890万人摆脱了文盲状态，其中妇女约占半数[②]。1957年，黑龙江省泰来县丰田村于10月全面完成了扫除文盲的工作，接着又开展了"读百本书，写万个字，天天读报"活动。到1958年底，该村妇女平均每人读了109本书，写了2万多字，写诗歌1 320首[③]。截至1958年，中国有1 600万妇女摘掉了文盲的帽子[④]。1959年5月24日，《中共中央、国务院关于在农村中继续扫除文盲和巩固发展业余教育的通知》重申了扫除文盲的重要性，扫盲运动又一次迎来了高潮，到1959年，青壮年文盲已基本被扫除，青壮年妇女几乎都入了学[⑤]。20世纪60年代，扫盲运动落入低潮，但仍有不少妇女自发地组织起识字小组，进行互助学习。如许多妇女耕山队"白天耕山，晚上学习"，队里的"女秀才"游爱珠感慨："姐妹们的学习劲头大，进步也快。许多人原来都没有进过学校，一个字也不认识，现在学到了不少字，而且在工作中用上了。"[⑥] 扫盲教育直接提高了新中国劳动者的文化素质，千万妇女由此获得了文化知识，极大补充了新中国建设的人才队伍。

---

① 《中国教育年鉴》编辑部. 中国教育年鉴：1949—1981 [M]. 北京：中国大百科全书出版社，1984：577-578.
② 安树芬，耿淑珍. 中国妇女教育资料选编 [M]. 北京：中国妇女出版社，1995：29.
③ 高勇军. 破除迷信大学文化理论 [J]. 中国妇女，1959（1）：16-17.
④ 顾宁. 建国以来女性教育的成果、问题及对策 [J]. 当代中国史研究，2005（6）：56.
⑤ 同③.
⑥ 游爱珠. 白天耕山晚上学习 [J]. 中国妇女，1965（4）：14.

（二）干部教育

妇女干部是中国共产党领导中国人民革命和建设社会主义的宝贵人才资源。"有着坚定的革命信念，经过长期革命锻炼的工农女干部，她们是建设新中国的一部分骨干，只要能够努力学习，她们将来对革命的贡献是无限量的。"[1]

自新中国成立初，党便极度重视妇女干部教育，时人将培养妇女干部看作妇女解放事业的先决条件之一[2]。邓颖超在《关于城市妇女工作的几个问题的报告》中指出："目前需要有计划、有系统地进行对妇女工作干部的文化的、政治的、业务的教育，特别是训练基层妇女工作干部。为此，各地妇联应在可能条件下举办各种训练班，就地培养县以下的妇女工作干部，县以上的干部由省、大行政区及全国妇联分别训练。"[3] 1952年，《关于当前妇女工作问题的报告》提出要"加强培养干部与提高干部的质量"。1954年7月，《关于当前农村妇女工作的指示》提出应"有意识地培养和提拔优秀的妇女干部参加到党、政及其所属的各种领导岗位上去"[4]。1956年，中共中央妇女工作委员会第一书记蔡畅在第八次全国代表大会上重申要"积极培养和提拔更多更好的女干部"[5]。可以说，对妇女教育干部的重视贯穿了新中国成立以后的整个过渡时期。

新中国成立之初，妇女干部普遍存在着"文化低、基础差、孩子多、家务重"的特点，为提升妇女干部的文化水平和政治觉悟，各地通过工农速成初等学校（干部文化补习学校）和干部业余文化学校，对其进行教育。如1952年，北京市东城区妇联组织13名文化程度在初中以下的妇女干部进入业余文化学校学习，随后妇联干部队伍的文化水平、业务能力都获得了显著提高[6]。1954年，各地相继关闭了工农速成初等学校，开办了以培养区级以上工农老干部为主的干部离职文化补习学校。

---

[1] 新华社. 学会本领做好工作 [J]. 新中国妇女，1950（9）.
[2] 孙杰明. 邓颖超女子教育思想述评 [J]. 山东女子学院学报，2011（3）：75-77.
[3] 杜学元. 中国女子教育通史 [M]. 贵阳：贵州教育出版社，1995：753.
[4] 同③753-754.
[5] 《中国教育年鉴》编辑部. 中国教育年鉴：1949—1981 [M]. 北京：中国大百科全书出版社，1984：582.
[6] 北京市东城区妇联. 我们是怎样坚持学习的 [J]. 中国妇女，1962（3）：7-9.

1956年，教育部在北京召开的第二次全国干部文化教育工作会议提出"干部文化教育应当采取速成的、联系实际的，但又是正规的教学方针"[①]。此后，组织在职干部利用业余时间接受正规文化教育的学校广泛开设。到1956年下半年，全国绝大部分县以上的机关团体都办起了干部业余文化学校。

这一时期，为更好地落实妇女干部教育，培养、组织和输送优秀妇女干部参与经济建设和国家管理，开设了一批妇女干部学校。如1949年2月，中国人民解放军第二野战军女子大学在中原区成立，共有妇女干部、学员、工作人员近4 000人。学员入学后，按其文化程度被分别编入小学、高小、初中各班进行学习，目的在于提高干部家属的文化水平、政治认识和工作能力，培养优秀的妇女干部和妇女工作人员。又如1949年5月，邓颖超、蔡畅和康克清等人把原河北省立北平女子职业学校改建为新中国妇女职业学校，开设商科、缝艺科、乡村师范预备班等；次年10月，又将其改建为中华全国妇联妇女干部学校，开办妇联专职干部培训班、保育人员训练班和司法人员训练班等，共培训了400～700名学员[②]。妇女干部教育为新中国培养出了一大批在社会主义建设中发挥重要作用的妇女干部。至1956年社会主义三大改造基本完成时，约有50万妇女担任女社长或副社长，妇女在农业生产合作社里参加领导工作的占70%～80%[③]。但1957年后，由于政治运动接连不断，干部文化教育逐渐处于停顿状态。直至1965年，中共中央提出要"锻炼提高妇女干部，发现和培养一批妇女干部"[④]，妇女干部的培养工作才再次被提上日程。

（三）工农教育

工农教育的主要对象是成年工人和农民。在改革开放前的30年，我国主要通过工农业余学校、工农速成中学、半工半读学校开展妇女工

---

① 《中国教育年鉴》编辑部. 中国教育年鉴：1949—1981 [M]. 北京：中国大百科全书出版社，1984：583.
② 孙杰明. 邓颖超女子教育思想述评 [J]. 山东女子学院学报，2011 (3)：75-77.
③ 杜学元. 中国女子教育通史 [M]. 贵阳：贵州教育出版社，1995：754.
④ 全国妇联妇女研究所. 当代中国妇女运动简史：1949—2000 [M]. 北京：中国妇女出版社，2017：106.

妇女教育

农教育。1951年2月，教育部发出《关于冬学转为常年农民业余学校的指示》，此后，妇女的农民业余教育得到较大规模发展，基本实现了有效地为农业社会主义改造和发展农业生产服务的目标。同时，为迅速提高工农文化水平以适应建设需要，各地纷纷开设工农速成中学，面向妇女招生，在工农群众中培养出了一批优秀的妇女知识分子，郝建秀就是其中一员。1954年，青岛国棉六厂工人郝建秀来到中国人民大学工农速成中学学习，经过四年紧张辛苦的学习，于1958年顺利毕业，并考上了华东纺织工学院。1962年，大学毕业后，她回到了青岛国棉六厂做技术员，成为国家建设的中坚力量[①]。1958年，在"两条腿走路"方针指引下，为充分满足工农接受教育的需求，天津市国棉一厂办起了国内第一所半工半读学校，随后各地相继效仿。我们要贯彻"教育为无产阶级政治服务，教育与生产劳动相结合"的方针，办半工半读、半农半读的新型学校，培养出既能进行体力劳动又有文化技术的全面发展的人才[②]。至1965年，全国半工半读学员已达到80多万人，其中也包括大量工农妇女学员[③]。

"培养技术力量"是工农教育的重要任务，妇女群体无疑是技术队伍的强大后备军。1958年，全国妇联书记处书记曹冠群指出，当前妇女工作的任务是"普遍号召并发动妇女学习技术"，争取在短时期内，使得参加工厂生产和农业劳动的妇女都能普遍学会生产所需的全套技术知识[④]。邓颖超也大力提倡妇女"学习当地需要而又适合妇女的技术"，并认为广大妇女只有对社会尽到自己的一份力量，她们才能对自我肯定，进而达到男女平等的目的，实现真正的妇女解放[⑤]。1959年，红光公社基本实现了机械化与半机械化，现实建设的需要激发了妇女们学习文化技术的热情。到1960年上半年，已有600名妇女接受了文化技术教育，其中51名妇女成为拖拉机手，女子拖拉机队成立起来；有61名

[①] 中国人民大学校报编辑部.人民共和国的建设者：中国人民大学校友专访录[M].北京：中国人民大学出版社，2019：94-97.
[②] 周恩来总理的政府工作报告[J].中国妇女，1965（1）：1-14.
[③] 《中国教育年鉴》编辑部.中国教育年鉴：1949—1981[M].北京：中国大百科全书出版社，1984：586.
[④] 安树芬，耿淑珍.中国妇女教育资料选编[M].北京：中国妇女出版社，1995：30.
[⑤] 孙杰明.邓颖超女子教育思想述评[J].山东女子学院学报，2011（3）：75-77.

第二章　社会主义革命和建设时期的妇女教育

妇女学会了制造化肥、农药和机械除虫技术，推动了当地的生产建设和现代化进程①。"文化大革命"期间，工农教育的质量受到严重冲击，原有教育形式大多停办，妇女工农教育也受到波及。

（四）业余高等教育

新中国成立以后，党和政府通过夜大学、函授大学、广播电视大学等形式，吸纳妇女在工作、劳动之余进行教育和学习，培养了大批妇女人才。如北京市东城区妇联主任龚培春于1954年参加了中国人民大学夜校理论班，学习了政治经济学等马列主义基本课程，提高了文化水平和业务能力②。又如张韧在高中毕业后，到安徽肥西袁店落户当农民，在农业劳动之余参加了安徽师范学院中文系的函授学校学习。修水利、量土方、办民校，张韧边学边干，理论联系实际，在农村的广阔天地里不断成长③。如龚培春和张韧一样，许多妇女在生产劳动之余，通过夜大学、函授教育等形式接受了高等教育，成为"既有文化，又会劳动的新型劳动者"④，成为国家建设不可忽视的力量。

第三节　家庭教育及社会教育

在学校教育之外，家庭教育与社会教育也是中国共产党妇女教育的重要途径。新中国成立以后，在中国共产党的领导下，我国的妇女组织广泛地团结各界妇女，在推动妇女彻底解放、推进新民主主义的家庭教育和社会教育转向社会主义的家庭教育和社会教育的进程中起到了关键作用。全国妇联及各地妇联组织展开家庭教育宣传、妇女宣传教育，表彰典型、学习先进，建设"五好"家庭等工作；妇联的团体会员及其他妇女组织主动响应党的号召，配合全国妇联组织，积极地开展各种文化

---

① 王召. 人民公社的道路是妇女彻底解放的道路 [J]. 中国妇女，1960（7）：20-21.
② 北京市东城区妇联. 我们是怎样坚持学习的 [J]. 中国妇女，1962（3）：7-9.
③ 张韧. 我的路走对了 [J]. 中国妇女，1964（6）：6-7.
④ 加强劳动教育培育一代新人 [J]. 中国妇女，1964（6）：2.

教育和生产活动，为推动我国妇女儿童的社会福利事业做出了积极贡献。

一、家庭教育

新中国成立初期，我国女童的入学率只有15%左右，到1986年《中华人民共和国义务教育法》颁布时，女童的入学率达到93.6%[①]。新中国成立以后，各级妇女联合会一直把帮助妇女教育好子女作为一项重大任务，家庭教育日益受到重视。1951—1956年，全国妇联召开三次妇女儿童福利工作会议，多次提议家庭教育问题，要求各级妇联向家长宣传科学教养知识。1957年，在全国妇女第三次代表大会上，章蕴指出父母有责任把子女培养成"有社会主义觉悟的、有文化的、身体健康的社会主义劳动者"[②]。妇女社会教育形式多种多样，党通过适合妇女社会角色、满足妇女工作需要的社会教育形式，涵盖报纸杂志等宣传、先进典型表彰、"五好"家庭评选等方式，解决妇女生活、工作问题，促进妇女解放、进步和发展。

这一时期，通过报纸、杂志宣传社会主义的家庭教育应有的形式和妇女、父母在家庭教育中发挥的关键作用成为一种重要手段。如《中国妇女》杂志的《朴福姬教育孩子好》《不应把教育孩子的责任推给学校》对家庭教育事例的宣传。《朴福姬教育孩子好》宣传了朴福姬用无产阶级的观点教育子女而被评为广州部队"五好"家属标兵的事例，她主要是通过以小见大的方式教育孩子。如通过自己穿补丁的衣服来教导孩子勤俭节约是光荣的；对于孩子胆怯不敢看战争片，用赞美解放军的勇敢和无畏精神来培养孩子敢于斗争的品质；同时，朴福姬帮助解放军洗衣服、帮助陌生人解决困难的行动，为孩子树立为人民服务的榜样[③]。另外，通过宣传强调父母的责任来强调教育不只是学校和教师的责任。《不应把教育孩子的责任推给学校》中的张凤梅没有意识到家庭教育和

---

① 中国女童教育事业的发展[N]. 中国教育报，2005-11-30.
② 罗琼. 当代中国妇女[M]. 北京：当代中国出版社，2020：410-412.
③ 零分政. 朴福姬教育孩子好[J]. 中国妇女，1964（12）：30.

第二章　社会主义革命和建设时期的妇女教育

父母责任的重要性，以自己不是教育学专业为由，一味把责任推给学校和老师，这个例子引发了"既要养身，又要养新"的讨论，告知家长应该承担家长的责任并掌握好教育孩子的方法[①]。

二、社会教育

（一）妇女宣传教育

运用各种宣传手段及形式，推动全国妇女宣传教育。1951年7月，全国妇联召开第一次宣传教育工作会议，会议由邓颖超主持，会上通过了关于妇女宣传教育工作的决议。决议表明了要推动各方并运用各种宣传工具向全体妇女宣传妇女问题和向妇女宣传社会各方面的问题，内容包括一般的政治教育、妇女教育、文化教育和技术教育。在宣传教育方法上，从20世纪50年代开始，各级妇联从决议提倡的方法出发，强调要深入基层、深入群众，挨家挨户、脚踏实地地进行思想教育，并对妇女进行必要的加工补课。这一时期各种业余学校、夜校、培训班等，为妇女学文化、学政治、学技术创造了较好的学习环境。运用报纸、刊物向妇女展开社会宣传是一种重要的工作推广形式，也是妇女运动宣传教育的阵地。1949年7月20日，全国妇联成立后不久，创办了其机关刊物《新中国妇女》杂志，这是一本将政治思想、妇女特性、知识性融为一体的综合性妇女月刊，针对的读者对象是中等以上文化程度的妇女干部和妇女群众。1956年1月，该杂志改名为《中国妇女》，以宣传中共中央关于妇女工作的方针政策，展开妇女学术研究，反映、报道和维护妇女儿童及其权益，帮助妇女解决其生活问题，辅助妇女学习法律、科技、卫生、妇幼保健等知识为主业。《中国妇女》的发行及各个地方妇女杂志的相继创刊，推动了全国妇女的宣传教育工作。

（二）表彰典型，学习先进

在社会主义建设时期，妇女群众中涌现了许多先进典型和劳动模

---

① 文华. 不应把教育孩子的责任推给学校［J］. 中国妇女，1964（1）：29.

范。表彰先进人物，不仅是激励妇女积极投身社会主义建设的重要方法，还是向妇女进行政治思想教育的内容之一。表彰包括了集体和个别、综合性的和行业性的、妇联单独表彰和部门联合表彰三种形式。20世纪50年代初，各级妇联总结了辽宁省厂矿职工中"五好"活动的经验并将其推广。1958年12月，在全国妇女建设社会主义积极分子代表大会上，全国妇联第一次表彰了2 502名妇女建设社会主义的积极分子。1960年3月5日，全国妇联、全国总工会、共青团中央等10个单位在中央人民广播电视台联合举行了"庆功表彰迎'三八'，高举红旗齐跃进"广播大会，大会对在社会主义建设各条战线上做出卓越贡献的6 305名先进妇女和以妇女为主体的3 697个先进集体，分别颁发了"三八"红旗手、"三八"红旗集体的奖状和奖旗。各级妇联在历次表彰先进人物后，都通过各种形式开展群众性的学先进、赶先进活动[①]。

（三）"五好"家庭，服务生产

20世纪50—60年代，以妇联组织为主展开的家庭建设"五好"活动，主要在城市家庭里，同时也在军队、民兵、工人、教师等群体中展开。其中，城市的家庭妇女不仅包括职工家属，还包括工商业者家属和手工业者家属[②]。"五好"家庭，服务生产，主要通过以下形式和目的展开：

单位组织促进建设"五好"家庭。这一时期，单位组织构成了中国城市社区的基本结构，为该活动进入城市家庭内部提供了重要社会背景。辽宁省沈阳市七二四工厂职工家属工作委员会高凤琴小组是这一活动开展初期的典型，该小组明确了开展家属工作为生产服务的观点，提出家庭生活应保证职工休息好、生活计划好、卫生好、家庭和睦，及邻里团结好等多方面内容[③]。在七二四工厂经验的基础上，"五好"活动很快就被推广至原松江省及黑龙江省等地，南方也按照该模式开展活

---

① 罗琼. 当代中国妇女[M]. 北京：当代中国出版社，2020：436-464.
② 张李玺. 家庭政策与妇女发展[M]. 北京：中国社会科学出版社，2016：7.
③ 中华全国总工会女工部. 高凤琴模范职工家属小组[N]. 人民日报，1953-05-08（3）.

第二章　社会主义革命和建设时期的妇女教育

动。1954年，武汉地区以街道、居委会等单位组织为依托，在相对分散的职工家庭和家庭妇女中开展活动，1956年，武汉市出现了将近8万个新型的职工家庭，武汉市对职工家属进行了"日子计划好，鼓励职工生产好，团结互助好，卫生好，学习和教育子女好"的"五好"宣传活动。通过这些活动和教育，职工家庭都能保持勤俭的习惯，家庭里充满民主、互助和友爱的气氛[①]。在南北方获得比较好的效果后，"五好"活动进而逐步在全国得到推广，从职工家属推广到了所有的城市妇女。

"五好"家庭基于集体主义道德规范，围绕生产贯彻实施。"家庭邻里团结互助好，家庭生活安排好，教育子女好，鼓励亲人生产、工作、学习好，自己学习好"[②]成为标准。1957年，在中国妇女第三次全国代表大会上，"勤俭建国、勤俭持家，为社会主义而奋斗"的方针得以确立，"两勤"与"五好"实现了结合，但实质上仍是以生产为中心的体现。"五好"评选标准改为"勤俭持家好，团结互助好，教养子女好，清洁卫生好，努力学习好"。1957年6月，职工家属代表会议通过了"给全国职工家属的一封信"，号召全国职工家属提高觉悟、加强团结、贯彻"五好"、为社会主义建设服务[③]。"五好"除了宣传改造外，还进行了"五好"积极分子评选活动。"五好"活动评选出的模范折射出这一时期国家对妇女的期待和具体要求。受表彰的"五好"积极分子都是勤俭持家、操守家务能手，是在家务劳动中进行发明创造、厉行节约的。"五好"活动最重要的目的是服务生产，其亲人在生产过程中的优秀表现是家庭妇女的劳动能否获得表彰的重要考量因素。

---

① 妇联组织深入职工家属中开展"五好"运动 武汉出现近八万个新家庭[N]. 人民日报，1956-11-18（4）.

② 1956年2月，全国妇联与总工会、团中央等13个单位发出倡议，动员所有的职工家属、手工业者家属、工商业者家属以及其他家庭妇女进一步提高社会主义觉悟，努力争取做到"五好"。参见：中国妇女管理干部学院. 中国妇女运动文献资料汇编：第2册[M]. 北京：中国妇女出版社，1988：238.

③ 家务劳动是光荣的劳动 职工家属代表会议号召加强团结贯彻"五好"[N]. 人民日报，1957-06-13（1）.

(四）妇联的团体会员及其他妇女组织开展的社会教育

除妇联组织外，妇联的团体会员及其他妇女组织根据各自的特点，也在妇女群众中开展了社会教育工作。这些组织包括中国妇女联谊会，女青年会，中华妇女节制会，工会女职工组织，民主党派中的妇女组织，党政机关、教科文卫系统中的妇女工作委员会，各种妇女联谊会等。各妇女组织开展的社会教育活动如下：（1）中国妇女联谊会。新中国成立后，该组织开办了儿童福利事业。在1958年前后，中国妇女联谊会的大多数领导人和会员参加了各级妇女联合会和其他方面的工作，中国妇女联谊会的组织便自动停止了工作。（2）女青年会。各地女青年会举办了妇女识字班、缝纫、会计、打字学习班、托儿所等。对家庭妇女实施各种文化教育与服务。1956年，该组织还积极地参与了扫盲工作，对社会青年中的文盲、半文盲，特别是街道青年、家庭妇女、劳动妇女、摊贩、三轮车工人，以及基督教中的文盲等开展广泛的扫盲工作。（3）工会女职工组织。1950年，第一次全国女工工作会议提出的女工工作任务是：动员与组织女工群众积极参加生产竞赛，提高女工生产技能，帮助女工大胆提出自己在生产上的经验和合理化建议，培养和教育女工学习管理企业，男女职工团结一起为完成恢复和发展新中国经济建设而奋斗。各级妇联在历次表彰"三八"红旗手、"三八"红旗集团和"五好"家庭活动中，都规定了必须有一定数量的女职工和职工家属。（4）中国民主促进会妇女工作委员会，其成员大部分是文化、教育界的爱国人士。该组织在社会教育上表现为交流、宣传先进人物事迹及妇女工作经验，发挥女会员在社会上办学的优势，为提高人民的文化教育水平办实事。除以上举例说明的以外，妇联的团体会员及其他妇女组织，在开展社会性的教育文化工作方面均有不同的成就和贡献，积极地响应党的号召，在全国妇联的具体领导下主动推进我国妇女工作进入新阶段。

这一时期的家庭教育和社会教育是在中国无产阶级政党集体主义的指导思想下进行的，家庭教育和社会教育深刻地体现了个人与集体之间的关系。妇女的家庭教育和社会教育必须符合国家的政策要求，在集体主义指导下，妇女的家庭教育和社会教育指明了个人发展的政治性标准和道德性要求，快速凝聚了发展中的妇女力量，夯实了新中国的社会制度[①]。新中国成立后，中国共产党大力弘扬集体主义价值观不仅在于它的社会主义本色，还在于这种价值观适应了经济社会发展形势，成为巩固社会主义制度、快速凝聚建设力量、解决个体和集体关系的重要思想理论基础。

第四节　本时期妇女教育的主要成绩

新中国成立后，在中国共产党的领导下，中国妇女教育取得了巨大的成绩。妇女得以有机会投身新中国的改造和建设工作中，成为推动中国社会发展的强大力量。

一、妇女教育成就

新中国成立以后，中国共产党坚持"教育为无产阶级政治服务""培养有社会主义觉悟的有文化的劳动者"的教育方针，领导中国人民制定了一系列法律、制度、政策，保障妇女的受教育权，女子和男子一样拥有平等的受教育机会，通过符合实际的多样化的教育形式以及数量众多的妇女扫除了文盲。这一时期，教育向工农妇女开门，教育形式符合中国妇女实际情况，广大妇女成长为有社会主义觉悟的有文化的劳动者，取得了举世瞩目的妇女教育成就。

（一）教育向工农妇女开门

教育向工农妇女开门，促进男女平等的社会理想实现。封建社会的广大妇女被剥夺了受教育权，古代对女子的要求是"三从四德"；近代

---

① 崔家新，池忠军. 新中国成立以来集体主义价值观的演进历史与新时代发展[J]. 思想理论教育，2019（11）：59-64.

以来女子教育兴起，但妇女，尤其是下层妇女受教育水平低下；新中国成立之初，妇女的文盲率高达 90% 以上，女学生占学生总数的比例最高时在初等学校仅为 25.5%、中等学校为 20%、高等学校为 17.8%[①]。中国共产党通过扫盲、工农教育等多种办学形式和教育形式，贯彻教育向工农开门的政策，其中，工农妇女受益最大。新中国成立之后，分别对农村和城市的妇女开展了扫盲运动，这一时期的扫盲运动主要针对农村妇女、城市的家庭妇女和女工人开展[②]，提高了工农妇女的受教育水平。妇女的受教育水平有了质的飞跃，1949 年，全国参加冬学的妇女有 500 多万人，到 1965 年，全国累计扫除的文盲有 1 亿多人，妇女占了大部分[③]。扫盲运动向工农妇女进行的同时，教育部提出"向工农开门"的教育方针，各类工农学校接收了很多劳动妇女，高等学校向工农妇女开门，逐步培养了许多工农出身的新型知识分子，她们在进入社会后成为各行各业建设人才，在国家管理、职业工人、军人队伍、教师队伍、文艺工作、妇女儿童权益等工作中都有她们的身影，其中不少人做出了杰出的贡献。

（二）教育形式符合中国妇女实际情况

在推动妇女教育发展方面，中国共产党创造性地运用了多种符合妇女实际情况的教育形式，通过制度化或非制度化的形式，在实践中探索出一条符合中国国情的妇女教育之路。政府采取的一系列有利于妇女教育的政策和措施，都取得了引人注目的成绩。着眼于中国妇女文化水平普遍不高的事实，首先开展了扫盲教育；为了凝聚工农妇女力量，又开展了社会教育；在学校教育方面，大力提升女童入学率，提高妇女教育水平。

扫盲教育，提高妇女教育水平。为了提高全民教育水平，新中国有计划、有步骤地开展了全国性多次多阶段的地毯式扫盲运动。针对妇女的扫盲运动，农村以识字班、识字小组、冬学、民校、读报组等几种主

---

① 郭戈.妇女教育的发展和对策［J］.教育研究，1995（9）：43-47.
② 顾秀莲.20 世纪中国妇女运动史：中卷［M］.北京：中国妇女出版社，2013：136.
③ 全国妇联妇女研究所.当代中国妇女运动简史：1949—2000［M］.北京：中国妇女出版社，2017：49-50.

第二章　社会主义革命和建设时期的妇女教育

要形式为依托，城市以职工业余教育形式为主体。扫盲运动提高了妇女的识字水平和阅读能力，为她们的日常生活交流、进入各级各类学校学习和投身社会主义建设做了充分的准备。另外，针对少数民族妇女绝大多数是文盲的事实，新中国成立后，各少数民族地区建立了各级各类学校，女学生人数占比有较大增长，女童入学率提升；在扫盲工作中少数民族妇女脱盲率不断攀升；在少数民族妇女教育中，值得注意的是出现了一大批大学生；新中国成立后，为培养少数民族干部，全国共创办了10多所民族学院，培养了相当比例的少数民族女性干部。少数民族妇女文化向高层次迈进。

　　社会教育，凝集妇女力量。通过宣传教育、表彰典型、建设"五好"家庭等，将妇女个体发展和集体组织、国家建设密切联系在一起，使妇女逐渐成为有文化的社会主义劳动者，使妇女的个人意识紧紧围绕国家的集体意识，夯实了社会主义制度的根基。妇女热爱劳动的意识深刻内化，并统一到她们投身社会主义建设的行动之中。"妇女能顶半边天"成为这一时期流传最广泛、最具影响力和生命力的话语，表明了妇女在劳动的理论和实践层面已经获得质的飞跃[①]。妇女劳动的观念深入人心，为发展具有中国特色的马克思主义的妇女观奠定了社会实践基础。

　　学校教育，女子受教育问题得到重视。在制度化的普通学校教育中，女学生数量增速明显，妇女基础教育稳步实施，妇女中等职业技术教育发展成就显著，高等教育阶段受教育的女学生人数迅速增长。1951年，小学女学生人数大约有1 200万，到1978年约有6 570万，占比从约28.00%提升到约44.90%；1950年，普通中学女学生人数不到35万，到1978年女中学生人数超过2 700万，占比从约26.50%提升到约41.50%；1949年，本专科高等学校女学生人数不到2.5万，到1978年女大学生人数超过20万，占比从约19.77%提升到约24.11%。1951年，中等职业技术教育女学生人数不到11万，到1978年超过26万，占比有小幅度提升（见图2-1、表2-1）。在1949—1965年，各级各类

---

① 钟雪萍，任明."妇女能顶半边天"：一个有四种说法的故事［J］.南开学报（哲学社会科学版），2009（4）：54-64.

妇女教育

学校中女学生占比增长幅度较大,特别是在 1962—1965 年时期的占比最高。1949—1978 年妇女基础教育成果斐然,为改革开放妇女职业技术教育和高等教育的飞速发展奠定了坚实的基础。

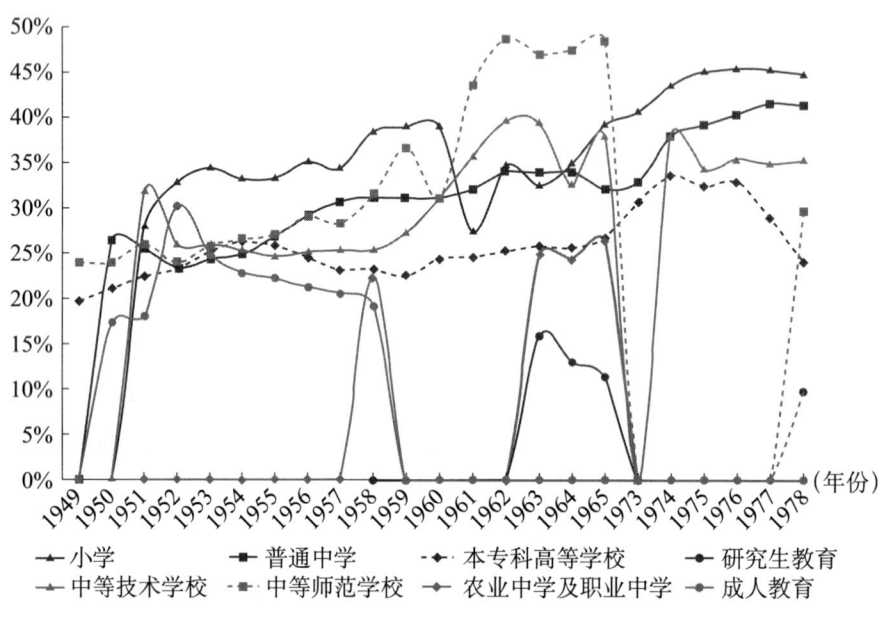

图 2-1 1949—1978 年各级各类学校女学生占学生总数的比重

表 2-1 1949—1978 年各级各类学校女学生占学生总数的比重　　　　(%)

年份	小学	普通中学	本专科高等学校	研究生教育	中等技术学校	中等师范学校	农业中学及职业中学	成人教育
1949	—	—	19.77	—	—	24.01	—	—
1950	—	26.50	21.20	—	—	24.01	—	17.40
1951	28.00	25.60	22.53	—	31.90	26.00	—	18.10
1952	32.90	23.50	23.39	—	26.00	24.00	—	30.30
1953	34.50	24.40	25.28	—	26.00	25.80	—	24.90
1954	33.30	25.00	26.27	—	25.40	26.60	—	22.90
1955	33.40	26.90	25.90	—	24.70	27.10	—	22.30
1956	35.20	29.30	24.60	—	25.20	29.10	—	21.30
1957	34.50	30.80	23.25	—	25.40	28.40	—	20.70
1958	38.50	31.30	23.30	—	25.40	31.50	22.50	19.30
1959	39.10	31.20	22.58	—	27.30	36.70	—	—
1960	39.10	31.20	24.50	—	31.30	31.30	—	—
1961	27.50	32.20	24.65	—	35.80	43.70	—	—

续表

年份	小学	普通中学	本专科高等学校	研究生教育	中等技术学校	中等师范学校	农业中学及职业中学	成人教育
1962	34.80	34.10	25.34	—	39.70	48.80	—	—
1963	32.63	34.00	25.84	16.00	39.50	47.20	25.00	
1964	35.00	34.10	25.73	13.10	32.70	47.60	24.40	
1965	39.30	32.20	26.88	11.40	37.90	48.60	26.40	
1973	40.70	33.00	30.77					
1974	43.70	38.10	33.76		38.30			
1975	45.20	39.30	32.59		34.40			
1976	45.50	40.40	33.02		35.50			
1977	45.40	41.70	29.04		35.00			
1978	44.90	41.50	24.11	9.90	35.30	29.80		

资料来源：《中国教育年鉴》编辑部. 中国教育年鉴：1949—1981 [M]. 北京：中国大百科全书出版社，1984；罗琼. 当代中国妇女 [M]. 北京：当代中国出版社，2020.

（三）广大妇女成长为有社会主义觉悟的有文化的劳动者

新中国成立以后，党通过卓有成效的妇女教育使广大妇女成长为有社会主义觉悟的有文化的劳动者，使得"妇女能顶半边天"、解放妇女就是解放生产力成为现实。毛泽东在新中国成立初期提出的"培养有社会主义觉悟的有文化的劳动者"是社会主义教育工作的方针和妇女教育的培养目标。有社会主义觉悟既是我国人才培养的正确方向，也是教育的核心和重点。"有社会主义觉悟"即树立社会主义核心价值观，牢牢把握毛泽东思想，以及党的一切方针政策；"有文化"即德育、智育、体育多方面发展；而"劳动者"是针对妇女人才培养的本质要求。我们可以看到，这一时期，妇女在价值观上紧跟着党中央，在劳动文化教育上，尤其是基础教育阶段有了天翻地覆的变化。同时，她们在各行各业各界积极主动地争取自己的妇女权益和劳动权益，投身于红火的建设事业，在社会主义建设上逐渐和男性一样具有竞争力。

二、"妇女能顶半边天"

1949—1978 年这 30 年间培养了大批建设事业需要的专门人才，其中大部分在改革开放后成为各行各业的骨干力量，越来越多的女性走向了时代的前沿，创造了社会价值。与西方的女权主义刻意制造男女性别对立不同，新中国男女平等意味着在婚姻自由及保障女性生存权、健康权、受教育权和工作权、参与政治生活等的基础上实现女性与男性的平等以及同男性的合作。"妇女能顶半边天"几乎成了这一时期妇女运动的指导思想，妇女在参政、科技、文艺、体育、生产劳动方面迅猛发展，把这一响亮的口号落到了实处。

（一）妇女参政成就

妇女参政情况是衡量妇女教育工作是否解放了妇女劳动力和生产力的标志之一。这一时期的妇女参政具体表现为：(1) 妇女参政的积极性不断提高。1953年，中国第一次选举基层人民代表，许多妇女的名字第一次出现在选民证上，参选的女公民数占女公民总数的90%以上。(2) 女干部的培养和选拔受到重视。中国共产党和中国政府历来重视培养和选拔女干部。1956年，邓小平在中国共产党第八次全国代表大会修改党章的报告中明确指出："党必须用很大的决心培养和提拔妇女干部，帮助和鼓励她们不断前进，因为她们是党的干部的最大的来源之一。"[①] (3) 在人大、政协、国务院系统任职的妇女人数不断增加。妇女参与全国人民代表大会的人数由1954年的全国人民代表大会女代表147人，占代表总数的12%，发展到1978年的741人，占代表总数的21.2%。同时，在全国人民代表大会常务委员会和中国人民政治协商会议中的女委员人数和占比也有增长。另外，在中国最高的行政机关国务院中，也有妇女担任副总理、国务委员[②]。

（二）妇女科技成就

新中国重视科学技术在国家建设中的重要作用，女科技工作者做出了重要贡献。1949年11月，中国科学院成立，地方科研机构以及科研

---

① 邓小平. 邓小平文选：第1卷 [M]. 2版. 北京：人民出版社，1994：251.
② 全国妇联妇女研究所. 当代中国妇女运动简史：1949—2000 [M]. 北京：中国妇女出版社，2017：39-46.

体系逐渐建立和完善起来。一批在海外留学的知识分子听从祖国召唤，归国建设新中国。到1956年底，由欧美、日本及港澳地区回到内地的科技人员、留学生共1 805人，这一时期，在北京地区中国科学院系统的归国女科技人员达30多人。女科技工作者在医学、物理、航空、化学等领域均做出了突出贡献[①]。

1958年，中国科学院女科学工作者人数占研究人员总数的22%以上，女工程技术人员已有3.5万多人。1962年，鞍山钢铁公司有600多名女工程技术人员，参与设计鞍钢最大一座高炉的工作人员中，有20%为女工程技术人员。1963年，在中国农业科学院8个研究所从事科学研究工作的女性占全体研究人员的28%以上，比新中国成立初期增加了十几倍。1964年，在北京市科学技术协会所属的12个农业方面的专门学会里，有近400名女会员，改变了十几年前农业科学战线上很少有妇女的现象。

一些女科技工作者在科技领域发挥了重要作用，成为中国科学技术领域的骨干。20世纪60年代是中国航天工业和核工业的起步阶段，凝结了许多女科技工作者的智慧和结晶。如固体力学专家李敏华、金属物理学家李林、理论物理学家王承书等。在石油、采矿、冶金等重工业领域，女科技工作者做出了杰出贡献，如微体古生物学家郝诒纯、分析化学家和石油化学家陆婉珍、岩石学家和地质学家池际尚。在生物、医药、化工领域，有机合成化学家陈茹玉、有机化学家和药物化学家黄量等女科技工作者做出了重要贡献。在天文学领域，也出现了女性科学家的身影，如天文学家叶叔华建立了中国世界时综合系统，达到并一直保持着世界先进水平，获得国际赞誉[②]。

（三）妇女文艺工作和体育成就

妇女的文艺工作成就主要体现为女戏曲艺术家、女电影表演艺术家

[①] 全国妇联妇女研究所. 当代中国妇女运动简史：1949—2000 [M]. 北京：中国妇女出版社，2017：53-54.
[②] 同[①]109-110.

为戏曲和电影事业的迅速发展做出了重要贡献。在音乐、舞蹈艺术领域，女艺术家崭露锋芒，在繁荣活跃群众文化生活中也发挥了重要作用。在文艺战线上，妇女是一支不可或缺的活跃力量，随着文艺事业的发展而不断成长壮大。

1956年，国家体委提出加速发展群众性体育运动方针，城乡群众性女子体育运动不断得到发展，妇女专业体育队伍逐渐壮大。1962年，女运动员达3 552人，占运动员总人数的1/3；1 734名全职教练员中有女性282名，占全职教练员人数的16%。到1965年，全职教练员达2 062人，其中女性338人。中国女运动员在竞技场上顽强拼搏，对中国体育运动事业腾飞做出了巨大贡献。她们在各类世界大赛中均有打破和超过世界纪录[1]。

（四）女职工成就

中国女职工是中国工人阶级的重要组成部分，是妇女群众中比较有觉悟、有组织的一部分，她们中的绝大多数在国民经济的各个部门第一线从事生产劳动和工作。新中国成立以来，广大女职工同男职工一道，为国家、为社会创造了大量财富，做出了巨大贡献，成为中国社会主义现代化建设事业中一支不可缺少的力量。这一时期女职工的人数不断增长，受表彰的女职工占先进生产者的8%～17%（见表2-2、表2-3）。

表2-2　1953—1957年女职工人数增长情况

年份	女职工（万人）	女职工占比（%）
1953	213.2	11.68
1954	243.5	12.95
1955	247.3	12.96
1956	326.6	13.48
1957	328.6	13.41

资料来源：罗琼.当代中国妇女［M］.北京：当代中国出版社，2020：135.

---

[1] 全国妇联妇女研究所.当代中国妇女运动简史：1949—2000［M］.北京：中国妇女出版社，2017：112-113.

第二章　社会主义革命和建设时期的妇女教育

表 2-3　1949—1963 年女职工被评为先进生产者（工作者）情况

年份	总数（万人）	女职工（万人）	女职工占比（%）
1949—1952	20.8	2.6	12.5
1953	15.5	2.1	13
1954	23.4	1.9	8
1955	31.6	3.3	10
1956	125.6	11.3	8
1957	107.8	10.2	9
1958	244.1	28.1	11
1959	630.3	—	—
1960	645.7	103.6	16
1961	468.9	84.1	17
1962	339.3	48.1	14
1963	320.3	47.4	14

资料来源：罗琼. 当代中国妇女 [M]. 北京：当代中国出版社，2020：146.

（五）女教师成就

新中国成立后，在党的领导下对旧的教育制度进行了根本性改造，各级各类教育事业得到迅速发展，同时，女教师队伍也得到了相应的发展。其中，小学教师队伍的发展速度最快，其次是普通中学教师队伍。在 1965 年的反右斗争扩大化和"文化大革命"中，教师队伍受到了摧残和破坏，1974 年开始，特别是党的十一届三中全会以后，对教育界进行拨乱反正，女教师队伍开始了新的增长。

1949—1978 年，新中国妇女教育促进妇女在政治、经济、身份、教育等方面获得了解放。《共同纲领》、1950 年《中华人民共和国婚姻法》、第一部《中华人民共和国宪法》等从立法层面保障了妇女的合法地位；"妇女能顶半边天，管教山河换新颜"从政策宣传层面倡导了妇女合法的劳动地位。中国的妇女解放运动不同于西方的女权运动，不是把女性视为男性的对立面。中国的妇女解放是无产阶级的解放，妇女教育是无产阶级教育的重要组成部分。因此，妇女教育首先是一种国家建设实践，而不是利用教育推动性别革命。妇女只有通过教育掌握知识，明白社会的运作规律，理解什么是经济基础决定上层建筑，才能以更大的自觉性、主动性、积极性去工作，去劳动，去独立自主，摆脱人身依附，去加入各种单位和参加各种社会组织，到工厂里去、到企业里去、到政府里去、到妇联里去，去组织起来，去团结起来，去实现妇女的诉求和抱负，进而有机会改变世界。作为一种国家建设实践，妇女在教育中的获益又反哺社会，为我国社会主义建设注入了不可估量的力量。但这一时期的妇女教育也受到一些错误政治运动的影响，成绩有所起伏。实践告诉我们，解放妇女就是解放生产力，教育妇女就是促进生产、促进社会主义建设，新中国妇女教育成就是中国共产党妇女教育理论的淬炼成果，是经过实践检验的中国共产党教育治理能力的集中体现，为后一时期的妇女教育发展打下了坚实基础。

本章参考文献

著作类

毛泽东．毛泽东选集：第1卷［M］．2版．北京：人民出版社，1991．

毛泽东．毛泽东选集：第2卷［M］．2版．北京：人民出版社，1991．

毛泽东．毛泽东选集：第3卷［M］．2版．北京：人民出版社，1991．

中共中央文献研究室，中共湖南省委《毛泽东早期文稿》编辑组．毛泽东早期文稿：1912.6—1920.11［M］．长沙：湖南出版社，1990．

毛泽东生平和思想研讨会组织委员会．毛泽东百周年纪念：全国毛泽东生平和思想研讨会论文集：中［M］．北京：中央文献出版社，1994．

丛进．1949—1976年的中国：曲折发展的岁月［M］．北京：人民出版社，2009．

杜学元．中国女子教育通史［M］．贵阳：贵州教育出版社，1995．

方晓东．中华人民共和国教育60年［M］．武汉：湖北教育出版社，2009．

高培勇，赵学军，彤新春．中国经济70年［M］．北京：经济科学出版社，2019．

顾明远．教育大辞典［M］．增订合编本．上海：上海教育出版社，1998．

第二章 社会主义革命和建设时期的妇女教育

林蕴晖，范守信，张弓．1949—1976年的中国：凯歌行进的时期[M]．北京：人民出版社，2009.

刘晓丽．1950年的中国妇女[M]．太原：山西教育出版社，2014.

刘英杰．中国教育大事典：1949—1990[M]．杭州：浙江教育出版社，1993.

罗琼．当代中国妇女[M]．北京：当代中国出版社，2020.

欧阳雪梅．中华人民共和国文化史：1949—2012[M]．北京：当代中国出版社，2016.

庞松．中华人民共和国史：1949—1956[M]．北京：人民出版社，2010.

全国妇联妇女研究所．当代中国妇女运动简史：1949—2000[M]．北京：中国妇女出版社，2017.

李国钧，王炳照．中国教育制度通史：第8卷[M]．济南：山东教育出版社，2000.

韦钰．中国妇女教育[M]．杭州：浙江教育出版社，1995.

张李玺．家庭政策与妇女发展[M]．北京：中国社会科学出版社，2016.

郑谦，张化．中华人民共和国史：1966—1976[M]．北京：人民出版社，2010.

郑有贵．中华人民共和国经济史：1949—2012[M]．北京：当代中国出版社，2016.

中共中央党史研究室．中国共产党历史：第2卷：1949—1978：上下册[M]．北京：中共党史出版社，2011.

《中国教育年鉴》编辑部．中国教育年鉴：1949—1981[M]．北京：中国大百科全书出版社，1984.

第三章 改革开放和社会主义现代化建设新时期的妇女教育

第一节　妇女教育的方针政策

一、实施背景

1978年12月召开的党的十一届三中全会，实现了新中国成立以来党的历史上具有深远意义的伟大转折，做出把党和国家工作中心转移到经济建设上来、实行改革开放的历史性决策，开启了改革开放和社会主义现代化建设的伟大征程，教育改革和发展翻开新的一页。1982年，党的十二大把教育作为实现20年国民经济翻两番的重要保证，首次把教育放在现代化建设战略的重点位置。1985年，党中央、国务院召开改革开放以来第一次全国教育工作会议，发布和实施《中共中央关于教育体制改革的决定》，确定了"教育必须为社会主义建设服务，社会主义建设必须依靠教育"的定位，要求把发展基础教育责任交给地方，有组织有步骤地实施九年制义务教育，大力发展职业教育，改变政府对高校统得过多的体制，扩大高校办学自主权等。根据党中央的部署，教育管理体制改革、结构布局调整、教育教学改革、招生毕业生分配制度改革迈开新的步伐，教育法律体系基本框架初步建立。

1992年10月，党的十四大明确提出了建立社会主义市场经济体制的改革目标，改革开放和社会主义现代化建设进入了一个新的历史阶段。在从计划经济体制向社会主义市场经济体制转变的过程中，中国改革开放以前所未有的广度和深度向前推进。进一步发展教育事业是现代化建设的根本要求，关系到20世纪末现代化建设目标的实现和21世纪的建设大业。20世纪80年代的中国教育事业取得了巨大成就，但总体上仍比较落后，不能很好地适应现代化建设的需要。为实现中国现代化

第三章　改革开放和社会主义现代化建设新时期的妇女教育

建设的第二个战略目标，党和政府更加重视教育，不断加强对教育事业的领导，不断加大投入力度，先后颁布实施了一系列发展教育的方针和政策。党的十四大确定了20世纪90年代我国改革和建设的主要任务，明确提出："必须把教育摆在优先发展的战略地位，努力提高全民族的思想道德和科学文化水平，这是实现我国现代化的根本大计。"1993年，《中国教育改革和发展纲要》颁布实施，提出了20世纪末中国教育发展的总目标：全民受教育水平有明显提高，城乡劳动者的职前、职后教育有较大发展，各类专门人才的拥有量基本满足现代化建设的需要，形成具有中国特色的、面向二十一世纪的社会主义教育体系的基本框架。再经过几十年的努力，建立起比较成熟和完善的社会主义教育体系，实现教育的现代化。该纲要还提出了以九年义务教育为基础，大力加强基础教育，积极发展职业技术教育、成人教育和高等教育等具体要求。1995年5月，国家明确提出了实施"科教兴国"战略。改革开放以来，党和政府采取的一系列有效措施，使教育事业得到长足发展，成为改革开放以来我国进步较为显著的领域之一，妇女教育事业得以蓬勃发展。

二、方针政策

改革开放以来，在推进教育事业发展的进程中，党和政府高度重视妇女教育，把教育作为保护妇女权益、促进妇女全面发展的重要基础性工作。我国不断完善各项法律法规，保障女子与男子享有同等受教育的权利，不断探索并建立有效机制，完善妇女教育体系，把推动妇女教育事业发展作为推进男女平等的优先领域纳入规划和纲要，在教育改革和教育资源的分配中，加大对妇女教育的倾斜与投入，依托妇联组织，多途径推进各类妇女教育发展。

我国还通过制定专门的妇女发展纲要来宏观规划妇女教育事业发展，为妇女教育的新发展提供了总体规划和制度保障。1995年，国务院颁布实施的《中国妇女发展纲要（1995—2000年）》，是我国第一部关于妇女发展的专门纲要，将妇女教育作为11个妇女发展目标之一，明确提出妇女教育发展的总目标为"大力发展妇女教育，提高妇女的科学文化水平"。针对妇女教育的实际问题，《中国妇女发展纲要（1995—2000年)》将确保女性接受教育的平等机会、提高女性接受各级各类教育的占比、培养各类女性专业技术人才、普及九年义务教育、降低适龄女童的失学率和辍学率、扫除妇女文盲等列入战略目标。同时，还提出了实现战略目标的具体政策和措施："把扫除边远、贫困和少数民族地区的青壮年妇女文盲作为重点"，"创造有利于女童受教育的社会环境"，"对边远、贫困和少数民族地区，在政策和资金等方面要给予支持和扶持"，"逐步提高女性接受中等专业技术教育和高等教育的比例"，等等。2001年，国务院颁布的《中国妇女发展纲要（2001—2010年)》强调缩小男女受教育差距、提高妇女的科学文化素质是妇女发展的决定性因素。纲要从女童接受九年义务教育、高中阶段教育、高等教育女性教育、成人妇女教育多个方面确立发展目标；在国家宏观政策上，要求将妇女教育的主要目标纳入国家的教育发展规划，要求制定相关政策，提供妇女享有与男子平等受教育的机会和途径，缩小男女受教育差距；在法律和部门政策上，提出要制定和完善有利于妇女与男子接受同等教育的相关法律法规和政策，教育立法要体现男女平等，保障妇女受教育的权利，同时还要广泛宣传男女平等和有关教育的法律法规，创造有利于妇女接受教育的社会环境。2011年，国务院颁布的《中国妇女发展纲要（2011—2020年)》，把教育作为推进性别平等的六大优先领域之一，强调男女平等享有受教育的权利和机会，持续提高妇女受教育程度，并就教育领域如何深入贯彻男女平等基本国策提出了若干具体目标、策略和措施。妇女发展纲要推动男女平等原则在教育领域的贯彻实施，为妇女教育规划了发展前景、指明了方向，成为国家行动计划的有机组成部分，极大地促进了妇女教育发展。

三、法律保障

随着社会主义法治化进程的不断推进，男女平等的宪法原则得到有效贯彻，1982年12月，第五届全国人民代表大会第五次会议通过了

第三章　改革开放和社会主义现代化建设新时期的妇女教育

《中华人民共和国宪法》，明确规定妇女在政治的、经济的、文化的、社会的和家庭的生活等各方面享有同男子平等的权利。我国不断完善各项法律法规，保障女子与男子享有同等受教育的权利，妇女的受教育权得到更加有力的法律与政策保障。1986年的《中华人民共和国义务教育法》等教育立法中，都规定男女依法享有平等受教育权利。

为进一步加快教育改革与发展的步伐，1995年3月18日，《中华人民共和国教育法》颁布，规定了女性在入学、升学、就业、授予学位、派出留学等方面享有同男子平等的权利。为保障教育的优先发展地位，政府和教育部门不断增加教育投入，1996—2000年，教育经费平均每年增长15.56%，高于国民经济的增长速度，到1997年，财政性教育经费从1978年的81.24亿元增加到1 862.54亿元，增加了近22倍。20世纪90年代，我国还实施了"国家贫困地区义务教育工程""扶贫教育工程"等。这些法律政策和措施促进了妇女教育事业的发展，妇女受教育状况得到改善。

为确保女性教育事业的发展，保护妇女的受教育权利，在国家制定实施的专门保障妇女权益的法律和政策中对保障妇女教育权利做出了专门规定。1992年4月3日，第七届全国人民代表大会第五次会议审议通过了《中华人民共和国妇女权益保障法》。这是中国第一部促进男女平等、保障妇女权益的基本法，具体规定了妇女的文化教育权益，明确规定了妇女在入学、升学、毕业分配、授予学位、派出留学等方面享有与男子平等的权利，以及父母或者其他监护人保障适龄女童接受义务教育的义务。同时，它还规定了各级政府要按规定将扫除妇女中的文盲和半文盲列入工作规划。

1995年，联合国第四次世界妇女大会在北京召开，国家主席江泽民代表中国政府郑重承诺：把男女平等作为促进我国社会发展的一项基本国策，从而使《宪法》规定的男女平等原则进入了国家政策体系的最高层次，为在教育领域贯彻男女平等原则、不断建立健全相关法律制度、注重在教育法规政策上体现男女平等原则、保障女性教育权益奠定了坚实基础。联合国第四次世界妇女大会召开以来，我国先后制定或修订的主要教育法律法规有《中华人民共和国教育法》（1995年）、《中华人民共和国职业教育法》（1996 年）、《普通高等学校毕业生就业工作暂行规定》（1997 年）、《流动儿童少年就学暂行办法》（1998 年）、《中华人民共和国高等教育法》（1998 年）、《中华人民共和国义务教育法》（2006 年修订）等。这些教育法律法规的实施，切实保障了包括女性在内的广大人民群众受教育的权利，推动了教育事业的科学发展，从而建立了世界最大规模的教育体系，提高了包括女性在内的全民素质，促进了我国社会经济的快速发展，为社会主义现代化建设做出了重要贡献。

第二节　妇女教育的发展状况

改革开放以来，随着男女平等基本国策的深入贯彻以及教育事业的快速发展，女性接受教育的权利得到保障，各级各类教育中的女性人数大幅上升。

一、学前及初等教育

（一）女童平等接受学前教育取得成效

学前教育是我国基础教育的有机组成部分，是学制体系的重要环节，既是学校教育的奠基阶段，也是终身教育的奠基阶段，同时也是公共服务体系的重要环节。我国采取多种形式发展学前教育，为包括女童在内的更多的儿童提供更多的学前教育机会。

党的十一届三中全会以后，党和政府更加重视幼儿教育工作，1979 年国务院政府工作报告指出："要十分重视发展托儿所、幼儿园，加强幼儿教育。" 1979 年 7—8 月，国务院召开全国托幼工作会议，提出要加强托幼工作的统一领导与分工合作，坚持"两条腿走路"的方针，恢复、发展各类托幼组织。这次会议把学前教育纳入政府重要议事日程，确定了学前教育事业的发展方针，首次确立了由政府牵头、各部门共同管理的学前教育管理体制。同年 10 月 11 日，中共中央、国务院转发

第三章　改革开放和社会主义现代化建设新时期的妇女教育

《全国托幼工作会议纪要》，要求各级党委和政府要重视托幼事业。1980年1月，国务院托幼工作领导小组成立，由国务院副总理陈慕华任组长，到1980年底，全国有29个省（区、市）一级建立了托幼工作领导机构和办事机构①，为托幼事业和儿童学前教育发展提供了有力的组织保障。各级党委、政府加强对托幼工作的领导，在经费上予以支持。据不完全统计，1980年，全国22个省（区、市）用于发展托幼园所的地方财政拨款达2 500万元②。在各部门的共同努力下，托幼事业获得长足进步，逐步形成了国家、单位、集体和个人办园所的格局，托幼园所的数量稳步增加，质量不断提高。

1981—1989年，《关于试行幼儿园教育纲要（试行草案）的通知》《关于明确幼儿教育事业领导管理职责分工的请示》《关于加强幼儿教育工作的意见》《幼儿园管理条例》《幼儿园工作规程（试行）》等一系列学前教育政策法规颁布实施，促进了学前教育的发展。1978—1990年，幼儿园数除1981—1983年有所减少外，其余年份均保持在16万所以上，入园幼儿人数保持增长趋势。1990年，全国有各类托幼园所29万所③，其中幼儿园17.2万所，1 972万儿童入园④。3～6岁幼儿入园率逐步提高，由1978年的11.3%提高到1990年的26.3%⑤。

20世纪90年代，中国政府签署了《儿童权利公约》《儿童生存、保护和发展世界宣言》《执行九十年代儿童生存、保护和发展世界宣言行动计划》，为更好地履行国际公约，保护儿童权利；同时，制定了《中华人民共和国未成年人保护法》《中华人民共和国预防未成年人犯罪法》《中华人民共和国义务教育法》《中华人民共和国母婴保健法》等一系列法律法规，有效保护了儿童权利，重视学前教育事业发展，规范了托幼机构，为20世纪后期学前教育事业的有序发展打下了重要基础。

由于学前教育不属于义务教育，其教育资源缺少国家的扶持和投入，在一定程度上成为我国教育体系的薄弱环节，学前教育入园率远低

---

①② 吴全衡同志在全国托幼办公室主任会议上的总结发言[J]. 妇女工作，1981（1）.
③ 全国妇联办公厅."六大"以来妇女儿童工作文选：1988年9月—1993年6月[M]. 北京：中国妇女出版社，1993：87.
④ 九十年代中国儿童发展规划纲要[N]. 人民日报，1992-03-09（3）.
⑤ 唐淑，何晓夏. 学前教育史[M]. 大连：辽宁师范大学出版社，2001：259.

于义务教育阶段入学率。为改变这一状况，1992年，国务院出台的《九十年代中国儿童发展规划纲要》将3～6岁幼儿入园（班）率达到35%作为儿童发展十个主要目标之一，提出"动员社会力量，多渠道、多形式地发展幼儿教育"的方针，要求城市入园（班）率提升至70%，农村学前一年幼儿入园（班）率提升至60%，在经济不发达的农村和人口居住分散、交通不便的山区和牧区要利用多种形式进行学前教育。1993年，中共中央、国务院印发的《中国教育改革和发展纲要》将大中城市基本满足幼儿接受教育要求、广大农村积极发展学前一年教育作为教育事业发展目标之一。2001年，国务院颁布《中国儿童发展纲要（2001—2010年）》，提出"适龄儿童基本能接受学前教育"的目标，要求发展0～3岁儿童早期教育，大中城市和经济发达地区适龄儿童基本能接受学前三年教育，农村儿童学前一年受教育率有较大提高。

到2010年，儿童教育普及程度持续提高，学前教育毛入园（班）率从2000年的35.0%上升到56.6%[1]。学前教育取得长足发展，普及程度逐步提高。但总体上看，学前教育仍是各级各类教育中的薄弱环节，主要表现为教育资源短缺，投入不足，师资队伍不健全，体制机制不完善，城乡区域发展不平衡，一些地方"入园难"问题突出。2010年，《国务院关于当前发展学前教育的若干意见》把发展学前教育摆在更加重要的位置，提出按照公益性和普惠性原则，构建覆盖城乡、布局合理的学前教育公共服务体系。该意见提出了学前教育发展目标为大力发展公办幼儿园，提供"广覆盖、保基本"的学前教育公共服务，通过保证合理用地、减免税费等方式，支持社会力量办园，在城镇小区根据居住区规划和居住人口规模配套建设幼儿园，扩大农村学前教育资源，将幼儿园作为新农村公共服务设施统一规划，加大对农村学前教育的投入，实施推进农村学前教育项目，地方各级政府安排专门资金，重点建设农村幼儿园。各级政府要将学前教育经费列入财政预算，新增的教育经费要向学前教育倾斜。从2011年开始，连续实施三期学前教育三年行动计划，解决幼儿"入园难"问题。学前教育得到迅速发展，女童接受学前教育的比例稳步提高。2013年，全国共有学前教育学校19.9万

---

[1] 中国儿童发展纲要：2001—2010年[N].新华月报，2001（8）.

第三章　改革开放和社会主义现代化建设新时期的妇女教育

所,专任教师166.3万人,在校学生3 894.7万人,学前教育三年毛入园率为67.5%,分别比2010年增长了32.0%、45.4%、30.8%和10.9%[①]。其中女童有1 798.2万人,比2010年增加了445万人,增长了32.9%,学前教育中女童所占比例为46.2%,比2010年提高了0.8个百分点。

(二) 女子初等教育的普及

"文化大革命"十年内乱中,小学教育受到严重破坏,到20世纪70年代末,中国尚未普及五年制小学教育。党的十一届三中全会以后,中共中央、国务院开始重视普及初等教育工作,1980年12月颁布的《关于普及小学教育若干问题的决定》,提出国家办学和群众集体办学相结合的"两条腿走路"的方针,要求在20世纪80年代基本普及小学教育。各地加强了对小学教育的领导,提高了教师待遇,改善了办学条件,健全了规章制度,逐步提高了小学教育质量。1985年5月,《中共中央关于教育体制改革的决定》出台,进一步明确把发展基础教育的责任交给地方,有步骤地实行九年义务教育。1985—1992年,社会各界集资1 062多亿元来办教育[②],改善了办学条件,为推进九年义务教育打下了坚实的基础。1986年4月,第六届全国人民代表大会第四次会议通过的《中华人民共和国义务教育法》规定:"凡年满六周岁的儿童,不分性别、民族、种族,应当入学接受规定年限的义务教育。条件不具备的地区,可以推迟到七周岁入学。"义务教育法的颁布使女童受教育权利得到了法律保障,极大地推动了女子初等教育的普及。

普及女子初等教育的重点地区是农村地区,特别是老少边穷地区。为了鼓励女童入学,各地从实际出发,采取多种形式办学,除全日制学校外,还举办半日制、隔日制、巡回制、早午晚班等多种形式的简易小学或教学班(组)。有的地区创办女子中小学,允许女童带弟妹上学,为家庭经济困难的女童发放助学金、奖学金,免收杂费等多措并举。

[①] 2013年《中国儿童发展纲要(2011—2020年)》实施情况统计报告[EB/OL].(2015-02-03). http://www.gov.cn/xinwen/2015-02/03/content_2813949.htm.

[②] 历史性的跨越:记改革开放以来的三次全国教育工作会议[N]. 人民日报,1999-06-23(5).

妇女教育

1989年初，全国妇联、中国儿童少年基金会设立了帮助女童入学的"春蕾计划"，对贫困地区女童实施免费义务教育。1989年10月，团中央、中国青少年发展基金会发起实施以救助贫困地区失学少年为内容的"希望工程"，至1991年底，通过"希望工程"提供的助学金已救助失学少年3万多名，建设希望小学（包括在建）17所，救助面覆盖23个省（区、市）和138个县，许多失学女童从中受益[①]。

20世纪90年代初，普及女子初等教育取得了历史性进展。1990年底，全国已有1 459个县基本普及了初等教育，占全国总县数的76%[②]。1991年，全国7~11周岁女学龄儿童入学率达到96.9%，比1985年增加了3.4个百分点；全国有普通小学72.9万所，在校学生12 164万人，其中女生5 654.6万人；在校女生占比从1978年的44.9%上升到1991年的46.5%[③]。

1992年党的十四大报告和1993年中共中央、国务院印发的《中国教育改革和发展纲要》都提出了到20世纪末"基本普及九年义务教育"的目标。1994年，《国务院关于〈中国教育改革和发展纲要〉的实施意见》再次明确提出：基本普及九年义务教育、基本扫除青壮年文盲（简称"两基"）是20世纪最后几年教育工作的重点；到20世纪末在占全国总人口85%的地区普及九年义务教育，小学和初中入学率分别达到99%以上和85%左右，青壮年中的非文盲率达到95%的目标要求；制定了义务教育评估验收办法，加强对义务教育实施情况的监督和检查。

中国普及义务教育的重点地区在农村，难点地区则是老少边穷地区，而女童教育问题又是初等教育中的薄弱环节，关系到20世纪末普及九年义务教育的成败。1994年，全国200万名未入学的学龄儿童中

---

① 共青团中央关于印发中国青少年发展基金会《关于1992年希望工程工作意见》的通知. (1992-03-10). http://www.gqt.org.cn/search/zuzhi/documents/1992/920310.htm.

② 中华人民共和国执行《提高妇女地位内罗毕前瞻性战略》国家报告[N]. 人民日报, 1994-10-11 (1).

③ 中华全国妇女联合会妇女研究所, 陕西省妇女联合会研究室. 中国妇女统计资料: 1949—1989 [M]. 北京: 中国统计出版社, 1991: 130; 中华全国妇女联合会妇女研究所, 国家统计局社会与科技统计司. 中国性别统计资料: 1990—1995 [M]. 北京: 中国统计出版社, 1998: 253, 125, 130, 251.

第三章　改革开放和社会主义现代化建设新时期的妇女教育

2/3 是女童，失学、辍学的学龄儿童中 2/3 也是女童。而农村地区，特别是边远贫困地区和少数民族地区的女童教育更是难中之难。《中国妇女发展纲要（1995—2000 年）》提出将适龄女童失学率和辍学率均控制在 2% 以下。各级政府和相关部门采取特殊的政策和措施促进女童教育的发展，中国政府与联合国儿童基金会实施了"促进贫困地区女童教育项目"，项目覆盖陕西、甘肃、宁夏、青海、云南、贵州、四川、广西、安徽 9 个省区。1996 年 7 月，《国家教委关于进一步加强贫困地区、民族地区女童教育工作的十条意见》提出将适龄女童入学率作为普及义务教育的衡量指标。1995—2000 年，中央财政拨款 39 亿元，地方政府投入配套经费，共计 116 亿元，专门用于加强贫困地区的义务教育基础建设；1997 年，国家投入 1.3 亿元，设立"国家贫困地区义务教育助学金"，每年资助 60 多万因家庭贫困失学的儿童重返校园，加快了贫困地区普及义务教育的进程[①]。为确保女童义务教育的普及，国家对女童教育情况依法进行检查；将女童入学率、辍学率等指标列入"普九"评估验收项目之中，建立了评估机制；在有特殊需要的少数民族地区和贫困地区开办女子学校、女童班；恢复和健全助学金制度，对家庭困难的女童采取减免学费等措施，最大限度地防止女童因贫困而失学。

全国妇联与中国儿童少年基金会发起实施的救助失学女童的"春蕾计划"在 20 世纪 90 年代更加蓬勃发展，尤其在 1995 年联合国第四次世界妇女大会以后，"春蕾计划"得到了社会各界及国际社会的大力支持。截至 1999 年底，"春蕾计划"共筹集资金近 4 亿元，在全国 29 个省（区、市）开办了女童班，累计救助失学女童达 110 万人次[②]。中国青少年发展基金会于 1989 年发起实施的救助贫困学生继续学业的"希望工程"，到 1999 年底，救助 229.65 万名失学儿童重返校园，建设希望小学 7 812 所[③]，"希望工程"的复学儿童中，一半以上是女童，很多

[①] 国务院妇女儿童工作委员会办公室，国家统计局人口和社会科技统计司.《中国妇女发展纲要（1995—2000 年）》终期监测评估报告汇编（内部资料）[M]. 2001：14.
[②] 同[①]15.
[③] 中华人民共和国年鉴编辑部. 中华人民共和国年鉴：2000 [M]. 北京：中华人民共和国年鉴社，2001：288.

贫困女童因此受益。

小学女童入学率提高，辍学率明显降低。到 2000 年，我国的小学女童入学率由 1992 年的 96.1% 提高到 99.07%，性别差距逐年缩小，由 1992 年的 2.1 个百分点缩小到 0.07 个百分点[①]；辍学率下降到 0.61%，比 1995 年降低了 0.88 个百分点[②]。女童的小学五年巩固率为 94.5%，比 1999 年提高了 1.86 个百分点[③]。1992 年至 1997 年，小学女生数逐年增加。1997 年以后，随着学校布局调整和学龄人口的逐渐减少，小学校数、招生数及在校生数均有不同程度的减少，小学女生数也有所减少，由 1997 年的 6 666 万减少到 2012 年的 4 485.4 万，但小学女生数占在校生数的比例基本保持在 46%~48%[④]（见表 3-1）。

表 3-1　1978—2012 年小学在校女生数及占比

年份	在校女生（万人）	占学生总数比例（%）
1978	6 570.4	44.9
1979	6 377.4	44.9
1980	6 517.4	44.6
1981	6 301.2	44.0
1982	6 099.9	43.7
1983	5 937.2	43.7
1984	5 937.7	43.8
1985	5 986.2	44.8
1986	5 950.0	45.1
1987	5 821.8	45.4

---

① 中华人民共和国教育部发展规划司. 中国教育统计年鉴：2000 [M]. 北京：人民教育出版社，2001：16.

② 国务院妇女儿童工作委员会办公室，国家统计局人口和社会科技统计司.《中国妇女发展纲要（1995—2000 年）》终期监测评估报告汇编（内部资料）[M]. 2001：12.

③《中国教育年鉴》编辑部. 中国教育年鉴 2001 [M]. 北京：人民教育出版社，2001：71.

④ 中华人民共和国教育部计划建设司. 中国教育事业统计年鉴：1997 [M]. 北京：人民教育出版社，1998：15；中华人民共和国教育部发展规划司. 中国教育统计年鉴：1998 [M]. 北京：人民教育出版社，1999：17；中华人民共和国教育部发展规划司. 中国教育统计年鉴：1999 [M]. 北京：人民教育出版社，2000：17；中华人民共和国教育部发展规划司. 中国教育统计年鉴：2000 [M]. 北京：人民教育出版社，2001：19；中华人民共和国教育部发展规划司. 中国教育统计年鉴：2012 [M]. 北京：人民教育出版社，2013：5.

第三章 改革开放和社会主义现代化建设新时期的妇女教育

续表

年份	在校女生（万人）	占学生总数比例（%）
1988	5 715.6	45.6
1989	5 676.9	45.9
1990	5 655.5	46.2
1991	5 654.6	46.5
1992	5 685.6	46.6
1993	5 815.9	46.8
1994	6 035.3	47.1
1995	6 241.1	47.3
1996	6 467.0	47.5
1997	6 666.0	47.6
1998	6 645.6	47.6
1999	6 454.9	47.6
2000	6 194.6	47.6
2012	4 485.4	46.3

资料来源：中华全国妇女联合会妇女研究所，陕西省妇女联合会研究室. 中国妇女统计资料：1949—1989［M］. 北京：中国统计出版社，1991；中华全国妇女联合会妇女研究所，国家统计局社会与科技统计司. 中国性别统计资料：1990—1995［M］. 北京：中国统计出版社，1998；中华人民共和国教育部计划建设司. 中国教育事业统计年鉴：1997［M］. 北京：人民教育出版社，1998；中华人民共和国教育部发展规划司. 中国教育统计年鉴：1998［M］. 北京：人民教育出版社，1999；中华人民共和国教育部发展规划司. 中国教育统计年鉴：1999［M］. 北京：人民教育出版社，2000；中华人民共和国教育部发展规划司. 中国教育统计年鉴：2000［M］. 北京：人民教育出版社，2001；中华人民共和国教育部发展规划司. 中国教育统计年鉴：2012［M］. 北京：人民教育出版社，2013.

二、中等教育

1994年，《国务院关于〈中国教育改革和发展纲要〉的实施意见》规定，到20世纪末，大城市市区和有条件的沿海经济发展程度较高的地区在普及九年义务教育的基础上，积极普及高中阶段的教育，到2000年，普通高中在校生要达到850万人左右。为了普及初中阶段的义务教育，从1992年起，全国进一步推行"取消初中升学统一考试，凡准予毕业的小学毕业生，实行划片就近升入初中"的初中招生考试制度。中等教育在20世纪80年代迅猛发展的基础上继续稳步发展，2000

年，普通中学毕业生有1 908.6万人，比1991年增加了600多万人，在校学生增加了2 685.4万人，达到7 368.9万人[①]。

全国中等教育发展，促进了女性中等教育的进步。普通中学女学生人数和占比不断上升，由1992年的2 056.5万人增加到2012年的3 462.1万人，增加了1 405.6万人，女学生占比也提高了4.8个百分点，达到47.9%[②]。初中教育阶段男女占比差异进一步缩小，到2012年，初中女生所占比例由1992年的43.81%提高到47.09%[③]。女性初中教育的发展奠定了九年义务教育的普及基础。

与普通中等教育相比，女性中等专业技术教育发展较快，在校女生人数及占比虽然有所波动，但基本保持了较好的发展势头。2012年，中等专业学校中女生有435.9万人，比1992年增加了324.8万人[④]；1995年以后，中等专业学校中女生占比均超过了50%。在女子中等职业教育方面，到1994年，全国共有1 679所女子中等职业学校[⑤]。而在职业中学中，女生人数和占比在1998年以后出现滑坡的趋势，2000年，职业中学女生人数比1998年减少了22.3万，到2012年，女生占比下降至46.7%[⑥]（见表3-2），这与高校扩大招生拉动了普通高中招生规模的扩大，从而减少了职业中学的生源有一定关系。

[①] 中华人民共和国教育部发展规划司. 中国教育统计年鉴：2000 [M]. 北京：人民教育出版社，2001：2；中华人民共和国国家教育委员会计划建设司. 中国教育统计年鉴：1991—1992 [M]. 北京：人民教育出版社，1992：2.

[②] 中华人民共和国国家教育委员会计划建设司. 中国教育事业统计年鉴：1992 [M]. 北京：人民教育出版社，1993：18；中华人民共和国教育部发展规划司. 中国教育统计年鉴：2012 [M]. 北京：人民教育出版社，2013：71，134.

[③] 中华人民共和国国家教育委员会计划建设司. 中国教育事业统计年鉴：1992 [M]. 北京：人民教育出版社，1993：60；中华人民共和国教育部发展规划司. 中国教育统计年鉴：2012 [M]. 北京：人民教育出版社，2013：134.

[④] 中华人民共和国国家教育委员会计划建设司. 中国教育事业统计年鉴：1992 [M]. 北京：人民教育出版社，1993：52；中华人民共和国教育部发展规划司. 中国教育统计年鉴：2012 [M]. 北京：人民教育出版社，2013：85.

[⑤] 中华人民共和国国务院新闻办公室. 中国妇女的状况 [N]. 人民日报，1994-06-03 (1).

[⑥] 中华人民共和国教育部发展规划司. 中国教育统计年鉴：1998 [M]. 北京：人民教育出版社，1999：70；中华人民共和国教育部发展规划司. 中国教育统计年鉴：2000 [M]. 北京：人民教育出版社，2001：72；中华人民共和国教育部发展规划司. 中国教育统计年鉴：2012 [M]. 北京：人民教育出版社，2013：85.

第三章　改革开放和社会主义现代化建设新时期的妇女教育

表 3-2　各类中等学校在校女生数及占比

年份	中等专业学校 女生（万人）	中等专业学校 占比（%）	普通中学 女生（万人）	普通中学 占比（%）	职业中学 女生（万人）	职业中学 占比（%）
1992	111.1	46.1	2 056.5	43.1	158.2	46.1
1993	113.7	40.3	2 071.7	43.7	169.4	46.7
1994	156.2	48.9	2 207.0	44.3	193.8	47.8
1995	187.1	50.3	2 407.5	44.8	218.2	48.7
1996	217.0	51.3	2 599.7	45.3	229.4	48.5
1997	176.8	63.5	2 735.6	45.5	248.4	48.5
1998	272.6	54.7	2 877.7	45.7	259.7	48.0
1999	287.5	55.8	3 109.2	45.9	254.7	47.7
2000	277.3	56.7	3 402.4	46.2	237.4	47.2
2012	435.9	53.7	3 462.1	47.9	290.8	46.7

资料来源：根据相应年份《中国统计年鉴》《中国教育统计年鉴》《中国教育事业统计年鉴》整理。

三、高等教育

1977年10月，国务院决定恢复高考制度，"文化大革命"期间高等教育遭到严重破坏的局面结束了。1977年11月28日至12月25日，全国约有570万名知识青年参加高等学校招生考试。1978年2月，国务院批准恢复全国重点高等学校88所；同年12月，又批准恢复和增设普通高校169所。1985年，《中共中央关于教育体制改革的决定》的颁布拉开了高等教育体制改革的序幕。高等院校办学体制由政府拨款、国家公办转向以政府办学为主与社会各界参与办学相结合，开始扩大高校办学自主权，由单一的隶属关系转向中央、省、市三级管理的新体制。一系列教育体制的改革进一步促进了高等教育的发展，高等学校的数量迅速增加，多样化、综合性学科结构逐步形成。这些改革为女性高等教育的发展创造了条件。从20世纪80年代中期开始，中国恢复单设的女子高等学校，专门招收女生进行培养。1984年，全国妇联妇女干部学校升格为全国妇联管理干部学院，成为全国第一所独立设置的女子成人高校，1987年更名为中国妇女管理干部学院。1984年，福建和陕西分别成立了民办普通高校——福建华南女子职业学院和西安培华女子大学。1985年,湖南成立了公办普通高校湖南女子职业大学。这些单设的女子高等学校为女性高等教育的研究和发展发挥了重要作用。

随着高等教育规模的稳步扩大,接受高等教育的女生数量迅速增加。从1978年到1991年,全国普通高校数量从598所增加到1 075所,在校生从85.6万人增加到204.4万人[1]。在校女生数和占比呈现上升的趋势。1991年,在校女生达到68.2万人,占在校生的33.4%,比1978年增长了9.3个百分点[2](见表3-3)。在专业选择上,女生与男生有明显差异。女生主要选择语言、教育、医学、财会等专业,男生则多选择理工、政法、农林等专业。

表3-3 1978—1991年全国普通高等学校在校女生数及占比

年份	在校女生(万人)	占比(%)
1978	20.7	24.1
1979	24.6	24.1
1980	26.8	23.4
1981	31.2	24.4
1982	30.2	26.2
1983	32.5	26.9
1984	40.0	28.6
1985	51.1	30.0
1986	47.9	25.5
1987	64.7	33.0
1988	68.9	33.3
1989	70.2	33.7
1990	69.5	33.7
1991	68.2	33.4

资料来源:根据相应年份《中国统计年鉴》编制。

20世纪90年代,中国教育事业进一步加快改革和发展的步伐。1992年11月,全国第四次高等教育工作会议召开,会议分析了高等教育体制中存在的国家"包"得过多、"统"得过多,高校缺乏面向社会自主办学的活力和动力,教育经费紧缺等问题,提出了《关于加快改革和积极发展普通高等教育的意见》。1993年1月12日,国务院批转了

---

[1] 国家统计局.中国统计年鉴:1992 [M].北京:中国统计出版社,1992:699-702.
[2] 同[1]719.

第三章　改革开放和社会主义现代化建设新时期的妇女教育

该意见,确立了高等教育改革和发展的主要任务为改革高等教育办学和管理体制。改革原有的由国家包办高等教育的单一体制和模式,探索适应社会主义市场经济体制、调动社会办学积极性、多种形式和途径发展高等教育的新路子,逐步形成多种形式办学的新格局;扩大学校办学自主权,深化教育和教学改革;大力发展专科教育,积极鼓励和支持社会力量兴办民办高等学校。多元的办学体制和模式在一定程度上满足了人们对高等教育的广泛需求,逐渐形成了以普通高等学校教育为主,以本专科学历自学考试、社会力量举办的非学历高等教育和成人高等教育为辅的局面。为了进一步推动高等教育的发展,1995年,国家决定开始实施"211工程"。1998年,《中华人民共和国高等教育法》颁布,为高等教育的改革和发展提供了可靠的法律保障。1999年6月,改革开放后的第三次全国教育工作会议召开,通过了《中共中央国务院关于深化教育改革全面推进素质教育的决定》,做出了深化教育改革、全面推进素质教育、进一步扩大招生规模的决定。

高等教育体制的改革,促进了高等教育健康稳定的发展。1992年、2000年、2012年,全国普通高等学校招生人数分别为75.42万、220.61万和688.83万,在校学生人数分别为218.44万、556.09万和2 391.32万。其中,2012年的在校学生人数较1992年增加了2 172.88万[①]。在国家的支持和鼓励下,民办高等教育也迅速发展起来,从学校数量到招生规模、生源质量、教学水平等各方面都有了很大发展。1994年,民办大学只有18所,到2001年,民办高等教育机构已有1 202所,注册学生有113万人。全国高等教育的快速发展,促进了女性高等教育的发展。20世纪90年代,女子高等院校在20世纪80年代的基础上获得了进一步发展。女子高等院校主要有四种:第一种是女子职业学院,如湖北省妇女干部学校知音职业技术学院、广东女子职业学院。第二种是女子专修学院,主要有浙江女子专修学院、长沙竞男女子专修学院等。第三种是普通高等教育系统内的二级学院,主要有天津师范大学国

---

① 中华人民共和国国家教育委员会计划建设司.中国教育事业统计年鉴:1992[M].北京:人民教育出版社,1993:22;中华人民共和国教育部发展规划司.中国教育统计年鉴:2009[M].北京:人民教育出版社,2010:33;中华人民共和国教育部发展规划司.中国教育统计年鉴:2012[M].北京:人民教育出版社,2013:32.

妇女教育

际女子学院、大连大学女子学院、同济女子学院、上海师范大学女子文化学院等。其中，同济女子学院成立于1998年，是全国重点大学中第一所设立女子学院的高校。第四种是独立设置的女子大学，1995年，中国妇女管理干部学院更名为中华女子学院，于2002年成为全国唯一一所由教育部批准的兼有普通高等教育、成人高等教育和高等职业教育三种形式的正规女子大学。女子高等院校适应社会对女性人才的需要，以培养优秀女性人才为教育目标，在提高妇女文化素质的同时，重视发展女性的兴趣和爱好，注重培养女性的独立意识、独立人格和自我发展能力。女子高等院校在课程设置上，侧重财务会计、文秘、办公自动化、社会工作和法律、学前教育、外语、表演、服装设计、音乐、舞蹈等专业，并向学生讲授男女平等基本国策、女性心理学、女性参政意识、权利意识等内容。以上女子高等院校的发展为女性带来了更多接受高等教育的机会。

女性接受高等教育的人数和占比呈现出快速增加的态势。在普通高等学校，1992—1998年，女大学生增加了57万人，平均每年增加9.5万人；1999—2012年，随着全国高等学校招生规模的不断扩大，女大学生人数迅速增加，到2012年达到1 228.1万。男女接受高等教育的差距逐渐缩小，直至在校女生所占比例超过男生，到2012年，普通高等学校在校女生达1 228.1万人，女大学生占在校大学生的比例也由1992年的33.7%提高到51.4%[1]（见表3-4）。

表3-4　1992—2012年普通高等学校在校女大学生人数及占比

年份	女大学生（万人）	占比（%）
1992	73.6	33.7
1993	85.2	33.6
1994	96.4	34.5
1995	102.9	35.4
1996	110.1	36.4
1997	118.5	37.3

---

[1] 中华人民共和国国家教育委员会计划建设司.中国教育事业统计年鉴：1992[M].北京：人民教育出版社，1993：22；中华人民共和国教育部发展规划司.中国教育统计年鉴：2000[M].北京：人民教育出版社，2001：24；中华人民共和国教育部发展规划司.中国教育统计年鉴：2012[M].北京：人民教育出版社，2013：32.

第三章　改革开放和社会主义现代化建设新时期的妇女教育

续表

年份	女大学生（万人）	占比（%）
1998	130.6	38.3
1999	162.1	39.7
2000	227.9	41.0
2008	1 007.7	49.9
2009	1 082.6	50.5
2012	1 228.1	51.4

资料来源：根据《中国教育事业统计年鉴》《中国教育统计年鉴》相应年份数据整理计算。

自学考试作为高等教育的重要形式，也是女性提高教育水平的重要途径。考生通过自己所报专业规定的科目考试后，可以申请本科和专科同等学力。1995年至1999年，参加自学考试的女性人数和占比呈现不断上升的趋势。1995年，报考本科考试的女性为28.9万人，占报考总人数的43%，到1999年，分别增长至143.8万人和47.8%[1]。通过全国高等教育自学考试获得本专科学历的女性人数和占比也逐渐上升（见表3-5）。

表3-5　1995、1997、1999年全国高等教育自学考试女性获得学历人数及占比

年份	层次	获学历人数	女性人数	占比（%）
1995	本科	11 764	4 522	38.4
1995	专科	217 604	101 538	46.7
1997	本科	26 310	12 154	46.2
1997	专科	261 302	143 527	54.9
1999	本科	85 568	40 870	47.8
1999	专科	338 732	197 518	58.3

资料来源：教育部高等教育自学考试办公室．全国高等教育自学考试统计资料汇编：1994—1999［M］．北京：高等教育出版社，2001.

在专业分布上，这一时期女大学生所学专业仍主要集中在中文、外语、历史、财会、教育等人文学科和医学学科门类。2000年，北京大学招收的新生中，女生在语言文学、历史、外国语专业中的占比分别为72%、61%和60%，而在物理、数学、计算机专业中的占比则仅为14.4%、21.7%和26.9%[2]。随着高等学校学科门类的日益齐全，女大学生所学专业更为广泛，涉及文科和理工科门类的各个专业。

---

[1] 教育部高等教育自学考试办公室．全国高等教育自学考试统计资料汇编：1994—1999［M］．北京：高等教育出版社，2001：109.

[2] 马万华．中国女性高等教育发展的历史、现状与问题［J］．教育发展研究，2005（5）：1-5.

妇女教育

女性高等教育的发展还表现为女研究生队伍的发展壮大。"文化大革命"使中国的研究生教育中断了近10年。为了满足经济建设对高层人才的需要，1977年，根据国务院批转的教育部《关于高等学校招收研究生的意见》，研究生教育得到恢复。1978年，全国共有6.35万多人报考研究生，1万多人被录取。1980年2月，全国人大通过《中华人民共和国学位条例》，确立了高等教育学士、硕士、博士三级学位制度。随着我国研究生培养能力逐渐增强，女研究生队伍迅速扩大，在学女研究生由1985年的16 216人增长到2012年的881 057人（见表3-6），学科覆盖了哲学、经济学、法学、教育学、文学、历史学、理学、工学、农学、医学、军事学11个门类。其中，师范大学中的女研究生所占比例较高。北京师范大学1981年女硕士生占研究生总数的34.4%，女博士生占7.1%；1990年女硕士生占34.2%，女博士生占16.7%[1]。女研究生选择的专业大多倾向于医科、教育等，这与女本科生所选专业密切相关。女研究生人数的增多为国家建设输送了大批女性高级技术、管理和研究人才。

表3-6 1985、1987、1989、1991、2012年在学女研究生数及占比

年份	攻读博士学位研究生 在学女生数	占在学学生的比例（%）	攻读硕士学位研究生 在学女生数	占在学学生的比例（%）	研究生班研究生 在学女生数	占在学学生的比例（%）
1985	304	8.4	14 183	18.9	1 729	20.3
1987	789	8.8	22 275	21.3	1 713	25.4
1989	1 113	10.1	18 182	20.7	666	27.8
1991	1 309	10.6	18 973	25.1	75	29.4
2012	103 436	36.4	738 981	51.5	38 640	52.4

资料来源：根据相应年份的《中国教育统计年鉴》编制。

20世纪90年代，国家提出了适当扩大研究生尤其是博士生招生数量的教育改革要求，研究生教育获得迅速发展，到1995年，全国有权授予硕士和博士学位的高校分别有628所和271所[2]，研究生招生人数也迅速增加。1992年，全国研究生招生人数为3.3万，2000年达到

---

[1] 安树芬. 中国女性高等教育的历史与现状研究[M]. 北京：高等教育出版社，2002：166.

[2] 韦钰. 中国妇女教育[M]. 杭州：浙江教育出版社，1995：90.

第三章 改革开放和社会主义现代化建设新时期的妇女教育

12.8万，到2012年增长至58.97万[①]。全国研究生教育的发展促进了女研究生教育的发展。1992—2000年，女研究生人数和占比均呈逐年上升的趋势。1992年，在校女研究生只有约2.3万人，2000年达到10多万人，在校女研究生占比达到33.4%，增长了约8.6个百分点。1998年以后女研究生教育发展尤为迅速，到2000年的短短两年内，在校女研究生就增加了近4万人。其中女博士人数增加速度更快，2000年，女博士达到16 151人，比1992年增加了近9倍，女博士占博士总数的比例增长了近13个百分点，达到24%[②]（见表3-7）。

表3-7 1992—2012年女研究生人数及占比

年份	在读女研究生 人数	占比 (%)	攻读博士学位女研究生 人数	占比 (%)	攻读硕士学位女研究生 人数	占比 (%)
1992	23 367	24.8	1 627	11.2	21 666	27.3
1993	27 531	25.8	2 179	12.4	25 265	28.4
1994	34 008	26.6	3 142	13.9	30 782	29.3
1995	40 116	27.6	4 447	15.5	35 582	30.6
1996	47 117	29.0	5 982	17.0	41 049	32.4
1997	53 517	30.4	7 394	18.6	45 903	33.8
1998	62 884	31.6	9 140	20.2	53 568	35.0
1999	75 720	32.4	11 945	22.1	63 492	35.6
2000	100 456	33.4	16 151	24.0	84 129	36.1
2012			103 436	36.4	738 981	51.5

注：在读女研究生包括攻读博士学位女研究生、攻读硕士学位女研究生和研究生班女研究生。
资料来源：根据《中国教育事业统计年鉴》《中国教育年鉴》相应年份数据整理。

女研究生培养的发展，不仅表现为数量和占比的增加，还表现为其选择的学科分布的日益广泛，遍布人文社会科学及理、工、农、医、军事等可以授予学位的11个学科门类。女研究生所占比例最高的是医科，1995年，该专业中的女研究生占比达到40%。

改革开放后，为加速人才培养，学习吸取国外先进的科学技术、经

[①] 中华人民共和国教育部发展规划司. 中国教育统计年鉴：2000 [M]. 北京：人民教育出版社，2001：40；中华人民共和国教育部发展规划司. 中国教育统计年鉴：2012 [M]. 北京：人民教育出版社，2013：24.

[②] 中华人民共和国教育部发展规划司. 中国教育统计年鉴：2000 [M]. 北京：人民教育出版社，2001：40.

营管理经验以及其他有益的文化以适应国家建设的需要，1978年7月11日，教育部向中央递交了《关于加大选派留学生的数量的报告》，同时做出派遣3 000人的计划。

1981年，国务院批转了教育部、公安部、外交部、劳动人事部制定的《关于自费出国留学的请示》，许可了自费留学的形式。中国出现了历史上规模最大、领域最多、范围最广的出国留学热潮。1978年，国家派遣女留学人员80名，占留学人员总数的24.1%。1978—1987年，国家先后派出出国留学人员31 889名，其中女留学人员5 462名，占留学人员总数的17.13%[1]。到1992年底，各类出国留学人员约有12万人，其中女性占有相当大的比例[2]。

四、成人教育及职业教育

（一）女性成人教育进步显著

党的十一届三中全会后，为适应经济建设和改革开放对人才的迫切需求，党和国家更加强调公民享有终身受教育的权利，主张大力发展各种层次和多种形式的成人教育，尤其是岗位培训和继续教育，不断提高企业职工队伍的技术和专业水平，成人教育迅速恢复和发展。1979年1月，国务院批转了教育部和中央广播事业局制定的《中央广播电视大学试行方案》。此后，中央和各省（区、市）正式创办广播电视大学，开设了大专和中专层次的专业课程。1980年9月，国务院批转了教育部《关于大力发展高等学校函授教育和夜大学的意见》，推动高等院校采用灵活多样的形式举办函授教育和夜大学。1981年1月，国务院批转了教育部关于高等教育自学考试试行办法的报告，并开始在北京、天津、上海等地试点高等教育自学考试。1981年2月，为了提高劳动者素质，《中共中央、国务院关于加强职工教育工作的决定》提出在两三年内把

---

[1] 中华全国妇女联合会妇女研究所，陕西省妇女联合会研究室. 中国妇女统计资料：1949—1989 [M]. 北京：中国统计出版社，1991：181.
[2] 《中国教育年鉴》编辑部. 中国教育年鉴：1993 [M]. 北京：人民教育出版社，1994：290.

第三章 改革开放和社会主义现代化建设新时期的妇女教育

职工教育的重点放在对青壮年职工进行政治教育和文化技术补课方面。从 1982 年开始,全国各地普遍开展青年职工"补文化、补技术"(简称"双补")教育。

全国各地大批女职工参加各种成人业余学习和"双补"学习。1985 年,全国在教师进修学校脱产两个月或函授业余学习的女性约有 25.5 万人,占在校生总数的 37.3%[1]。成人教育注重"学用结合""按需施教",为女性接受教育提供了灵活、自主的学习环境和有利条件。成人教育的发展解决了"文化大革命"造成的人才断层问题,在促进妇女就业方面发挥了重要作用,使千百万妇女走上了自学成才之路。

1987 年 6 月,国务院批转《国家教育委员会关于改革和发展成人教育的决定》,将成人教育的重点从文化学习和政治教育转向职业技术教育与岗位培训。1988 年,全国设置各类成人高校 1 415 所,包括广播电视大学、职工高等学校、管理干部学院、教育学院、独立函授大学等,还有专门为妇女开办的妇女管理干部学院等,在校女学生有 34.4 万人,占在校生总数的 31.5%[2]。1989 年,全国城乡有 40 多万名妇女参加函大、电大等各类成人教育。广播电视大学的函授和自学高等教育考试为已工作或成家的女性创造了接受高等教育的途径,使她们可以兼顾学习、工作和家庭生活。与此同时,成人初等、中等教育也得到了迅速发展。到 1991 年,全国有各类成人中等专业学校 4 740 所,在校女学生有 69.5 万人,占在校生总数的 42.1%;成人中学 6 731 所,在校女学生约有 43.1 万人,占在校生总数的 48%;成人初等学校约 15.6 万所,在校女生约有 488.3 万人,占在校生总数的 57.2%[3]。

20 世纪 90 年代,国家提出了在整顿成人高等学历教育的基础上办好成人高等学校的要求,女性成人高等教育取得前所未有的发展。进入成人高等学校的女性人数和占比逐年上升,1999 年,成人高校在校女生人数和占比分别达到 60.3 万和 47.3%,比 1995 年分别增加了约 5.5 万和近

---

[1] 唐娅辉. 改革开放以来妇女成人教育与继续教育的历史进步[J]. 湖湘论坛,2008(6).
[2] 中华全国妇女联合会妇女研究所,陕西省妇女联合会研究室. 中国妇女统计资料:1949—1989[M]. 北京:中国统计出版社,1991:184,188.
[3] 中华人民共和国国家教育委员会计划建设司. 中国教育统计年鉴:1991—1992[M]. 北京:人民教育出版社,1992:112-113.

3个百分点。1995—1999年,各类成人高校累计有93万多名女性完成学业,取得高等教育学历。在具有高中以上教育程度的女性中,有26.8%的人最高学历是通过成人教育获得的,比男性高2.2个百分点[①]。

(二) 女性职业技术教育发展显著

"文化大革命"期间,大批中等专业学校被迫停办,农业中学、职业学校被破坏殆尽,造成中等教育结构单一,与国民经济发展需要严重脱节。1978年,全国有普通中学16.2万所,中等专业学校(包括中等技术学校和中等师范学校)仅有2760所,占中等学校总数的1.7%。每年普通高中毕业生除少数升入大学外,剩下的有数百万人需要就业,但又没有任何专业知识和技能,而各行各业却急需技术人员。针对这种情况,1978年4月,教育部提出改革中等教育结构,从单一的普通中学教育体系转变为普通中学教育与职业教育并行。1985年《中共中央关于教育体制改革的决定》进一步明确提出,中等教育体制改革的目标是力争用5年左右的时间,使大多数地区的各类高中阶段的职业技术学校招生数相当于普通高中的招生数,逐步建立起一个从初级到高级、结构合理又能与普通教育相互沟通的职业技术教育体系。

根据中共中央提出的发展职业技术教育的方针,从1980年起,全国各地进行中等教育结构改革试点工作,调整合并部分普通高中和初中,控制中学招生规模,逐步恢复和发展农业、职业学校。1978—1991年,全国普通中学从16.2万所减为8.6万所;中等专业学校从2760所增加到3925所。农业、职业中学从1980年的3314所增加到1991年的9572所。1990年,普通高中在校生占高中阶段在校生总数的57.2%,各类职业高中学生占42.8%[②]。中等教育结构严重失衡的状况基本改变。

中等教育结构的调整大大促进了女性中等职业技术教育的发展。在各级各类学校中,中等职业技术学校的女生数和所占比例增长最快,并

---

① 全国妇联,国家统计局. 第二期中国妇女社会地位抽样调查主要数据报告(内部资料)[R]. 2001: 6.

② 国家统计局. 中国统计年鉴: 1992 [M]. 北京: 中国统计出版社, 1992: 702-703.

逐渐超过普通中学中的女生数和占比。1991年，全国中等专业学校在校生有227.7万人，其中女生占45.6%，比1978年增长了12.5个百分点；农业、职业中学在校生有315.6万人，女生占45.5%，比1980年增长了12.9个百分点[①]（见表3-8）。

表3-8 1978、1980、1985、1991、2012年各类中等学校在校女生数及占比

年份	中等专业学校 女生（万人）	占比（%）	普通中学 女生（万人）	占比（%）	农业、职业中学 女生（万人）	占比（%）
1978	29.4	33.1	2 715.5	41.5	—	—
1980	39.2	31.5	2 180.1	39.6	14.8	32.6
1985	60.7	38.6	1 893.1	40.2	95.4	41.6
1991	103.8	45.6	1 997.6	42.7	143.6	45.5
2012	435.9	53.7	3 462	47.9	290.8	46.7

资料来源：根据相应年份《中国统计年鉴》编制。

随着经济的发展，女性对职业教育和培训的需求增加，一些地方开始设置女子职业学校。1984年，大连市教委和大连市妇联共同创办大连女子职业高中。学生毕业后，由于有一技之长，受到了用人单位的欢迎。1980—1993年，全国共建立了上千所女子中等职业学校，开设了经济、法律、财贸、纺织、文秘、导游、护士、缝纫、烹饪、计算机、美术、幼教、实用英语等专业。女性中等职业技术教育的发展适应了社会需求与妇女的需要，增强了女性求职的能力，拓宽了女性就业的领域。

第三节　社会教育及家庭教育

一、社会教育的发展

（一）扫除妇女文盲

改革开放以来，扫盲教育的战略地位得到高度重视，成为国民教育

---

① 国家统计局.中国统计年鉴：1992[M].北京：中国统计出版社，1992：719.

体系的重要组成部分和国民基础教育的重要内容，妇女扫盲受到高度重视，取得巨大成就。

20世纪70年代末，全国农村12～45岁的青壮年文盲有1.2亿人，占同龄人口总数的30%，其中女性文盲约占2/3。1978年11月6日，国务院发出《关于扫除文盲的指示》，规定农村扫盲的标准，并要求青壮年脱盲人数达到85%。1988年2月5日，国务院颁布《扫除文盲工作条例》，进一步规范扫盲的标准和要求，并采用行政领导制、设立扫盲奖等措施，有力地推动了扫盲教育的发展。1990年，国家教育委员会、农业部等10部门联合成立全国扫除文盲工作协调小组，形成了有关部门共同布置、检查、表彰、推动扫盲工作的新局面。1991年，全国各地共举办扫盲班11万多所，在校女生有344万多人[①]。

全国妇联在国务院发出《关于扫除文盲的指示》和颁布《扫除文盲工作条例》之后，要求各级妇联组织发动妇女积极参加扫盲学习。1988年11月，全国妇联下发《关于进一步加强扫除妇女文盲工作的通知》，要求把扫除妇女文盲，作为全面提高妇女素质的一项战略任务。不少地区组织了各种扫盲竞赛活动，如四川省开展了"千名文盲妇女脱盲赛"，河南省设立了"巾帼扫盲奖"，陕西省进行了"巾帼扫盲奖创评活动"，等等。湖南省各级妇联开展了群众性"劝学"活动，成立了上千个劝学小组，带动数十万妇女参加扫盲学习，到1990年，湖南省已有77万名妇女脱盲。由于扫盲成效显著，1987年，联合国教科文组织授予湖南省妇联"野间扫盲奖"。全国妇联从1989年起在农村妇女中开展的"学文化、学技术、比成绩、比贡献"（简称"双学双比"）活动，也把扫盲与学文化、学技术结合开展，成为妇女扫盲教育的重要途径。据全国妇联统计，1989—1991年，全国累计有850万名妇女脱盲。在政府和社会力量的大力推动下，从1982年到1990年，妇女文盲率从45.2%下降到31.9%，青壮年妇女文盲率从35.9%下降到14.8%，妇女扫盲工作取得了巨大成就。

20世纪90年代是完成扫除文盲的决定性阶段。1993年2月，中共

---

① 中华人民共和国国家教育委员会计划建设司. 中国教育统计年鉴：1991—1992 [M]. 北京：人民教育出版社，1992：112-113.

第三章　改革开放和社会主义现代化建设新时期的妇女教育

中央、国务院印发的《中国教育改革和发展纲要》提出了 20 世纪 90 年代全国基本普及九年义务教育、全国基本扫除青壮年文盲的"两基"目标。1993 年，《国务院关于修改〈扫除文盲工作条例〉的决定》进一步加大各级政府的职责。1994 年，国务院批准成立全国扫盲工作部际协调小组，用以检查和推动扫盲工作。国家加快了扫除文盲工作的进程，各级地方政府把非文盲率作为一项重要的社会发展指标，列入年度评估重要内容。在各地验收的基础上，教育部组织人员对省（区、市）扫盲工作进行抽查评估，促进了基本扫除青壮年文盲的目标按期实现。1996 年，教育部设立了"中华扫盲奖"，表彰在扫盲工作中做出突出贡献的组织和脱盲成绩显著的个人。

1994 年 9 月，《国家教育委员会关于在九十年代基本普及九年义务教育和基本扫除青壮年文盲的实施意见》把以扫除妇女文盲，少数民族地区文盲以及贫困、边远地区文盲工作为重点作为"基本扫除青壮年文盲"的实施原则，妇女扫盲教育得到高度重视。各级政府高度重视扫除妇女文盲工作，将扫盲经费和工作重点放在扫除农村妇女文盲尤其是青壮年妇女文盲方面，组织编写了 100 多种妇女扫盲教材，近 1 000 种扫盲后继续教育教材读物等。1995 年，联合国第四次世界妇女大会在北京召开，通过的《行动纲领》指出，要在女性的教育和培训领域，将消灭女性文盲作为六项战略目标之一。此次会议的召开为扫盲教育及促进男女平等发展提供了新的契机。会后，中国政府及妇女组织采取专门行动消除妇女文盲，1995 年 11 月，政府有关部门和全国妇联共同开展了以妇女为对象的"巾帼扫盲行动"，设立了"巾帼扫盲奖"，每年帮助 300 万文盲妇女脱盲，此外，全国妇联配合国家教委执行扫除文盲计划，把扫盲纳入"家庭文化建设"，使扫盲成为政府、社会团体和每个家庭共同的责任。全国妇联获联合国教科文组织颁发的 1995 年度国际扫盲奖——世宗大王奖。

1990—2000 年，全国女性文盲率大幅下降，女性文化素质大幅提高。1995—2000 年，全国共扫除女性青壮年文盲 1 340 万人[①]。2000

[①] 国务院妇女儿童工作委员会办公室，国家统计局人口和社会科技统计司.《中国妇女发展纲要（1995—2000 年）》终期监测评估报告汇编（内部资料）[M]. 2001：13.

年，15岁以上女性人口的文盲人数和文盲率明显降低，女性文盲由1990年的12 725万人减少到6 320万人，城镇女性文盲率由1990年的18.4%降低到8.2%，农村女性文盲率由1990年的37.1%降低到16.9%[①]。到2013年，女性15岁以上文盲率为6.7%，比1995年降低了17.4个百分点，女性文盲人口比1995年减少了7 000多万[②]。

与同期男性脱盲数相比，女性扫盲成效显著，女性文盲率下降幅度大于男性。1982年，女性文盲、半文盲人数达1.65亿，文盲率高达45.2%；1990年，女性文盲率为31.9%。进入21世纪以后，女性文盲率开始下降到较低水平，2000年为13.5%，2010年进一步降至7.3%。与此相应，文盲率的性别差异也逐步缩小，由1982年相差26.0个百分点缩小至2010年仅相差4.8个百分点，这充分表明女性的受教育状况得到了显著改善（见表3-9）。

表3-9　1982、1990、2000、2010年文盲率及性别差异　　（%）

年份	合计	男性	女性	差异
1982	31.9	19.2	45.2	-26.0
1990	22.2	13.0	31.9	-18.9
2000	9.1	4.9	13.5	-8.6
2010	4.9	2.5	7.3	-4.8

资料来源：国务院人口普查办公室，国家统计局人口统计司.中国1982年人口普查10%抽样资料［M］.北京：中国统计出版社，1983；国务院人口普查办公室，国家统计局人口统计司.中国1990年人口普查资料［M］.北京：中国统计出版社，1993；国务院人口普查办公室，国家统计局人口和社会科技统计司.中国2000年人口普查资料［M］.北京：中国统计出版社，2002；国务院人口普查办公室，国家统计局人口和社会科技统计司.中国2010年人口普查资料［M］.北京：中国统计出版社，2012.

（二）农村教育的重视和加强与农村妇女技能培训

改革开放以后，农村妇女逐渐成为农业生产的重要劳动力，农村产业结构的调整，对农村妇女的科技素质提出了新要求，而农村妇女文化程度普遍偏低，整体素质与其在农业生产中的重要作用不相适应。

---

① 国家统计局人口和社会科技统计司.中国社会中的女人和男人：事实和数据：2004［M］.北京：中国统计出版社，2004：58.

② 中华人民共和国国务院新闻办公室.中国性别平等与妇女发展［N］.人民日报，2015-09-23（22）.

第三章　改革开放和社会主义现代化建设新时期的妇女教育

　　1982年9月，全国妇联召开农村基层妇女工作会议，提出将组织妇女学习文化科学技术、培养妇女生产能手和模范典型、进行生产竞赛活动等作为基层妇女组织的工作任务。1983年9月，中国妇女第五次全国代表大会将提高妇女素质作为重要任务，号召农村妇女积极参加培训和学习，掌握农业生产技术。各地妇联组织开展了多种形式的实用技术培训。1985年1月，河北省妇联在全省农村妇女中开展"我为振兴河北学文化、学科学技术"（简称"双学"）活动，通过举办广播讲座、技术培训班、妇女夜校等，对农村妇女进行种植、养殖、加工等实用技术培训。河南、山东、湖南、安徽、甘肃、陕西、黑龙江等10多个省份也都开展了各种形式的科技文化培训活动。1985年，根据18个省份的不完全统计，近2 000万名农村妇女参加了各种文化技术学习活动，直至1986年，有8 000万农村妇女接受了各种培训，其中有半数能熟练掌握和应用一至两门以上的实用技术[1]。1989年3月，全国妇联、农业部、国家科委、国家教委等12家单位联合发布了《关于在全国各族农村妇女中深入开展学文化、学技术、比成绩、比贡献竞赛活动的通知》，在全国农村妇女中广泛开展"双学双比"活动。1990年为农业科技推广年，"双学双比"活动把组织农村妇女学技术纳入国家"丰收计划""星火计划""燎原计划"。1996年5月，全国妇联与农业部联合决定在"九五"期间，在农村妇女中实施"千万农家女百项新技术推广培训"计划，围绕国家重点推广的农业重大技术，结合农业部门实施的"绿色证书工程"对1 000万农村妇女实施百项新技术、新品种的推广培训。自1989年至1999年，通过"双学双比"活动，近亿名妇女掌握了一两种实用技术，1 500万妇女进入农函大、农广校学习，60.1万妇女获得农民技术员职称[2]。

　　党的十六大提出了全面建设小康社会的奋斗目标，提高农业劳动者素质、促进传统农业向现代农业转变是全面建设小康社会的关键问题。2003年，国务院召开新中国成立以来的第一次全国农村教育工作会议，

---

[1] 罗琼. 当代中国妇女 [M]. 北京：当代中国出版社，1994：247.
[2] 彭珮云. 平等 发展 和平：彭珮云论妇女工作 [M]. 北京：中国妇女出版社，2005：397.

颁布了《国务院关于进一步加强农村教育工作的决定》，将农村教育置于全面建设小康社会的基础性、先导性、全局性地位，以为"三农"服务为方向，把普遍开展农村实用技术培训和农村劳动力转移培训作为农村教育重点，要求每年培训农民超过1亿人次，农村劳动力普遍掌握一两种实用生产技术，实施农村劳动力转移培训，每年培训2 000万人次以上。2003年9月，农业部等六部门联合颁布实施《2003—2010年全国农民工培训规划》。2004年，农业部、财政部、教育部、科技部等部门实施农村剩余劳动力转移培训阳光工程，通过阳光工程的培训，农村女性劳动力提高了素质和就业技能，为向非农产业和城镇转移创造了条件。

2005年10月，党的十六届五中全会做出建设社会主义新农村的重大战略部署，社会主义新农村建设对农村妇女科技素质提出了新的更高要求。2006年，全国农村"双学双比"活动领导小组19个部门共同制定实施《关于动员组织广大妇女积极参与社会主义新农村建设的意见》，以提高农村妇女综合素质为重点，要求建设教育培训、科技示范服务平台，将提高农村妇女整体素质，增强创业就业能力纳入各级农业、科技等部门培训规划，确保在绿色证书工程、农村实用技术培训计划、农村劳动力转移培训计划、星火科技培训专项行动、科普惠农兴村专项计划和经纪人培训等各类培训中，农村妇女占比达到40%以上。该意见明确指出培育新型女农民是推进社会主义新农村建设的关键，加强对农村女能人的示范培训，对普通女农民实施文化教育和实用技术等普及型培训，增强她们适应农业现代化的能力，使她们成为有文化、懂技术、会经营的新型女农民。2009年，全国妇联、农业部联合制定《关于开展百万新型女农民教育培训工作的意见》，实施"农民科学素质行动"和"妇女人才支持行动"，提出百万新型女农民教育培训工作的主要目标是：2009年至2013年，培训500万新型女农民，以农村妇女劳动力、返乡女青年和转移就业妇女为重点，以农业科技培训、创业培训、转移就业培训和学历教育为主要内容，培养一批发展现代农业的新型女农民。2010年，近900万人次的农村妇女接受各类技术技能培训，提高了发展现代农业的能力。到2015年，全国共建立20多万所"妇女学

第三章 改革开放和社会主义现代化建设新时期的妇女教育

校",近2亿人次妇女参加农业新技术、新品种培训,150万妇女获得农业技术员职称和绿色证书①。

(三) 妇女干部培训

妇联组织是妇女社会教育的主要参与和推进者,是妇女和妇联干部教育培训工作的主导者。改革开放后,社会主义现代化建设对妇女干部的能力素质提出了新的要求,国家十分重视妇女干部教育的工作。1987年6月23日,国务院批转了《国家教育委员会关于改革和发展成人教育的决定》,提出"要对各级各类干部,特别是县以上领导干部进行马克思主义理论、党的路线和方针政策、现代管理理论和方法以及必备专业知识的岗位培训",并要求妇联等团体要在自己的职能范围内,继续积极做好培训教育工作。根据党和国家对干部教育工作的要求,妇联确定了以岗位培训为重点的干部培训指导思想,对妇联干部,特别是县以上妇联领导干部进行相应培训,提高她们的岗位任职能力。1990年2月1日,全国妇联印发了《1990年—1995年全国妇联系统干部培训规划要点》,对今后五年妇联干部教育任务、岗位培训及妇女干部院校的建设等问题提出具体意见。经过各级妇联和妇干校五年的具体落实,基本完成培训规划,提高了妇联干部的理论水平和业务能力。到1996年,妇联干部文化程度达到大专以上的占总数的28%,比1990年提高了10.6%,中专(高中)程度的占比为59%,比1990年降低了2.4%②。

"八五"期间,妇女干部院校和培训基地有了很大发展,专职、兼职教师队伍得到了锻炼和提高,一系列岗位培训教学大纲和教材被编写、出版。1995年,中国妇女管理干部学院迁址并更名为中华女子学院,兼有普通高校、成人高校和职业高等教育的性质,设有7个系和若干专业,招生规模大大扩展,成为培养中高级女领导管理干部和各类专门人才的基地。到1996年8月,除陕西省、海南省外,全国共有妇干院校和培训基地31个,其中16所院校被纳入国民教育系列。

---

① 中华人民共和国国务院新闻办公室. 中国性别平等与妇女发展 [N]. 人民日报,2015-09-23 (22).
② 全国妇联办公厅. 七大以来妇女儿童工作文选:1993年9月—1998年6月(内部资料)[M]. 1998:818.

妇女教育

1996年11月，全国妇联印发了《1996年—2000年全国妇联干部教育规划》的通知，规定了"九五"期间妇女干部教育的基本任务包括规范化岗位培训、开展对社会各界女干部的培训、提高妇联干部学历教育水平、培训边远贫困地区妇联干部等；要求到2000年，45岁以下的妇联干部都应达到中专或高中以上文化程度，地市级妇联机关干部达到大专学历的占比不低于80%，县级妇联干部力争达到70%[①]。各地妇联积极开展干部培训工作，到2001年，全国有妇女干部学校66所，妇女培训中心近40个，其中省级妇女干部学校及培训中心28所[②]。到2000年，31个省（区、市）妇联岗位培训目标全面完成，特别是中西部地区妇联，妇女的学历教育在原来基础薄弱的情况下有了显著提高，全国妇联系统干部队伍的文化素质和专业知识水平有了很大的提高。到2001年，全国8万多名专职妇联干部中，大专以上文化程度的占46.8%，高中（中专）文化程度的占47.5%[③]。

党的十七大强调了要优先发展教育，建设人力资源强国，要求实施素质教育，完善国民教育体系，构建全民学习、终身学习的学习型社会。妇联组织积极响应号召，发挥组织优势，建立符合妇女人才开发规律的全国妇女教育培训体系。2007年12月，全国妇联印发《全国妇女教育培训体系建设纲要（2008—2010年）》，建设和完善以国民教育为主体、以社会教育和妇联教育培训为依托的"一体两翼"的全国妇女教育培训体系，推动形成"政府主导、妇联推动、社会支持、妇女受益"的社会化妇女教育培训工作格局，为共建共享和谐社会培养合格的妇女劳动者和妇女人才。该纲要提出了推进男女平等享有社会教育资源，提高妇女参与经济社会发展能力的目标，提出在企事业单位、新经济组织等各种岗位技能培训和失业、失地妇女创业就业培训中，提升女职工参训比例和失业妇女就业比例，增设有女性特色的培训内容，提高女职工思想道德水平和科学文化素质，增强其创业就业和岗位建功能力。按照

---

　　① 全国妇联办公厅. 七大以来妇女儿童工作文选：1993年9月—1998年6月（内部资料）[M]. 1998：380-381.
　　② 全国妇联办公厅. 妇女儿童工作文选：2001年1月—2001年12月 [M]. 北京：中国妇女出版社，2003：297.
　　③ 同②96.

第三章 改革开放和社会主义现代化建设新时期的妇女教育

《干部教育培训工作条例（试行）》的要求，推进党校、行政学院、干部学院等机构增加女干部培训比例的工作，省部级、厅局级、县处级党政女领导干部每 5 年应参加累计 3 个月以上的培训，其他女干部参加脱产教育培训的时间一般每年累计不少于 12 天。鼓励女干部参加相关学历教育，着力提高女干部参政议政的能力；重视女企业家和专业技术骨干的教育培训，提高她们的管理水平和创新能力；有序开展妇联专职和兼职干部培训，提高妇女工作者的履职能力。《2006—2010 年全国妇联干部教育培训规划》强调要加强妇联专职干部培训，建立妇联系统初任干部和提职干部上岗培训制度，实行在职干部和领导干部轮训培训制度，达到中组部对干部培训的要求，提高妇联干部的综合素质、履职能力、服务妇女和维护妇女合法权益的能力。

2008 年，全国妇联下发《关于进一步加强妇联干部教育培训工作的若干意见》，明确了大规模培训妇联干部的总体目标和主要任务，提出了"一把手"、基层干部、青年干部、系统干部、妇女代表和妇联执委等培训重点工程。2010 年，全国妇联印发《关于加强妇联干部教育培训工作的意见》，提出干部培训实行管办分离、强化岗位培训、突出妇联特色等新举措。2011 年，全国妇联举办首期全国妇联执委培训班，全国市级以上妇联组织培训专兼职妇联干部 2 万多人次。截至 2012 年底，妇联系统干部脱产培训率达到 94% 以上，2009—2012 年，每年参加脱产培训的妇联干部人次平均增长 15% 左右，到 2013 年，省以上妇联培训干部 2.71 万人次[①]。2014 年，国家行政学院干部培训在主体班次中开设科学发展的女性领导力培训班，实现了女干部专题培训列入国家级干部培训机构主体班次的突破。2009—2012 年，全国妇联与北京大学、国家行政学院等合作举办省（区、市）妇联主席、全国妇联执委、全国妇联机关干部和妇联系统干部参加的公共管理、领导能力和社会工作等培训班，着力提升妇女工作能力。各地妇联因地制宜举办乡镇妇联干部岗位培训班、换届后村妇代会主任全员培训班、村和社区妇联干部骨干培训班等，有效提升基层妇联干部素质，一大批有本领、善协

---

① 高举旗帜 凝心聚力 团结动员各族各界妇女为实现中国梦而奋斗：在中国妇女第十一次全国代表大会上的报告[N]．中国妇女报，2013 - 11 - 01．

调、在妇女群众中有影响力的优秀基层妇联干部脱颖而出。

二、家庭教育的重视和普及

家庭教育作为国民教育的基础,是国家教育体系中的重要环节。党的十一届三中全会以来,社会主义现代化建设对国民素质提出了更高的要求,家庭教育的重要性日益凸显。与此同时,20世纪80年代初,计划生育政策被确定为基本国策,政府提倡一对夫妇只生育一个孩子,独生子女的教育问题突出,引起社会各方和家长对家庭教育的关注和重视。从20世纪70年代末80年代初起,党和国家日益重视青少年家庭教育问题。

1980年7月15日,中共中央宣传部、教育部、全国妇联等9个部门联合发出《关于在青少年教育工作中各有关部门的职责和分工试行意见》,要求各有关部门协调行动,分工负责,其中规定妇联的主要职责为"抓好城市街道妇女、农村女社员的教育和家庭教育",通过开展"五好"家庭、"模范家庭"、"好妈妈"等活动,帮助街道妇女和农村女社员做好家庭教育工作。1983年,中国妇女第五次全国代表大会正式提出重视和改进家庭教育,加强家庭教育的理论研究,广泛宣传科学抚育、教育子女的知识,不断提高全民族的家庭教育水平。妇联组织成为承担对少年儿童开展家庭教育工作的主要实施单位,家庭教育得到广泛的重视和普及。

建立家庭教育网络。20世纪80年代初,中国开始建立专门的家庭教育的群众性学术团体,以汇集理论研究和宣传普及的力量,整合家庭教育资源,推动家庭教育事业的发展。1980年9月,北京市妇联、市教育局等共同成立北京市家庭教育研究会,成为中国第一个以家庭教育的理论研究和宣传普及为宗旨的群众性学术团体,主要由教育学、心理学等方面的专家,少年儿童教育工作者,热心家庭教育宣传的新闻出版单位人员,以及市、区教育部门、妇联等人员组成。到1987年,北京市家庭教育研究会在19个区、县建立了分会,会员达1 170人,截至1992年,北京市95%的街道乡镇成立了家庭教育研究会的分会。继北

第三章 改革开放和社会主义现代化建设新时期的妇女教育

京之后，各地家庭教育研究会发展迅速。到1988年，全国共成立家庭教育研究会1 464个，其中省、区、市级有38个，地、市级共有87个，县级共有1 339个。家庭教育的网络逐渐形成，由各级妇联、教委以及有关部门和专家组成的家庭教育队伍逐渐发展壮大。1989年9月10日，中华全国家庭教育学会成立，这是中国第一个研究家庭教育科学的全国性学术团体，由全国人大常委会副委员长、全国妇联主席陈慕华任名誉会长，全国妇联副主席、北京师范大学教育系教授卢乐山任会长。团体由省（区、市），计划单列市家庭教育研究会，以及有关家庭教育的教学、科研单位组成，并吸收相关部门和社会上热心儿童事业的专家参加。

开展家庭教育调查研究。各地对改革开放后家庭教育领域出现的新特点、新问题进行调查研究，为开展家庭教育工作奠定了基础。1981年，北京市家庭教育研究会对北京市工读学校学生的家庭情况展开调查，研究分析青少年犯罪的家庭原因，为开展失足青少年的家庭教育提供了重要参考。此外，北京市家庭教育研究会与北京市西城区计划生育办公室联合开展的关于独生子女特点与家庭情况的调查研究，是较早关注独生子女家庭教育问题的一次调查研究，为独生子女家庭教育的实施奠定了基础。此后，全国各地针对家庭教育现状的调查研究不断增多。1982年，北京、天津、黑龙江、吉林、江苏、福建等12个省份的妇联对少年儿童的家庭教育现状和问题开展调查研究，内容涉及少数民族儿童和少年的情况，失足青年的家庭教育，学校、社会、家庭对少年儿童进行联合教育问题等。

在调查研究中，对家庭教育作为一种理论和学科的认识愈发深入。1982年，北京市家庭教育研究会举办的首届家庭教育问题研讨会，提出将家庭教育学作为一门学科来建立和完善，进一步开展家庭教育的理论研究，普及家庭教育科学知识。1988年，北京师范大学教育系在全国率先开设了家庭教育学课程。1992年，国务院颁布《九十年代中国儿童发展规划纲要》，首次提出"师范院校在试点的基础上，逐步开设家庭教育课程"，推动了家庭教育学的发展。同年，北京师范大学率先招收家庭教育研究方向的硕士研究生，许多高校先后开设了家庭教育学课程。

家庭教育的宣传普及。各级妇联组织、教育部门以及社会各界通过报纸、书刊、广播、电视等多种宣传工具,向社会大众普及家庭教育的重要意义以及教育子女的科学知识、方法和典型经验案例。1980年,普及家庭育儿科学知识的综合性月刊《父母必读》在北京创刊,这是中国第一份家庭教育类期刊;1982—1985年,上海、浙江、天津相继创办了各种类型的家庭教育杂志。1984年10月,中国第一份家庭教育类报纸《家长报》在武汉创刊,每期发行20多万份。

到1987年,全国有24个省份的妇联出版的妇女报纸和刊物开辟了家庭教育专栏。各类家庭教育普及读物如雨后春笋般涌现。1982年,全国共发行数十种家庭教育读物。1987年,全国妇联组织家庭教育专家和家庭教育工作者编辑出版"家长手册"丛书,"家长手册"是新中国成立以来第一套以提高家长素质、普及家庭教育科学知识为目的的百科丛书。此外,家庭教育知识还通过专题报告会、广播、电视等形式进行普及。1980—1982年,北京市妇联和北京市家庭教育研究会共组织报告、讲座、交流会210多场,"四好"家长巡回报告团做报告37场,听众达4万人次。

开办家长学校,建设家庭教育队伍。教育、妇联等部门联合开办家长学校,提高家长思想文化素质,普及家庭教育和科学育儿知识。家长学校采用灵活多样的办学方式,以托幼园所、中小学等为阵地,以工厂、街道、村镇为单位组织,采取夜校、周末家长班等多种形式。1981年,北京市家庭教育研究会创办第一个家长学校"母范学堂"。1983年,湖南省郴州市成立第一所母亲学校。1985年,四川省妇联与四川省广播电台联合成立四川省广播父母学校,这是第一所用广播普及家庭教育科学知识的空中学校,编写了10多本家庭教育系列教材,发行400多万册[①]。此后,各种形式的家长学校如雨后春笋般建立起来,1988年,发展到13万所[②]。

---

① 四川省地方志编纂委员会. 四川省志:党派团体志 下 [M]. 成都:四川人民出版社,2001:1038.
② 王娜梅. 全国家庭教育研讨会在京开幕 13万所家长学校遍及城乡 [N]. 人民日报,1988-06-24(3).

第三章　改革开放和社会主义现代化建设新时期的妇女教育

各地妇联与卫生、教育、科技、计划生育等部门联合开展家庭教育咨询指导活动。1983 年，广东省建立全国第一个家庭教育咨询站，定期开展面访和书面咨询等活动；1984 年，北京市家庭教育研究会、北京市妇联、北京计划生育宣传教育中心等联合开办定期定点的家庭教育和儿童保健咨询处；1986 年，四川省由财政拨款建立有固定场所和设备的家庭辅导站，到 1987 年底共有家庭辅导站 17 217 个[①]。在农村，利用农民赶集的机会，在集市上举办家庭教育咨询站。到 1987 年，全国共成立家庭教育咨询指导机构 8 000 多处[②]。各地开办培训班、组建讲师团，培训家庭教育辅导员，向社会宣传普及家庭教育知识。1982 年，北京市各区、县妇联组织培训退休教师、工人、干部等成为家庭教育辅导员，达 3 万人。1985 年、1989 年，全国妇联与联合国儿童基金会先后联合举办家庭教育工作骨干培训班，对家庭教育工作人员开展培训，推动了家庭教育骨干队伍的成长壮大。

进入 21 世纪，党和政府日益重视家庭教育，强调发挥家庭在精神文明建设中的积极作用。在新的历史时期，中央对加强和改进未成年人思想道德建设工作做出了一系列重要部署。2004 年，《中共中央国务院关于进一步加强和改进未成年人思想道德建设的若干意见》提出要重视和发展家庭教育，"各级妇联组织、教育行政部门和中小学校要切实担负起指导和推进家庭教育的责任"。2004 年，教育部、共青团中央、全国妇联、公安部等部门在全国范围内开展"争做合格家长、培养合格人才"（简称"双合格"）宣传教育实践活动。与此同时，大力发展各种类型的家长学校，开展家庭教育指导服务等，逐步建立学校、社区、家庭"三位一体"的思想道德建设教育网络，促进了未成年人思想道德建设。2007 年，全国妇联、教育部、中央文明办等八部门联合制定《全国家庭教育工作"十一五"规划》，提出有条件的地（市）、县要建立家庭教育研究机构或社团组织。2009 年，全国妇联推动将家庭教育纳入国家中长期教育改革和发展规划中。2010 年，全国妇联联合教育部等 6 个

---

①　四川省地方志编纂委员会. 四川省志：党派团体志 下 [M]. 成都：四川人民出版社，2001：1038.

②　冯媛. 各条战线妇女在改革中显身手 我国妇女运动开创新局面 [N]. 人民日报，1987 - 03 - 03 (1).

部门编制并颁发了《全国家庭教育指导大纲》，这是第一个全国性的家庭教育指导性文件，对家庭教育的指导原则、各个年龄段儿童家庭教育的指导内容和要求做出规定，同时规定各级妇联组织、教育行政部门牵头负责指导和推进家庭教育。2011年，全国妇联、教育部、中央文明办联合下发《关于进一步加强家长学校工作的指导意见》，进一步明确了妇联组织在家长学校管理过程中的职能：妇联组织参与指导街道、社区（村）家长学校、家庭教育指导机构工作，机关、企事业单位、街道、社区（村）家长学校校长和家庭教育指导机构负责人由主管妇联工作的领导兼任。2011年，全国妇联家庭教育研究与指导中心成立，旨在通过开展家庭教育科学研究、宣传培训、指导服务、示范推广工作，促进我国家庭教育事业发展。2012年，全国妇联、教育部、中央文明办等七部门联合制定《关于指导推进家庭教育的五年规划（2011—2015）》（简称《规划》）。《规划》对构建基本覆盖城乡的家庭教育指导服务体系、完善基本家庭教育公共服务、推进家庭教育法律政策完善、促进家庭教育立法取得实质性成果做出部署。《规划》提出了全国80%的城市社区和60%的行政村要建立家长学校或家庭教育指导服务点，有条件的机关、社会团体、企事业单位要创办家长学校，为家长提供及时便利的家庭教育指导服务，省、市、县及乡镇普遍建立家庭教育指导服务阵地等目标，并制定了配套经费保障机制和监测评估机制。为配合《规划》实施，《全国家庭教育科研课题指南（2011—2015年）》同时发布，涉及家庭教育立法、中小学幼儿园家长委员会的设置、社会主义核心价值体系融入家庭教育、早期家庭教育误区与对策、新兴媒体对未成年人的影响与家庭教育等30项内容。

由于社会分层加剧、家庭结构变化、贫富差距拉大，不同区域、不同群体的儿童家长的需求分化多元，家庭教育中存在着错位、缺位和不到位的现象，由家庭教育不当引发的典型个案频发，成为社会舆论的焦点。同时，家庭教育工作发展不平衡，家庭教育的重要作用没有得到充分发挥，家庭教育工作机制、政策和资源保障较为薄弱，家庭教育方面的公共服务不能满足需求，家庭教育指导服务亟须规范有序发展。为在城乡广泛建立规范的家庭教育指导服务体系，2013年6月，全国妇联、

第三章　改革开放和社会主义现代化建设新时期的妇女教育

教育部、国家卫生和计划生育委员会联合下发《关于开展全国家庭教育指导服务体系试点工作的通知》，在全国确定20个市、区、县作为建立全国家庭教育指导服务体系的试点地区，通过先行先试、总结经验、以点带面的方式，加快家庭教育指导服务体系的建设。试点地区在扩大家庭教育公共服务供给、拓展家庭教育指导服务阵地、培育家庭教育专兼职工作者队伍、深化家庭教育宣传、加强家庭教育重点难点问题理论研究、完善家庭教育工作组织管理机制等方面进行实践，探索建立家庭教育指导服务体系的模式和方法。北京市通州区试点建立"家庭教育社区辅导站"，由经过培训的"家庭教育指导师"在社区向家长普及新的家庭教育理念和方法。山西省临汾市在试点中重点探索解决特殊困境儿童、农村留守流动儿童家庭教育问题的机制、模式和方法。2008—2013年，全国建立各类家长学校61.45万个，建立各类家庭教育指导服务机构3.27万个，基本形成了覆盖全国的五级工作网络，为开展家庭教育指导服务提供了阵地平台。

第四节　本时期妇女教育的主要成绩

改革开放后到党的十八大召开期间，在优先发展教育事业、持续实施教育惠民政策、缩小教育城乡差距和性别差距、积极推进教育公平的历史进程中，妇女教育事业稳步推进，妇女受教育权得到有效保障，受教育状况不断改善，受教育水平大幅提升。这一时期，女性更加平等地享有与男性同等的教育权利和机会，妇女接受教育的总人数不断增加、占比不断提高，妇女接受教育的年限和层次明显上升，妇女接受教育的质量和条件显著改善。

扫除妇女文盲成果斐然，妇女文盲人数大大减少。在政府和社会力量的大力推动下，持续开展扫盲工作，始终把扫除妇女文盲、提高妇女识字率作为主要目标，把扫除农村妇女文盲作为重点，基本扫除了妇女青壮年文盲，女性文盲率明显下降。1982年，妇女文盲、半文盲人数为 1.65 亿，到 2010 年，妇女文盲人数下降到 4 001.19 万，妇女文盲率由 1982 年的 45.2% 下降至 2010 年的 7.3%，到 2013 年进一步降低至 6.7%[1]。女性文盲率下降的幅度高于男性，并且文盲率的性别差距显著缩小，由 1982 年女性高于男性 26 个百分点转为 2010 年女性较男性高出 4.8 个百分点。

九年义务教育基本消除了性别差距。在大力扫除妇女文盲的基础上，中国高度重视保障女童接受基础教育的权利和机会，加大投入，重点倾斜，专项助学金、扶助政策和助学项目等一系列倾斜性政策的实施，大大增加了农村女童受教育的机会。《中华人民共和国义务教育法》实施以来，女童与男童平等享有九年义务教育的机会，有力地保证了义务教育阶段的性别公平。首先，小学女童净入学率已高于男童。2006 年，全国小学学龄儿童净入学率达到 99.27%，其中男女童净入学率分别为 99.25% 和 99.29%，女童净入学率高于男童 0.04 个百分点。到 2012 年，九年义务教育巩固率为 91.8%，小学学龄儿童净入学率达到 99.85%，男女童净入学率分别为 99.84% 和 99.86%[2]。其次，初中教育阶段男女占比差距进一步缩小。自 1984 年开始，初中教育阶段的男女占比差距逐渐减小，到 2012 年，初中女生所占比例由 1991 年的 43.3% 提高到 47.09%，与男生所占比例的差距由 13.4 个百分点缩减到 5.8 个百分点。女性初中教育的发展保障了九年义务教育的顺利普及[3]。

高中教育阶段性别差距缩小，女性接受高中阶段教育的机会明显增加。就读普通高中的女生占比持续增长，就读中职学校的女生占比超过男生。义务教育的平等发展为高中教育阶段的性别平等打下了良好的基础。改革开放以来，女性获得普通高中教育的机会进一步增加，普通高中教育中的性别差距逐渐减小。1978 年，普通高中在校女生占在校生

---

[1] 国务院人口普查办公室，国家统计局人口和就业统计司. 中国 2010 年人口普查资料：上 [M]. 北京：中国统计出版社，2012：319；中华人民共和国国务院新闻办公室. 中国性别平等与妇女发展 [N]. 人民日报，2015-09-23（22）.

[2] 中华人民共和国教育部. 2012 年全国教育事业发展统计公报 [EB/OL]. (2013-08-16). http://www.moe.gov.cn/srcsite/A03/s180/moe_633/201308/t20130816_155798.html.

[3] 中华人民共和国教育部发展规划司. 中国教育统计年鉴：2012 [M]. 北京：人民教育出版社，2013：132.

第三章　改革开放和社会主义现代化建设新时期的妇女教育

总人数的 39.7%，2012 年，高中教育阶段在校女生占在校生总人数的 47.63%，其中普通高中在校生中女生占比已达 49.41%。女性进入各类高中阶段教育的占比都有增长，与普通高中教育相比，女性进入职业教育的占比明显偏高。中专在校生中女生占比由 1980 年的 31.5% 增长到 2012 年的 53.7%；职业高中在校生中女生占比由 1980 年的 32.6% 增长到 2012 年的 46.7%。

妇女接受高等教育的机会大面积增加，在高等教育阶段女性人数和占比大幅度攀升，她们接受教育的层次不断提高。改革开放后，随着高等教育体制改革的全面展开，女性高等教育进入新的发展时期。在校女大学生的占比逐步攀升，妇女接受高中阶段和高等教育水平实现历史新高。从教育规模来看，改革开放之初的 1978 年，普通高等学校女大学生只有 20.7 万人，到 1980 年，全国普通高等学校女生仅有 26.8 万人，占高等学校学生总人数的 23.4%，直至 1998 年，全国普通高等学校女生人数上升到了 130.6 万，较 1978 年增长了 5.3 倍[1]。随着 1999 年全国高等教育大规模扩招，女大学生、女研究生人数继续大幅度增长。2009 年，全国普通本专科教育女性在校生人数首次超过男性，达到了 1 082.6 万，占普通本专科在校生总人数的 50.5%，2012 年，普通高等学校本专科在校女生有 1 228 万人，占在校生总人数的比例已达 51.4%，比 1980 年提高了 28 个百分点[2]。另外，博士研究生中女生的占比显著增长。从 1982 年恢复学位制到 1993 年，中国仅有 1 149 名女性获得博士学位，占博士总人数的 9.4%[3]。2012 年，报考博士生的女性考生录取比例达 30%，博士研究生在校生中女生占比增至 36.4%，

---

[1] 中华全国妇女联合会妇女研究所，陕西省妇女联合会研究室．中国妇女统计资料：1949—1989 [M]．北京：中国统计出版社，1991：168；中华人民共和国教育部发展规划司．中国教育统计年鉴：1998 [M]．北京：人民教育出版社，1999：22.

[2] 中华人民共和国国家教育委员会计划建设司．中国教育事业统计年鉴：1992 [M]．北京：人民教育出版社，1993：22；中华人民共和国教育部发展规划司．中国教育统计年鉴：2009 [M]．北京：人民教育出版社，2010：5；中华人民共和国教育部发展规划司．中国教育统计年鉴：2012 [M]．北京：人民教育出版社，2013：32.

[3] 中华人民共和国国务院新闻办公室．中国妇女的状况 [N]．人民日报，1994-06-03 (1).

硕士研究生在校生中女生占比超过男性，达到了51.5%[1]。

妇女接受职业教育和技能培训的人数不断增加、占比不断提高。中国不断完善职业教育法律政策，逐步建立健全职业教育体系，妇女接受职业教育的机会不断增加。2012年，接受中等职业教育的女生人数达到962.6万，普通中专在校女生人数达到435.9万，分别占总人数的45.5%和53.7%[2]。

女童平等接受学前教育取得成效。1992年，国务院颁布实施《九十年代中国儿童发展规划纲要》，提出3~6岁幼儿入园率达到35%的目标。从2011年开始，中国连续实施三期学前教育三年行动计划，解决"入园难"问题。《中国妇女发展纲要（2011—2020年）》提出，学前教育毛入学率达到70%，女童平等接受学前教育。1988年，幼儿园在园女童达865.6万人，占在园总人数的46.7%；1993年，全国接受学前教育的女童达1 197.6万人，占在园总人数的46.9%；到2012年，全国接受学前教育的女童达1 707万人，占在园总人数的46.32%[3]。

本章参考文献

著作类

邓小平. 邓小平文选：第1卷 [M]. 2版. 北京：人民出版社，1994.

邓小平. 邓小平文选：第3卷 [M]. 北京：人民出版社，1993.

中国科学院. 邓小平论科学技术 [M]. 北京：科学出版社，1997.

中共中央党史研究室. 中国共产党的九十年 [M]. 北京：中共党史出版社，2016.

---

[1] 中华人民共和国教育部发展规划司. 中国教育统计年鉴：2012 [M]. 北京：人民教育出版社，2013：27.

[2] 同[1]5.

[3] 中华全国妇女联合会妇女研究所，陕西省妇女联合会研究室. 中国妇女统计资料：1949—1989 [M]. 北京：中国统计出版社，1991：122；中华全国妇女联合会妇女研究所，国家统计局社会与科技统计司. 中国性别统计资料：1990—1995 [M]. 北京：中国统计出版社，1998：248；中华人民共和国教育部发展规划司. 中国教育统计年鉴：2012 [M]. 北京：人民教育出版社，2013：5.

第三章　改革开放和社会主义现代化建设新时期的妇女教育

《中国共产党简史》编写组．中国共产党简史［M］．北京：人民出版社，2021．

《中华人民共和国简史》编写组．中华人民共和国简史［M］．北京：人民出版社，2021．

《改革开放简史》编写组．改革开放简史［M］．北京：人民出版社，2021．

当代中国研究所．新中国70年［M］．北京：当代中国出版社，2019．

杨东平．中国教育发展报告：2012［M］．北京：社会科学文献出版社，2012．

莫文秀．中国妇女教育发展报告：No.1：1978—2008［M］．北京：社会科学文献出版社，2008．

张李玺．中国妇女教育发展报告：No.2：女子院校发展研究［M］．北京：社会科学文献出版社，2012．

张李玺．中国妇女教育发展报告：No.3：高等教育中的女性［M］．北京：社会科学文献出版社，2018．

谭琳．1995—2005年：中国性别平等与妇女发展报告［M］．北京：社会科学文献出版社，2006．

谭琳．2006—2007年：中国性别平等与妇女发展报告［M］．北京：社会科学文献出版社，2008．

谭琳．2008—2012年：中国性别平等与妇女发展报告［M］．北京：社会科学文献出版社，2013．

国家教委中学司．中学教育文献选编：1977—1985［M］．北京：光明日报出版社，1987．

安树芬，耿淑珍．中国妇女教育资料选编［M］．北京：中国妇女出版社，1995．

国务院人口普查办公室，国家统计局人口统计司．中国1982年人口普查10%抽样资料［M］．北京：中国统计出版社，1983．

国务院人口普查办公室，国家统计局人口统计司．中国1990年人口普查资料［M］．北京：中国统计出版社，1993．

国务院人口普查办公室，国家统计局人口和社会科技统计司. 中国 2000 年人口普查资料［M］. 北京：中国统计出版社，2002.

国务院人口普查办公室，国家统计局人口和社会科技统计司. 中国 2010 年人口普查资料［M］. 北京：中国统计出版社，2012.

国家统计局. 中国统计年鉴：1981［M］. 北京：中国统计出版社，1982.

国家统计局. 中国统计年鉴：1994［M］. 北京：中国统计出版社，1994.

国家统计局. 中国统计年鉴：1999［M］. 北京：中国统计出版社，1999.

国家统计局. 中国统计年鉴：2001［M］. 北京：中国统计出版社，2001.

国家统计局. 中国统计年鉴：2003［M］. 北京：中国统计出版社，2003.

《中国教育年鉴》编辑部. 中国教育年鉴：1949—1981［M］. 北京：中国大百科全书出版社，1984.

中华人民共和国国家教育委员会计划建设司. 中国教育统计年鉴：1991—1992［M］. 北京：人民教育出版社，1992.

中华人民共和国国家教育委员会计划建设司. 中国教育事业统计年鉴：1992［M］. 北京：人民教育出版社，1993.

中华人民共和国国家教育委员会计划建设司. 中国教育事业统计年鉴：1993［M］. 北京：人民教育出版社，1994.

中华人民共和国教育部计划建设司. 中国教育事业统计年鉴：1997［M］. 北京：人民教育出版社，1998.

中华人民共和国教育部发展规划司. 中国教育统计年鉴：1998［M］. 北京：人民教育出版社，1999.

中华人民共和国教育部发展规划司. 中国教育统计年鉴：1999［M］. 北京：人民教育出版社，2000.

中华人民共和国教育部发展规划司. 中国教育统计年鉴：2000［M］. 北京：人民教育出版社，2001.

第三章　改革开放和社会主义现代化建设新时期的妇女教育

中华人民共和国教育部发展规划司．中国教育统计年鉴：2012［M］．北京：人民教育出版社，2013．

教育部高等教育自学考试办公室．全国高等教育自学考试统计资料汇编：1994—1999［M］．北京：高等教育出版社，2001．

中华人民共和国国务院新闻办公室．中国妇女的状况［M］．北京：人民出版社，1994．

中华人民共和国国务院新闻办公室．中国性别平等与妇女发展状况［M］．北京：新星出版社，2005．

国家统计局社会与科技统计司．中国社会中的女人和男人：事实和数据：1995［M］．北京：中国统计出版社，1995．

国家统计局人口和社会科技统计司．中国社会中的女人和男人：事实和数据：1999［M］．北京：中国统计出版社，1999．

国家统计局人口和社会科技统计司．中国社会中的女人和男人：事实和数据：2004［M］．北京：中国统计出版社，2004．

国家统计局社会和科技统计司．中国社会中的女人和男人：事实和数据：2007［M］．北京：中国统计出版社，2007．

中华全国妇女联合会妇女研究所，陕西省妇女联合会研究室．中国妇女统计资料：1949—1989［M］．北京：中国统计出版社，1991．

中华全国妇女联合会妇女研究所，国家统计局社会与科技统计司．中国性别统计资料：1990—1995［M］．北京：中国统计出版社，1998．

第四章 中国特色社会主义新时代的妇女教育

第一节 妇女教育的方针政策

一、实施背景

改革开放以来，随着中国经济持续增长、社会全面进步、教育科技水平显著提高，中国妇女教育与发展获得前所未有的机遇，并取得了举世瞩目的历史成就。2011年，国务院颁布的《中国妇女发展纲要（2011—2020年）》指出，截至2010年，我国在促进妇女发展和男女平等方面取得了重大进展。妇女受教育水平稳步提高，男女受教育差距进一步缩小；保障妇女权益的立法、执法力度持续加大，妇女权益进一步得到保障；男女平等基本国策进一步深入人心，妇女发展的社会环境进一步改善[1]。然而，我国作为世界上人口最多的发展中国家[2]，受社会主义初级阶段生产力发展水平和社会文明程度的制约与影响，妇女教育与发展仍面临诸多问题与挑战。促进妇女全面发展，实现男女平等依然任重道远。

进入新时代，以习近平同志为核心的党中央提出实现"两个一百年"奋斗目标：第一个一百年，是到中国共产党成立一百年时全面建成小康社会；第二个一百年，是到新中国成立一百年时建成富强民主文明和谐美丽的社会主义现代化强国。党的十九大提出习近平新时代中国特色社会主义思想，为实现中华民族伟大复兴的中国梦指明了方向。持续不断的创新与改革为该时期的发展注入了生机。从党的建设和执政方略看，党的理论创新实现了新飞跃，党的执政方式发生重大变革，发展理

---

[1] 国务院关于印发中国妇女发展纲要和中国儿童发展纲要的通知 [EB/OL]. (2011-07-30). http://www.gov.cn/gongbao/content/2011/content_1927200.htm.

[2] 第七次全国人口普查结果显示，全国人口总量为141 178万，男性人口为72 334万，占51.24%；女性人口为68 844万，占48.76%。

第四章　中国特色社会主义新时代的妇女教育

念和发展方式有重大转变，发展环境和发展条件有重大变化，发展水平和发展要求不断提升；从社会主要矛盾看，我国社会主要矛盾已经由人民日益增长的物质文化需要同落后的社会生产之间的矛盾，转化为人民日益增长的美好生活需要和不平衡不充分的发展之间的矛盾；从奋斗目标看，党的十九大到二十大是"两个一百年"奋斗目标的历史交汇期，我们既要全面建成小康社会、实现第一个百年奋斗目标，又要乘势而上开启全面建设社会主义现代化国家新征程，向第二个百年奋斗目标进军。

中国特色社会主义进入新时代，中国的妇女教育事业迎来了空前的发展动力与战略机遇。这一时期的妇女教育事业在党的领导下，坚定不移地走中国特色社会主义妇女发展道路，紧密围绕中央重大决策部署与国家中心工作展开。实现"两个一百年"奋斗目标、实现中华民族伟大复兴的中国梦，需要凝聚包括妇女在内的全体中华儿女共同奋斗的强大力量。习近平总书记多次就妇女工作和教育改革发展做出一系列重要讲话、指示批示，提出了一系列新理念、新思想、新观点，形成了关于妇女教育的重要论述，为新时代中国妇女教育的发展指明了前进方向。2015年，在北京世界妇女大会召开20周年之际，习近平总书记在联合国总部出席了"促进全球男女平等和妇女赋权：从承诺到行动"全球妇女峰会，在发表的题为《促进妇女全面发展 共建共享美好世界》的重要讲话中指出，"妇女是物质文明和精神文明的创造者，是推动社会发展和进步的重要力量。没有妇女，就没有人类，就没有社会"，强调要"发扬北京世界妇女大会精神，重申承诺，为促进男女平等和妇女全面发展加速行动"[1]。

新时代，中国的妇女教育事业始终坚持贯彻落实男女平等的基本国策[2]，

---

[1] 习近平. 促进妇女全面发展 共建共享美好世界：在全球妇女峰会上的讲话[N]. 人民日报, 2015-09-28 (3).

[2] 参考新华社专栏关于男女平等基本国策的相关内容：男女平等基本国策是促进妇女与经济社会同步发展、男女两性平等发展、妇女自身全面发展的一项带有长远性和根本性的总政策，其核心要义是重视和发挥妇女在经济社会发展中的主体地位和作用，推动妇女与经济社会同步发展；在承认男女显示差异的前提下倡导男女两性权利、机会和结果的平等，依法保障妇女合法权益；从法律、政策和社会实践方面消除对妇女一切形式歧视，构建以男女平等为核心的先进性别文化；将性别平等意识纳入决策主流，切实在出台法律、制定政策、标志规划、部署工作时充分考虑两性的显示差异和妇女的特殊利益。

在保障妇女获得平等受教育权利的基础上,持续提高其受教育年限和综合能力素质,以教育赋权妇女,促进与实现妇女的全面发展。"十三五"时期,紧紧围绕全面提高教育质量这个主题,加快推进教育现代化,把教育发展成果更公平地惠及全民,明确指出实现妇女儿童平等受教育权利要得到更好的保障,把立德树人作为根本任务,全面实施素质教育,全面提升育人水平。《中华人民共和国国民经济和社会发展第十四个五年规划和2035年远景目标纲要》进一步指出"促进男女平等和妇女全面发展"为新阶段妇女教育发展的重要目标[①]。我国妇女教育事业的发展仍处于大有可为的战略机遇期,同时也面临多重矛盾与严峻挑战,这一形势对实现妇女教育事业的发展与促进妇女的全面发展提出了前所未有的新任务与新要求。

二、方针政策

在中国特色社会主义进入新时代的背景下,妇女教育的方针政策具有鲜明的特点,主要体现在两个方面:第一,突出党中央的集中统一领导,坚定不移地走中国特色社会主义妇女发展道路,紧密围绕中央重大决策部署与国家中心工作开展妇女教育事业与发展工作。第二,始终坚持贯彻落实男女平等基本国策,推进教育改革发展全面提升教育质量和促进教育公平,保障妇女平等享有受教育的权利和机会,持续提升妇女受教育的程度与质量,以教育为基石促进妇女全面发展。

(一)落实党中央关于妇女教育的重要方针

坚持和加强党的全面领导是这一时期最显著的特征。党的十九大指出,中国特色社会主义最本质的特征是中国共产党领导,中国特色社会主义制度的最大优势是中国共产党领导,党是最高政治领导力量。坚持党对一切工作的领导是新时代坚持和发展中国特色社会主义最重要的基

---

① 中华人民共和国国民经济和社会发展第十四个五年规划和2035年远景目标纲要[EB/OL].(2021-03-13). http://www.gov.cn/xinwen/2021-03/13/content_5592681.htm.

第四章　中国特色社会主义新时代的妇女教育

本方略①。坚持党的领导首先是坚持党中央的集中统一领导，维护习近平总书记党中央的核心、全党的核心地位。新时代，习近平总书记高度重视教育事业，为中国妇女教育事业的发展指明了"实现中华民族伟大复兴"的时代主题与"坚定不移地走中国特色社会主义道路"的发展方向。习近平总书记多次就妇女工作与教育工作做出重要指示、批示，由此形成的政策性文件居于这一时期妇女教育方针政策的核心地位。习近平总书记对妇女工作及相关教育工作的重要指示主要体现在以下几个方面：

第一，要求妇女工作、教育工作坚持党的领导，紧紧围绕党和国家工作大局谋划和开展工作。2013年10月，习近平总书记在同全国妇联新一届领导班子成员集体谈话时强调：坚持党的领导，紧紧围绕党和国家工作大局谋划和开展工作，这是妇联组织发挥作用的根本遵循，是妇联工作不断前进的重要保障。妇联组织要把工作放到大局中去部署、去开展，把党的主张转化为广大妇女的自觉追求和实际行动②。2018年9月，习近平总书记在全国教育大会上强调：加强党对教育工作的全面领导，是办好教育的根本保证。教育部门和各级各类学校的党组织要增强"四个意识"、坚定"四个自信"，坚定不移地维护党中央权威和集中统一领导，自觉在政治立场、政治方向、政治原则、政治道路上同党中央保持高度一致③。

第二，明确当代中国妇女运动的时代主题，实现中华民族伟大复兴。2013年10月，习近平总书记指出：实现党的十八大提出的目标任务，实现中华民族伟大复兴，是党和国家的工作大局，也是当代中国妇女运动的时代主题；要牢牢把握这一时代主题，把中国发展进步的历程同促进男女平等发展的历程更加紧密地融合在一起，使我国妇女事业发展具有更丰富的时代内涵，使我国亿万妇女肩负起更重要的责任担

---

① 习近平. 决胜全面建成小康社会 夺取新时代中国特色社会主义伟大胜利：在中国共产党第十九次全国代表大会上的报告[M]. 北京：人民出版社，2017.
② 坚持男女平等基本国策 发挥我国妇女伟大作用[N]. 人民日报，2013-11-01（1）.
③ 坚持中国特色社会主义教育发展道路 培养德智体美劳全面发展的社会主义建设者和接班人[N]. 人民日报，2018-09-11（1）.

当①。实现中华民族伟大复兴，就是实现中国梦，是习近平总书记所提出的重要指导思想和重要执政理念。中国梦的具体表现是国家富强、民族振兴、人民幸福，妇女要充分参与到中国梦的实现过程中，共享发展成果。

第三，明确继续坚持男女平等基本国策，保障妇女儿童合法权益。2015年9月，习近平主席在全球妇女峰会上发表讲话，指出：推动妇女和经济社会同步发展。发展离不开妇女，发展要惠及包括妇女在内的全体人民。我们要制定更加科学合理的发展战略，既要考虑各国国情、性别差异、妇女特殊需求，确保妇女平等分享发展成果，又要创新政策手段，激发妇女潜力，推动广大妇女参与经济社会发展。中国实践证明，推动妇女参加社会和经济活动，能有效提高妇女地位，也能极大提升社会生产力和经济活力②。2017年10月，习近平总书记在党的十九大上指出：坚持男女平等基本国策，保障妇女儿童合法权益。完善社会救助、社会福利、慈善事业、优抚安置等制度，健全农村留守儿童和妇女、老年人关爱服务体系。保障妇女平等接受教育是坚持男女平等基本国策的重要内容，是提高妇女素质、更好地参与经济社会发展、提高妇女社会地位的重要基础③。

第四，要求妇联组织坚持密切联系和服务广大妇女，依法保障妇女权益。2013年10月，习近平总书记强调：联系和服务广大妇女是妇联组织的根本任务。做好新形势下妇联工作，一定要把工作重心放在基层。各级妇联组织干部特别是领导干部，要坚持走出机关、走向基层，沉下身子，拓宽工作渠道，创新工作手段，用自己的眼睛看最真实的情况，用自己的耳朵听最真实的声音，帮助广大妇女排忧解难，通过实实在在的服务把党和政府的关怀、妇联"娘家人"的温暖送到广大妇女心中，使妇女工作常做常新、充满活力。妇联干部要对广大妇女充满感情，真诚倾听她们呼声，真实反映她们意愿，真心实意为广大妇女办

---

① 坚持男女平等基本国策 发挥我国妇女伟大作用[N]. 人民日报，2013-11-01（1）.

② 习近平. 促进妇女全面发展 共建共享美好世界：在全球妇女峰会上的讲话[N]. 人民日报，2015-09-28（3）.

③ 习近平. 决胜全面建成小康社会 夺取新时代中国特色社会主义伟大胜利：在中国共产党第十九次全国代表大会上的报告[M]. 北京：人民出版社，2017.

事，在广大妇女中产生强大感召力①。2015年9月，习近平总书记在全球妇女峰会上发表讲话，指出：妇女权益是基本人权，要把保障妇女权益纳入法律法规，上升为国家意志，内化为社会行为规范。

第五，要求努力保障教育公平，在各级各类教育中全面贯彻性别平等原则。2016年9月，习近平总书记在八一学校考察时指出：教育公平是社会公平的重要基础，要不断促进教育发展成果更多更公平惠及全体人民，以教育公平促进社会公平正义；要优化教育资源配置，逐步缩小区域、城乡、校际差距，特别是要加大对革命老区、民族地区、边远地区、贫困地区基础教育的投入力度，保障贫困地区办学经费，健全家庭困难学生资助体系；要推进教育精准脱贫，重点帮助贫困人口子女接受教育，阻断贫困代际传递，让每一个孩子都对自己有信心、对未来有希望②。2017年，党的十九大报告进一步明确指出，推动城乡义务教育一体化发展，高度重视农村义务教育，办好学前教育、特殊教育和网络教育，普及高中阶段教育，努力让每个孩子都能享有公平而有质量的教育③。

（二）全面实施《中国妇女发展纲要（2011—2020年）》

"妇女教育政策主要是指一系列保护妇女与女童平等受教育权的法律、法规和相关政策。"④ 2011年7月，国务院颁布了《中国妇女发展纲要（2011—2020年）》（简称《纲要》）。《纲要》是按照中国经济社会发展的总体目标和要求，结合中国妇女发展和男女平等的实际情况，结合我国宪法与相关法律法规以及联合国第四次世界妇女大会通过的《北京宣言》《行动纲领》等国际公约和文件而制定的指导性文件。它对新时代妇女教育发展方向与重大策略措施提出明确指导，特别强调将社会性别意识纳入法律体系和公共政策，促进妇女全面发展，促进两性和谐

---

① 坚持男女平等基本国策 发挥我国妇女伟大作用[N]. 人民日报, 2013-11-01 (1).
② 全面贯彻落实党的教育方针 努力把我国基础教育越办越好[N]. 人民日报, 2016-09-10 (2).
③ 习近平. 决胜全面建成小康社会 夺取新时代中国特色社会主义伟大胜利：在中国共产党第十九次全国代表大会上的报告[M]. 北京：人民出版社, 2017：45-46.
④ 郑新蓉, 武晓伟, 林思涵. 妇女与教育：我国教育性别平等的进程与反思[J]. 山东女子学院学报, 2020 (6)：1-13.

《纲要》明确提出新时代中国妇女发展的四项基本原则。第一，全面发展原则。从妇女生存发展的基本需求出发，着力解决关系妇女切身利益的现实问题，努力实现妇女在政治、经济、文化和社会等各方面的全面发展。第二，平等发展原则。完善和落实促进男女平等的法规政策，更加注重社会公平，构建文明先进的性别文化，营造良好的社会环境，缩小男女社会地位差距，促进两性和谐发展。第三，协调发展原则。加大对农村及贫困地区和民族地区妇女发展的支持力度，通过完善制度、增加投入、优化项目布局等措施，缩小城乡区域妇女在人均收入水平、生活质量、文化教育、医疗卫生服务、社会保障等方面的差距。第四，妇女参与原则。依法保障妇女参与经济社会发展的权利，尊重妇女的主体地位，引导和支持妇女在推动社会主义经济建设、政治建设、文化建设、社会建设以及生态文明建设的实践中，实现自身的进步与发展[1]。

《纲要》指出妇女与健康、妇女与教育、妇女与经济、妇女参与决策和管理、妇女与社会保障、妇女与环境、妇女与法律七个重要领域的主要目标与策略措施。

在妇女教育方面，相比前阶段制定的《中国妇女发展纲要（2001—2010年）》，《纲要》进一步明确了在教育系统中全面贯彻性别平等原则。《纲要》首次提出学前教育入园率指标，并提出将高中阶段教育女性毛入学率目标从75%提升到90%，高等教育女性毛入学率从15%提升到40%，提高女性接受职业学校教育和职业培训的占比，主要劳动年龄人口中女性平均受教育年限达到11.2年，提高高等学校女性学课程普及程度，将性别平等原则纳入各类课程及教学等目标。

在策略措施方面，《纲要》强调在教育法规、政策规划的制定与执行过程中增加社会性别意识，为进一步促进妇女平等受教育的权利与落实性别平等原则提供制度保障。《纲要》还强调将性别平等原则和理念充分融入各级各类教育的理念与实践中。从学前教育、义务教育、高中阶段教育、高等教育、职业教育、终身教育、社区教育和扫除妇女文

---

[1] 中国妇女发展纲要（2011—2020年）[EB/OL].（2011-08-08）. http://www.scio.gov.cn/ztk/xwfb/46/11/Document/976066/976066.htm.

盲、加大女性技术技能人才培养力度等方面细化了实施措施。随着中国妇女受教育程度的显著提升，《纲要》首次强调了加强妇女理论研究和高等学校女性学学科建设，实施教育内容和教育过程性别评估，提高教育工作者的社会性别意识，均衡中、高等教育学科领域学生的性别结构等问题。《纲要》中的相关规定是新时代开展妇女教育的重要依据，对于在教育中保障妇女权益及平等享有受教育的权利和机会、持续提高女性受教育程度、促进妇女发展、推动男女平等具有重要意义。

三、法律保障

进入新时代，中国的法治建设进入新阶段。党的十八届四中全会提出良法善治的概念，提出"良法是善治的基础"。党的十九大进一步明确要"以良法促进发展、保障善治"。在坚持中国共产党的领导的基础上，推进科学立法，坚持公正司法，严格依法行政，全面依法治国，为妇女平等享有受教育的权利和机会提供强有力的法律保障。

（一）该时期妇女教育法治建设的进展

1. 从集中立法转向法律体系的完善

作为国家根本大法，1954年《宪法》确立了男女平等的基本原则。现行《宪法》（1982年颁布，2018年最新修正）明确规定妇女在政治的、经济的、文化的、社会的和家庭的生活等各方面享有同男子平等的权利。《宪法》确立的这一原则是各下位法、行政法规、部门规章、地方新法规的基本立法准则。随着《中华人民共和国未成年人保护法》《中华人民共和国妇女权益保障法》《中华人民共和国教育法》《中华人民共和国教师法》《中华人民共和国义务教育法》《中华人民共和国职业教育法》《中华人民共和国高等教育法》《中华人民共和国民办教育促进法》等一系列教育类法律法规的出台，我国妇女权益保护和教育管理相关的法律体系在2010年以前已初步成形。新时代的工作重心是完善以宪法为基础、以妇女权益保障法为主体的法律体系，继续补足相关法律法规，修订相关法律。

妇女教育

立法方面取得新突破与新进展。2015年出台的《中华人民共和国反家庭暴力法》，设立家庭暴力告诫、强制报告、人身安全保护令和紧急庇护四项制度；同年，《中华人民共和国刑法修正案（九）》加大了对幼女人身权利的保护。在学前教育方面，2018年，十三届全国人大常委会立法规划制定了《中华人民共和国学前教育法》立法项目。2020年9月，教育部发布了关于《中华人民共和国学前教育法草案（征求意见稿）》公开征求意见。这意味着我国在学前教育领域的法律空白即将被填补。与此同时，从教育改革发展长期趋势着眼，截至2021年，我国仍在积极酝酿制定"终身教育法"等，以应对国内国际新形势对教育体制改革与创新的需求。

法律修订方面，上述妇女保护与教育法规在2012年至2021年期间大多进行了修订。值得一提的是，教育部还曾于2015年创造性地提出"一揽子修订教育法律"的立法模式，建议对《中华人民共和国教育法》《中华人民共和国高等教育法》《中华人民共和国民办教育促进法》三部法律进行集中修改，以便解决相关法律配套统一的问题，创造了教育法规修订的新模式。上述立法与修订法律的立法价值取向从关注管理规范转向制度正义，从调节教育体制内主体关系转向多元主体、多重利益的综合调节，从宏观管理逐步走向微观管理，从倡导性的"软法"条款逐步走向明确法律责任的"硬法"条款。

新时代，法规政策性别平等评估机制建立起来。依据《中华人民共和国立法法》中备案审查制度和程序规定，创建源头保障妇女权益、促进男女平等发展新机制。2012—2018年，全国30个省（区、市）建立了法规政策性别平等评估机制，将男女平等价值理念引入法规政策的制定、实施和监督环节，加强政策法规制定前研判、决策中贯彻、实施后评估的制度化建设，进一步体现了新时代妇女群众的意志和期盼，进一步丰富了新时代科学立法和民主立法的实践。

2. 地方性法规立法成果显著

除了全国性法律、法规和规章外，国内各地在建立地方性法规方面也取得了一定进展，部分法规具有前瞻性，为制定全国性相关法律提供了有益的探索。2016年5月，重庆市通过了《重庆市家庭教育促进条例》，该条例的出台是我国家庭教育地方性立法的重大突破。随后，贵州省、山西省、江西省、江苏省及浙江省等的家庭教育地方性法规相继出台。2021年10月，第十三届全国人民代表大会常务委员会第三十一次会议通过的《中华人民共和国家庭教育促进法》充分借鉴了上述地方性法规的立法、司法实践，上升为统一适用的法律。

类似的还有《中华人民共和国学前教育法》。从1998年到2012年，先后有青岛、北京、太原、南京、徐州、合肥、福州、杭州、江苏、宁波等地方性学前教育法规面世，为《中华人民共和国学前教育法草案（征求意见稿）》（2020年9月发布）的出台奠定了基础。

我国的"终身教育法"尚在酝酿、制定中，但是福建、上海、太原等地已经制定了地方性终身教育法规。早在2005年，福建省就通过了《福建省终身教育促进条例》；2011年，上海市通过了《上海市终身教育促进条例》；2012年，山西省通过了《太原市终身教育促进条例》。这三部地方性法规同样具有前瞻性，在理论和实践层面解析终身教育立法的重点和难点，为国家立法提供了借鉴。

3. 教育法从行政化逐步走向司法化

长期以来，我国教育相关法律停留在行政性法律规约的层面上，依据教育法律法规提起诉讼的情况仍不多见。在新时代，这一现象得到了明显改善，越来越多的公民和组织通过司法手段维护自身教育权益，打破了特别权力关系理论的阴霾笼罩，使法治的神圣光芒真正照进教育殿堂。

1989年，《中华人民共和国行政诉讼法》即已颁行，教育行政争议案件完全可以纳入校内申诉、校外申诉、行政复议和行政诉讼等多种救济渠道。2019年3月，北京大学教育法研究中心、北京大学教育立法研究基地启动"推动教育法治进程十大行政争议案件"评选活动，"甘露诉暨南大学开除学籍决定案""西北政法大学博士点申报行政复议案""程蕴诉清华大学高考不予录取案"等成为"推动教育法治进程十大行政争议案件"[①]。教育行政诉讼的增多表明国家教育相关法律法规不断

---

① "推动教育法治进程十大行政争议案件"评选揭晓［EB/OL］. http://jw.beijing.gov.cn/jyzx/ztzl/bjjypf/fzzx/fzyw/201905/t20190530_536853.html.

完善，不断具有刚性约束力，公民接受教育的主动性显著增强，对教育公平、教育质量的要求不断提升。

除一般性行政诉讼外，教育公益诉讼制度也呼之欲出。公益诉讼是指特定的国家机关和相关的社会团体、组织、公民个人，根据法律的授权，对违反法律法规，侵犯国家利益、社会公共利益的行为，向法院起诉，由法院依法追究法律责任的活动。教育关系到千家万户的民生问题。教育权利受到侵害的妇女、儿童往往不具备个体诉讼能力，个人起诉成本大，收益有限。越来越多的专家学者呼吁建立我国的教育公益诉讼制度，从司法层面进一步保护受教育者的合法权益。可喜的是，相关努力已初见端倪。2012年修订的《中华人民共和国民事诉讼法》在新增加的第55条中规定了公益诉讼，赋予了社会组织、国家有关机关针对环境保护领域和消费者权益保护领域的公共利益保护提起公益诉讼的权力。尽管法律仅明确规定了环境、消费者保护两个领域的公益诉讼，但其具有宣示作用，为其他领域的公益诉讼奠定了基础。2014年10月，党的十八届四中全会明确提出"探索建立检察机关提起公益诉讼制度"。检察公益诉讼制度的确立，让公益诉讼领域有了"国家队"。随着国家法治进程的推进，教育公益诉讼制度会逐步落地实施，更好地保护受教育者，特别是妇女儿童受教育的权利。

（二）该时期新出台的重要法律草案

从2012年到2021年，国家启动了"学前教育法"和"家庭教育法"的立法程序。截至2021年年初，前者由教育部公布草案征求意见稿，后者已由全国人大常委会公布草案。两者虽仍在酝酿、制定中，但其法律框架与基本原则已基本确立，其保护妇女儿童接受良好教育的立法主张明显。

1.《中华人民共和国学前教育法草案（征求意见稿）》

2020年9月7日，教育部发布《中华人民共和国学前教育法草案（征求意见稿）》。这意味着我国在学前教育领域的法律空白即将被填补。该草案征求意见稿明确学前教育是国民教育体系的重要组成部分，是重要的社会公益事业，我国实行三年学前教育制度，凡是具有我国国籍的适龄儿童，都依法享有接受学前教育的权利。

该草案征求意见稿规定学前教育具有"普及"与"普惠"的特性，在发展学前教育时应当坚持以政府主导和政府举办为主，大力发展普惠性学前教育资源，鼓励、支持和规范社会力量参与。办园体制分为公办园、民办园、普惠民办园。新小区配套幼儿园只能为公办园，且公办园的产权在交付使用时需要移交给地方政府。幼儿园教师应当取得幼儿园教师资格，幼儿园与教师实行聘任制，签订劳动合同。幼儿园及其举办者应当按照国家相关规定保障教师和其他工作人员的工资福利、社会保险待遇，改善教师和其他工作人员的工作、生活条件。

该草案征求意见稿明确规定了社会资本不得控制公办幼儿园、非营利性民办幼儿园，幼儿园不得直接或者间接作为企业资产上市，校外培训机构等其他教育机构不得对学前儿童开展半日制或者全日制培训，擅自举办幼儿园的违法责任和上市公司通过幼儿园进行违规逐利的违法责任。其中，擅自举办幼儿园的，将予以1万至20万元的罚款并没收违法所得；上市公司违规逐利的，将予以30万至100万元的处罚并没收违法所得。

该草案征求意见稿成为正式立法的重要依据。从草案的立法原则可以看出，国家将加大投入支持公办学前教育发展，从严管理民办幼儿园，严格限制社会资本在学前教育阶段的牟利行为。这样的立法导向，有利于均衡学前教育的发展差异，促进学前教育健康有序发展。这将惠及广大农村地区、不发达地区的儿童，特别是女童，使她们接受良好的学前教育，为义务教育阶段的教育打下良好的基础。

2.《中华人民共和国家庭教育法草案》

2012年以来，国家高度重视家风和家教建设，并通过立法来设定家庭教育的底线，厘清相互关系。2021年1月，全国人大常委会审议并通过了《中华人民共和国家庭教育法草案》。该草案明确未成年人的父母或者其他监护人是家庭教育的第一责任人，规定了政府、村（居）民委员会、学校、其他有关社会公共机构等不同主体在促进家庭教育方面的责任和义务。父母或者其他监护人有对未成年人实施家庭教育的权利和义务。未成年人的父母或者其他监护人应当树立正确的家庭教育理念，自觉学习家庭教育知识，特别是在孕期和未成年人进入婴幼儿照护服务机构、幼儿园、中小学校等重要节点进行有针对性的学习，掌握科学的家庭教育方法，提高家庭教育的能力。

草案提出，国务院应当组织有关部门制定、修订并及时颁布全国家庭教育指导大纲；省级人民政府应当结合当地实际，组织有关部门编写不同年龄段的家庭教育指导读本，制定相应的家庭教育指导服务工作规范和评估规范；县级以上人民政府应当结合当地实际，通过多种途径和方式设立或者推动设立家庭教育指导服务中心；中小学校、幼儿园应当建立家长学校，针对不同年龄段未成年学生的特点，定期组织家庭教育指导和家庭教育实践活动。草案对婴幼儿照护服务机构、早期教育服务机构、婚姻登记机构、医疗卫生机构等也提出了要在不同情况下提供相关家庭教育指导服务的要求。

值得一提的是，该法律草案还明确了公安机关、人民检察院、人民法院干预家庭教育的情形和主要措施，并在法律责任一章中明确父母、其他自然人和法人违反该法应承担的责任，包括处分、拘留、罚款、吊销执照等。长期以来，女童是家庭教育的"弱势群体"，该法律草案"祭出重拳"保护儿童接受家庭教育的权利，对于促进女童发展、指导妇女开展家庭教育具有里程碑式的意义。

第二节　妇女教育的发展状况

新时代，在党的领导下依据教育法律法规深入实施妇女发展纲要，持续改善妇女受教育与发展环境，促进妇女平等依法享有教育权利、参与教育和各项经济社会发展、共享发展成果。在坚持优先发展教育、持续实施教育惠民政策、缩小城乡教育差距、积极推进教育公平的历史进程中，妇女受教育状况不断改善，妇女教育机会均等获得充分实现，受教育水平大幅提升，在促进妇女教育发展和男女平等方面取得重大进展。

第四章　中国特色社会主义新时代的妇女教育

妇女教育是指通过教育赋能妇女，为妇女的身心发展带来积极影响的教育思想、制度与实践活动。它不仅指对妇女进行的教育，还包含根据妇女特征与自觉需求而发展完善的教育。妇女教育内涵丰富，包括各种类型与层次的教育形式与活动，反映在家庭教育、社会教育和学校教育中。狭义的妇女教育主要指妇女在国家教育体系中所受的正规学校教育，涉及学前教育、义务教育、高中教育、高等教育等。

该时期，国务院印发实施的《纲要》为妇女教育工作指明方向并提出具体规划要求。《纲要》明确提出10项主要目标：第一，教育工作全面贯彻性别平等原则。第二，学前三年毛入园率达到70%，女童平等接受学前教育。第三，九年义务教育巩固率达到95%，女童平等接受九年义务教育，消除女童辍学现象。第四，高中阶段教育毛入学率达到90%，女性平等接受高中阶段教育。第五，高等教育毛入学率达到40%，女性平等接受高等教育，高等学校在校生中男女占比保持均衡。第六，高等学校女性学课程普及程度提高。第七，提高女性接受职业学校教育和职业培训的占比。第八，主要劳动年龄人口中女性平均受教育年限达到11.2年。第九，女性青壮年文盲率控制在2%以下。第十，性别平等原则和理念在各级各类教育课程标准及教学过程中得到充分体现。

《纲要》中的相关规定是新时代开展妇女教育的重要指标依据，对于在教育中保障妇女权益、促进妇女发展、推动男女平等具有重要意义。2013年开始，国家统计局根据相关部门统计数据和资料逐年对《纲要》实施情况进行统计监测，在动态统计的基础上为《纲要》规划教育目标的推进起到积极作用。2016年，国家统计局对《纲要》五年来的实施情况进行了综合汇总和分析，发布了《纲要》中期统计监测报告。结果表明，《纲要》实施总体进展顺利，在可监测的54项重点统计指标中，有44项指标提前实现或基本实现《纲要》目标，总达标率为81.5%。

2020年，国家统计局发布的《纲要》统计监测报告显示：2019年，女童平等接受学前教育得到切实保障，全国学前教育毛入园率为83.4%，远高于"达到70%"的《纲要》目标；小学学龄儿童净入学率已连续5年达到99.9%及以上，九年义务教育巩固率为94.8%，基本实现"达到95%"的《纲要》目标，消除性别差距在义务教育阶段得到基本实现；全国高中阶段毛入学率达到89.5%，女生平等接受高中阶段教育得到巩固加强，进一步接近"达到90%"的《纲要》目标；高等教育女生占比超过一半，高等教育毛入学率已由2010年的26.5%快速提高到2019年的51.6%[1]。

一、学前教育

学前教育，广义上包含0～6/7周岁儿童在接受九年义务教育前所进行的教育；狭义上，依据2020年发布的《中华人民共和国学前教育法草案（征求意见稿）》规定，学前教育是国民教育体系的重要组成部分，是重要的社会公益事业，我国实行三年的学前教育制度，凡是具有我国国籍的适龄儿童，都依法享有接受学前教育的权利。

新时代，国家教育事业发展规划中明确提出加快学前教育发展。政府从制度和投入两个层面，积极推进学前教育立法，持续加大学前教育投入，推进学前教育迅速发展。与此同时，我国政府始终重视和关心女童学前教育工作，通过一系列立法、规划、政策、财政投入等手段，切实保障女童平等接受学前教育。具体举措包括：继续扩大普惠性学前教育资源，基本解决"入园难"问题；以区县为单位实施学前教育行动计划及后续行动；支持企事业单位和集体办园，扩大公办学前教育资源；完善普惠性民办幼儿园扶持政策，鼓励地方通过政府购买服务、补贴租金、培训教师等方式，加快民办普惠性幼儿园发展；提高幼儿园保育教育质量；健全学前教育管理体制，强化省级政府的统筹责任，落实县级政府发展学前教育和幼儿园监管的主体责任；加大对贫困地区、民族地区学前教育薄弱环节的扶持力度。

第一，从政策到立法，新时代学前教育法治建设明显提速。制度建设为教育实践与管理提供基础与保障，新时代推进学前教育发展必须在

---

[1] 2019年《中国妇女发展纲要（2011—2020年）》统计监测报告［EB/OL］.（2020-12-19）. http://www.gov.cn/shuju/2020-12/19/content_5571135.htm.

第四章 中国特色社会主义新时代的妇女教育

法律和规范性文件的框架下开展。相比前一时期，该时期学前教育制度建设明显提速，国家出台了一系列政策支持学前教育的发展。2010年，中共中央、国务院颁布的《国家中长期教育改革和发展规划纲要（2010—2020年）》提出"基本普及学前教育"，并且要求"明确政府职责""重点发展农村学前教育"。作为该纲要的深化措施和实施细则，同年发布的《国务院关于当前发展学前教育的若干意见》强调"把发展学前教育摆在更加重要的位置"，积极发展学前教育，着力解决当前存在的"入园难"问题，满足适龄儿童入园需求。

2018年，《中共中央国务院关于学前教育深化改革规范发展的若干意见》直指三大目标：到2020年，全国学前三年毛入园率达到85%，普惠性幼儿园覆盖率（公办园和普惠性民办园在园幼儿占比）达到80%；到2020年，基本形成以本专科为主体的幼儿园教师培养体系，本专科学前教育专业毕业生规模达到20万人以上；到2035年，全面普及学前三年教育，建成覆盖城乡、布局合理的学前教育公共服务体系。2020年，教育部印发《中华人民共和国学前教育法草案（征求意见稿）》，作为立法的前置程序，该草案征求意见稿的出台标志着学前教育即将受到法律的规范，这无疑将在依法促进和规范学前教育的道路上迈出关键一步。

第二，对学前教育的投入持续加大。2011年，财政部、教育部印发《关于加大财政投入支持学前教育发展的通知》，明确"支持学前教育发展是公共财政的重要职责"。2015年，这两个部委又印发《中央财政支持学前教育发展资金管理办法》，按"扩大资源"类和"幼儿资助"类设置学前教育发展资金，前者用于支持地方多种渠道扩大普惠性学前教育资源，后者用于支持地方健全幼儿资助制度。

国家通过实施一系列举措，使学前教育经费得到充分保障。2011—2020年，中央财政累计安排支持学前教育发展资金1 530亿元。其中，2018年，中央财政下达支持学前教育发展资金达150亿元。即使在新冠疫情暴发、国家整体"过紧日子"的背景下，学前教育投入仍不断加大。2019年、2020年、2021年分别为168.5亿元、188.4亿元、198.4亿元，年度净增长均在10亿元以上。国家的持续投入带动地方政府同步加大投入力度，持续扩大普惠性教育资源供给，建立健全幼儿资助制度，特别是围绕脱贫攻坚开展的学前教育扶贫，支持更多的农村女童接受学前教育。

在政策方面，国家对学前教育发展给予适当政策倾斜。比如，国家相继出台《幼儿园教师专业标准（试行）》《幼儿园园长专业标准》《教师教育课程标准（试行）》等文件，促进学前教育专业人才培养，提高幼儿园教师质量，加快教师专业全面成长。再如，教育部协调发改委、自然资源部、住房和城乡建设部等部门，建立联动管理机制，落实《中共中央国务院关于学前教育深化改革规范发展的若干意见》，要求将小区配套幼儿园办成公办园或者普惠性民办园，督促各省制定落实小区配套幼儿园的建设管理办法。

第三，通过行动计划和试点，加速开展学前教育。国家通过一系列行动计划和试点，加速开展学前教育，缓解"入园难"的问题。2011年、2014年、2017年，国家先后实施三期学前教育三年行动计划，发展普惠性幼儿园，理顺学前教育管理体制和办园体制，健全学前教育成本分担机制，构建幼儿园教师队伍建设支持体系，加强幼儿园质量监管和业务指导。2016年起，教育部确定北京市顺义区、大兴区等36个地区为国家学前教育改革发展实验区[①]，开展公益普惠的学前教育财政投入保障机制、幼儿园教师队伍培养和补充机制、幼儿园教师工资待遇保障机制、幼儿园教师师德建设长效机制、规范普惠性民办幼儿园监管、健全学前教育教研制度、贯彻落实《3～6岁儿童学习与发展指南》等方面的试点。

第四，女童成为学前教育普及与均衡原则的受益者。普及与均衡是这一时期学前教育法律法规提及最多的立法原则。长期以来，学前教育是妇女教育的短板，经过10年的努力、投入，正在将这块短板逐步补

---

① 名单包括：北京市顺义区、大兴区，天津市北辰区，河北省邯郸市、唐山市丰南区，山西省芮城县、太原市小店区，辽宁省沈阳市，吉林省珲春市，江苏省镇江市、丰县，浙江省海宁市、杭州市江干区，安徽省宁国市，福建省晋江市，江西省芦溪县、赣县，山东省青岛市、莒南县，河南省邓州市，湖北省武汉市、荆门市掇刀区，湖南省长沙市岳麓区，广东省佛山市、广州市番禺区，广西壮族自治区环江县，海南省儋州市、昌江县，重庆市江北区，四川省成都市、泸县，贵州省铜仁市，云南省昆明市、巍山县，甘肃省教育厅、临夏市。

第四章　中国特色社会主义新时代的妇女教育

齐。相较男童,女童是普及与均衡原则更大的受益者。政府始终重视和关心女童学前教育工作,通过政策调控与财政支持促进并保障女童平等接受学前教育。

根据教育部统计数据,2019年,全国共有28.12万所幼儿园,比上年增加1.45万所,增长了5.44%;学前教育(包括幼儿园和附设幼儿班)入园幼儿1 688.23万人,在园幼儿4 713.88万人。其中,在园女童2 212.6万人,比上年增加35.9万人,增长了1.6%,增速高出全部在园儿童平均水平0.4个百分点;比2010年增加860万人,增长了63.6%,增速高出平均水平5.2个百分点。2019年,学前教育女童所占比重为46.9%,高于上年0.1个百分点,比2010年提高1.4个百分点[1];全国学前教育毛入园率为83.4%,比上年提高1.7个百分点,远高于"达到70%"的《纲要》提出的目标。

新时代,女童接受学前教育的占比持续提高,女童平等接受学前教育得到切实保障。但是,根据教育部统计数据,适龄男童女童在平等入园接受学前教育方面仍有提升空间。保障适龄女童接受学前教育,将是促进学前教育事业普及普惠安全优质发展、规范学前教育实施、提高全民素质的重要发展方面。

二、义务教育

依据《中华人民共和国义务教育法》的规定,义务教育是国家统一实施的所有适龄儿童、少年必须接受的教育,是国家必须予以保障的公益性事业。凡具有中华人民共和国国籍的适龄儿童、少年,不分性别、民族、种族、家庭财产状况、宗教信仰等,依法享有平等接受义务教育的权利,并履行接受义务教育的义务。凡年满6周岁的儿童,其父母或者其他法定监护人应当送其入学接受并完成义务教育;条件不具备的地区的儿童,可以推迟到7周岁[2]。

---

[1]　2019年教育统计数据 全国基本情况［EB/OL］.（2020 - 06 - 11）. http://www.moe.gov.cn/jyb_sjzl/moe_560/jytjsj_2019/qg/.

[2]　中华人民共和国义务教育法［EB/OL］.（2021 - 10 - 29）. http://www.moe.gov.cn/jyb_sjzl/sjzl_zcfg/zcfg_jyfl/202110/t20211029_575949.html.

第一，促进教育公平，推动义务教育均衡发展。义务教育均衡发展是我国全面普及义务教育之后的战略性任务。促进教育公平是我国一项基本教育政策，推进义务教育均衡发展和扶持困难群体是教育公平的工作重点。我国从1986年依照义务教育法实施九年义务教育以来，2011年，全国34个省级行政区域通过了国家"普九"验收，用25年时间全面普及了城乡免费义务教育。2019年底，我国全面实现了普及九年义务教育和扫除青壮年文盲的目标，这是中华民族教育史上的一个重要里程碑，也是世界教育发展进程中的一座丰碑[1]。我国从根本上解决了适龄儿童、少年"有学上"问题，中国特色社会主义进入新时代，党中央、国务院高度重视推进义务教育均衡发展，努力实现所有适龄儿童、少年"上好学"的目标。

2012年9月，《国务院关于深入推进义务教育均衡发展的意见》指出，在区域之间、城乡之间、学校之间办学水平和教育质量还存在明显差距，人民群众不断增长的高质量教育需求与供给不足的矛盾依然突出。深入推进义务教育均衡发展，着力提升农村学校和薄弱学校办学水平，全面提高义务教育质量，努力让所有适龄儿童、少年"上好学"，对于坚持以人为本、促进人的全面发展，解决义务教育深层次矛盾、推动教育事业科学发展，提升教育公平、构建社会主义和谐社会，进一步提升国民素质、建设人力资源强国，具有重大的现实意义和深远的历史意义[2]。

2013年1月，教育部启动县域义务教育均衡发展督导评估工作。截至2020年底，全国累计26个省份、2 809个县实现了义务教育发展基本均衡目标。实现目标的县的占比为96.8%，其中中西部县的占比为95.3%，如期实现了"到2020年全国和中西部地区实现基本均衡的县（市、区）比例均达到95%"的目标[3]。义务教育正在从实现基本均衡的决战期走向扎实推进优质均衡发展的新阶段。李洪天在《巩固基本

---

[1] 刘利群. 知识改变命运 教育成就未来：北京世妇会以来中国女性教育事业进步与发展 [J]. 中华女子学院学报，2020，32（6）：129.

[2] 国务院关于深入推进义务教育均衡发展的意见 [EB/OL]. （2012-09-07）. http://www.gov.cn/zwgk/2012-09/07/content_2218783.htm.

[3] 均衡督导持续发力 义教保障水平更高 [EB/OL]. (2021-04-27). http://www.moe.gov.cn/jyb_xwfb/gzdt_gzdt/s5987/202104/t20210427_528707.html.

均衡 迈上优质均衡》一文中对优质均衡做出了阐释,指出优质均衡相对于基本均衡要突出"七个更":"义务教育学校的办学条件更加优越,达到现代化办学标准;义务教育的师资数量和质量更加充足和优秀,生师比、学历层次等指标达到世界较为先进的水平;县域内义务教育资源的配备更加均衡合理,校际差异基本消除;学生接受优质义务教育的机会更加均等,'择校'现象基本消失;义务教育学校的办学水平更加令人民满意,教育教学质量进一步提升;义务教育的经费等更有保障,生均公用经费达到世界较高水平;管办督分离的教育治理体系更加完善,教育治理水平明显提高。"[1]

保障女生特别是处于偏远、贫困地区的女生平等接受义务教育的机会并实现"上好学"的目标是实现教育公平与共享优质均衡发展的义务教育目标的重要一环。国家制定贫困女童和女生专项教育计划,保障她们接受义务教育的机会并改善她们的学习生活条件[2]。新时代,国家继续实施"春蕾计划"。该计划是在全国妇联领导下,于1989年由中国儿童少年基金会发起并组织实施的一项救助贫困地区失学女童重返校园的社会公益事业。"春蕾计划"对改变贫困女童个人和家庭命运产生了积极影响,为从人生的起点上促进男女平等做出了积极贡献。截至2019年,"春蕾计划"实施30年来累计筹集社会爱心捐赠21.18亿元,援建1 811所春蕾学校、发放217万套护蕾手册,获得2 784万人次捐赠,在全国范围内资助超过369万名贫困女童。

随着我国义务教育事业的不断发展、城乡义务教育一体化发展的推进以及农村义务教育短板的补齐,女童享有平等受教育的权利进一步得到加强,农村女童接受平等受教育的机会增多。根据教育部统计数据,小学学龄儿童净入学率自2015年以来已连续5年达到99.9%及以上,男女童小学净入学率基本持平[3]。2019年,全国共有义务教育阶段学校

---

[1] 李洪天.巩固基本均衡 迈上优质均衡[EB/OL].(2017-12-12). http://www.moe.gov.cn/jyb_xwfb/moe_2082/zl_2017n/2017_zl76/201712/t20171212_321128.html.

[2] 中国性别平等与妇女发展[EB/OL].(2015-09-22). http://www.gov.cn/zhengce/2015-09/22/content_2936783.htm.

[3] 1991年以前的净入学率是按7~11周岁统一计算的;从1991年起净入学率是按各地不同入学年龄和学制分别计算的。

21.26万所,招生3 507.89万人,在校生1.54亿人,专任教师1 001.65万人;九年义务教育巩固率为94.8%,比上年提高0.6个百分点,比2010年提高3.7个百分点,基本实现"达到95%"的《纲要》提出的目标[①]。九年义务教育阶段在校生中女生为7 157.3万人,比上年增加186.7万人,占在校生的比重为46.5%。

第二,以保障义务教育为核心,全面落实教育扶贫政策。关于我国义务教育事业发展与妇女儿童平等受教育权利的落实,其工作最艰巨的地方在边远贫困与经济不发达地区。女童的失学与辍学现象主要发生在农村贫困地区,使这些地区女童接受义务教育的权利保障与义务履行是工作的重难点。党的十八大以来,党中央就"精准扶贫、精准脱贫"做出了一系列重大部署。2012年12月底,习近平总书记踏雪前往河北阜平,向全党全国发出了脱贫攻坚的动员令。2015年11月印发的《中共中央国务院关于打赢脱贫攻坚战的决定》把义务教育有保障作为脱贫的基本指标。党的十九大明确把精准脱贫作为全面建成小康社会三大攻坚战之一,努力夺取脱贫攻坚战全面胜利。2018年6月,《中共中央国务院关于打赢脱贫攻坚战三年行动的指导意见》(简称《指导意见》)进一步强调发展教育脱贫。

《指导意见》要求以保障义务教育为核心,全面落实教育扶贫政策,进一步降低贫困地区特别是深度贫困地区、民族地区义务教育辍学率,稳步提升贫困地区义务教育质量;强化义务教育控辍保学联保联控责任,在辍学高发区制定"一县一策"的工作方案,实施贫困学生台账化精准控辍,确保贫困家庭适龄学生不因贫失学辍学;全面推进贫困地区义务教育薄弱学校改造工作,重点加强乡镇寄宿制学校和乡村小规模学校建设,确保所有义务教育学校达到基本办学条件[②]。2020年,经过8年持续奋斗,我国现行标准下农村贫困人口全部脱贫,832个贫困县全部摘帽,近1亿贫困人口实现脱贫,取得了令全世界刮目相看的重大胜利。

---

① 2019年《中国妇女发展纲要(2011—2020年)》统计监测报告[EB/OL].(2020-12-19). http://www.gov.cn/xinwen/2020-12/19/content_5571135.htm.

② 中共中央 国务院关于打赢脱贫攻坚战三年行动的指导意见[EB/OL].(2018-08-19). http://www.gov.cn/zhengce/2018-08/19/content_5314959.htm.

第四章　中国特色社会主义新时代的妇女教育

在脱贫攻坚中，改造脱贫地区义务教育薄弱学校10.8万所，女童受教育权益得到有力保障，义务教育阶段控辍保学动态清零。新时代，我国妇女教育机会均等获得充分实现，消除性别差距在义务教育阶段得到基本实现[①]。

第三，深化教育教学改革，全面提高义务教育质量。党的十九大报告与全国教育大会强调，建设教育强国是中华民族伟大复兴的基础工程，必须把教育事业放在优先位置，加快教育现代化，办好人民满意的教育。义务教育质量事关亿万少年儿童健康成长，事关国家发展，事关民族未来。2019年6月，《中共中央国务院关于深化教育教学改革全面提高义务教育质量的意见》（简称《意见》）是新中国成立以来中共中央、国务院印发的第一个全面提高义务教育质量、聚焦深化教育教学改革的纲领性文件，具有重要的里程碑意义，是新时代义务教育工作的根本遵循和行动指南[②]。

改革开放特别是党的十八大以来，在以习近平同志为核心的党中央坚强领导下，我国义务教育取得了举世瞩目的成就，整体水平已经跃居世界中上行列。我国义务教育正由基本均衡向优质均衡迈进，人民群众的教育需求正由"有学上"向"上好学"转变。进一步深化教育教学改革、全面提高义务教育质量是贯彻落实全国教育大会精神的重大举措，对于加快推进教育现代化、建设教育强国、办好人民满意的教育具有十分重要的意义。《意见》强调，坚持以习近平新时代中国特色社会主义思想为指导，全面贯彻党的教育方针，落实立德树人根本任务，树立科学的教育质量观念，坚持德育为先、全面发展、面向全体、知行合一，培养德智体美劳全面发展的社会主义建设者和接班人。

全面提高义务教育质量，培养德智体美劳全面发展的社会主义建设者和接班人是深化教育教学改革的目标。在义务教育阶段基本实现男女平等的基础上，继续加快深化改革，努力实现每一名学生的全面发展。赋予女性更加充分与全面的受教育权利，将性别平等原则和理念进一步

---

① 刘利群. 知识改变命运　教育成就未来：北京世妇会以来中国女性教育事业进步与发展[J]. 中华女子学院学报，2020，32（6）：129.
② 新时代义务教育工作的根本遵循[N]. 光明日报，2019-07-10.

纳入义务教育内容和教学过程中,进一步保障女童、女生平等地接受高质量的义务教育。实现女童、女生的德智体美劳全面发展事关国家发展,事关民族未来。新时代,义务教育教学深化改革的目标是大力营造义务教育持续健康协调发展的良好氛围,更好发挥义务教育在实现中华民族伟大复兴中国梦中的奠基作用[1]。

三、高中阶段教育

中国的高中阶段教育的实施者包括普通高级中学(简称普通高中)、普通中等专业学校、成人高中、职业高中、中级技工学校、中等师范学校等。2019年,全国高中阶段共有学校2.44万所,招生1 439.86万人,在校生3 994.9万人,高中阶段毛入学率为89.5%。全国共有普通高中1.40万所,招生839.49万人,在校生2 414.31万人;成人高中333所,在校生4.12万人,毕业生3.42万人;中等职业学校1.01万所,其中,普通中等专业学校3 339所,成人中等专业学校1 032所,职业高中3 315所,技工学校2 392所[2]。

第一,高中阶段教育实行普及与发展并举。2017年,经国务院同意,教育部等四部门出台了《高中阶段教育普及攻坚计划(2017—2020年)》,明确提出以中西部贫困地区、民族地区、边远地区和革命老区等教育基础薄弱、普及程度较低的地区为攻坚重点,实现到2020年,全国、各省(区、市)毛入学率均达到90%以上的总体目标。教育部还同中西部10个省份签署了《高中阶段教育普及攻坚备忘录》,建立了部省协同推进机制,进一步加大对中西部贫困地区的支持力度。

随着高中阶段教育普及攻坚计划的深入开展,女生平等接受教育得到进一步巩固加强。2019年,高中阶段教育在校生中女生为1 882万人,比上年增加16.6万,占全部在校生的47.1%,高于学前教育和义务教育阶段女生所占比重;全国高中阶段毛入学率达到89.5%,比上

---

[1] 中共中央 国务院关于深化教育教学改革全面提高义务教育质量的意见[EB/OL].(2019-07-08). http://www.gov.cn/zhengce/2019-07/08/content_5407361.htm.

[2] 2019年教育统计数据 全国基本情况[EB/OL].(2020-06-11). http://www.moe.gov.cn/jyb_sjzl/moe_560/jytjsj_2019/qg/.

第四章　中国特色社会主义新时代的妇女教育

年提高0.7个百分点，进一步接近"达到90%"的目标。根据《2020年全国教育事业统计主要结果》，2020年，全国高中阶段共有学校2.44万所，招生1 504.00万人，在校生4 127.80万人，高中阶段毛入学率为91.2%，达到普及攻坚计划目标[1]。

近年来，国家相继实施了教育基础薄弱县普通高中建设项目、普通高中改造计划和现代职业教育质量提升计划，支持中西部贫困地区加快发展高中阶段教育。中央财政投入资金用于普通高中学校校舍改扩建、图书和教学仪器设备配置以及体育运动场等附属设施建设，惠及1 000多所普通高中和近千万名学生。截至2018年，有25个省份制定了普通高中生均公用经费最低拨款标准，高中阶段教育经费投入机制进一步健全。通过实施学校建设项目和完善投入保障机制，我国高中阶段学校的办学条件和校容校貌发生了巨大变化，为广大学生成长成才营造了良好的校园环境。2020年，全国高中阶段教育经费总投入为8 428亿元，比上年增长9.14%，与同期学前教育、义务教育、高等教育经费相比，增长比例最大。在高中阶段教育经费总投入中，中等职业教育经费总投入为2 872亿元，比上年增长9.97%[2]。

我国实行九年义务教育制度，高中阶段教育不属于义务教育的范畴，女性的高中阶段学习，不受法律的强制性约束和保障。但是，高中阶段上承初中，下启大学，对于塑造高水平人才至关重要。提高女性的高中阶段入学率对提升我国国民整体素质和劳动力人口受教育年限，实现由人口大国向人力资源大国的转变，具有十分重要的意义。国家持续关注女性普及高中阶段教育，特别是加大对农村和中西部欠发达地区、少数民族地区教育的扶持力度，越来越多的农村女生接受了高中阶段教育。另外，还有许多进城务工人员随迁子女在城市接受高中阶段教育。与此同时，中等职业教育快速发展，基本保持普、职教育大体相当。中等职业学校布局遍及绝大多数县区，开设专业基本覆盖国民经济各领域。很多女性通过中等职业教育成为合格的劳动者，实现了自身的发

---

[1] 2020年全国教育事业统计主要结果［EB/OL］.（2021-03-01）. http://www.moe.gov.cn/jyb_xwfb/gzdt_gzdt/s5987/202103/t20210301_516062.html.
[2] 2020年全国教育经费执行情况统计快报［EB/OL］.（2021-04-27）. http://www.moe.gov.cn/jyb_xwfb/gzdt_gzdt/s5987/202104/t20210427_528812.html.

展，为社会做出了贡献。

第二，高中阶段教育提升与改革结合。质量是教育的根本，人民满意的教育首先是高质量的教育。国家把全面实施素质教育摆在突出位置，着力深化普通高中课程教学和考试招生制度改革，加快现代职业教育体系建设，推动学校多样化发展。

普通高中在落实学生发展核心素养、强调共同基础的同时，进一步强化了课程的多样性和可选择性，实施了综合素质评价制度，加强了学生发展指导，促进了学生全面而有个性的发展。实行优质普通高中和优质中等职业学校招生名额合理分配到区域内初中的办法，招生名额适当向农村初中倾斜，并建立优质学校对口帮扶贫困地区薄弱学校机制和学习困难及有特殊需要的学生帮扶机制，努力为农村学生和特殊群体提供平等接受优质教育的机会。中等职业教育的针对性和适应性不断增强，学生的文化素养、职业道德、职业技能和就业创业能力大大提高。中等职业学校毕业生就业稳定性不断提高，提升了全国技能劳动者占当年就业人口的比例，改善了劳动力就业结构，解决了劳动力供求矛盾，缓解了社会就业压力。

2019年，《国务院办公厅关于新时代推进普通高中育人方式改革的指导意见》就推进普通高中教育教学改革、全面提高普通高中教育质量进行了系统设计和全面部署。其总体目标是：到2022年，德智体美劳全面培养的育人体系进一步完善，立德树人落实机制进一步健全。其主要包括构建全面培养体系、优化课程实施、创新教学组织管理、加强学生发展指导、完善考试和招生制度、强化师资和条件保障六个方面的改革任务。

高考改革也是高中阶段教育改革的重要组成部分。党的十八届三中全会审议通过的《中共中央关于全面深化改革若干重大问题的决定》提出，推进考试招生制度改革，探索招生和考试相对分离、学生考试多次选择、学校依法自主招生、专业机构组织实施、政府宏观管理、社会参与监督的运行机制，从根本上解决一考定终身的弊端。该文件还强调推行初高中学业水平考试和综合素质评价，逐步推行普通高校基于统一高考和高中学业水平考试成绩的综合评价多元录取机制，探索全国统考减少科目、不分文理科、外语等科目实行社会化考试和一年多考等。

作为中央部署全面深化改革的重大举措之一，《国务院关于深化考试招生制度改革的实施意见》于 2014 年 9 月正式发布，这也是恢复高考以来最为全面和系统的一次考试招生制度改革。其主要举措包括：增加使用全国统一命题试卷的省份，不分文理科，高考总分由两部分组成（语文、数学、外语三个科目的成绩和高中学业水平考试成绩），减少和规范考试加分，提高中西部地区和人口大省高考录取率，增加农村学生上重点高校人数等。截至 2021 年，实施高考改革的省份包括：上海、浙江、北京、海南、山东、天津、广东、福建、江苏、重庆、河北、湖北、湖南、辽宁。在高中教育阶段，无论办学还是考试，男女平等的基本理念被贯穿于全过程，积极保障女生平等地在高中阶段接受良好的教育。2019 年，高中在校生中女生占比为 47.1%；同年，普通本专科在校生中女生占比为 51.7%。现行高中阶段教育与考试制度，有助于促进与发展女性接受高质量与更高层级的教育。

四、高等教育

高等教育，是指在完成高中阶段教育基础上实施的教育。国家坚持以马克思列宁主义、毛泽东思想、邓小平理论、"三个代表"重要思想、科学发展观、习近平新时代中国特色社会主义思想为指导，遵循宪法确定的基本原则，发展社会主义的高等教育事业。高等教育必须贯彻国家的教育方针，为社会主义现代化建设服务、为人民服务，与生产劳动和社会实践相结合，使受教育者成为德智体美劳全面发展的社会主义建设者和接班人。高等教育的任务是培养具有社会责任感、创新精神和实践能力的高级专门人才，发展科学技术文化，促进社会主义现代化建设[1]。

我国高等教育事业获得了举世瞩目的成就，在人才培养与科学研究上勇攀高峰，为国家经济建设、科技发展、社会进步做出重大贡献。习

---

[1] 中华人民共和国高等教育法［EB/OL］.(2022-04-21). http://www.moe.gov.cn/jyb_sjzl/sjzl_zcfg/zcfg_jyfl/202204/t20220421_620257.html.

近平总书记指出:"高等教育发展水平是一个国家发展水平和发展潜力的重要标志。实现中华民族伟大复兴,教育的地位和作用不可忽视。我们对高等教育的需要比以往任何时候都更加迫切,对科学知识和卓越人才的渴求比以往任何时候都更加强烈。"① 新时代,我们要开创我国高等教育事业发展新局面,使高等教育发展由大国向强国迈进,从世界高等教育体系边缘走向中心,扎根中国大地办好中国特色与世界一流的大学。全面建设社会主义现代化国家对高等教育的高质量发展提出新要求。

第一,高等教育普及化,高等教育女性占比超过一半。依据美国高等教育学者马丁·特罗的理论,高等教育毛入学率在15%以下称为精英教育阶段,15%~50%为大众化阶段,在50%以上为普及化阶段。中国高等教育系统在自1999年开始的大学生扩招政策实施以来,开始走向快速的大众化阶段。新时代的中国高等教育系统迎来了普及高等教育阶段,已经建成世界上规模最大的高等教育体系。2012年,全国各种形式高等教育在学总规模3 325.2万,高等教育毛入学率达30.0%;2020年,各种形式的高等教育在学总规模4 183万,高等教育毛入学率达54.4%②。

女性接受高等教育的情况是妇女教育发展水平的重要指标。近年来,中国高等教育快速发展,高等教育中女性占比超过一半。2019年,高等教育在校生中女研究生人数为144.8万,占全部研究生的比重为50.6%,与2010年相比提高2.7个百分点;普通本专科、成人本专科在校生中女生分别有1 567.9万人和392.3万人,占比为51.7%和58.7%,比2010年提高0.9和5.6个百分点③。在高等教育大众化与普及化阶段的发展进程中,越来越多的适龄女性获得接受高层次与高水平教育的机会,进一步为女性提高社会经济地位与全面发展提供

---

① 把思想政治工作贯穿教育教学全过程 开创我国高等教育事业发展新局面 [N]. 人民日报,2016-12-09 (1).
② 2020年全国教育事业统计主要结果 [EB/OL]. (2021-03-01). http://www.moe.gov.cn/jyb_xwfb/gzdt_gzdt/s5987/202103/t20210301_516062.html.
③ 2019年《中国妇女发展纲要(2011—2020年)》统计监测报告 [EB/OL]. (2020-12-19). http://www.gov.cn/xinwen/2020-12/19/content_5571135.htm.

第四章　中国特色社会主义新时代的妇女教育

支撑。

第二，培养担当民族复兴大任的时代新人，坚持把立德树人作为根本任务。当前世界正经历百年未有之大变局，党和国家事业也正处在一个特殊而关键的时期。风云诡谲的国际局势、国家治理体系与治理能力现代化的艰巨任务对治国理政人才的培养提出了新的更高要求。中国特色社会主义进入新时代，以习近平同志为核心的党中央强调立德树人与培养社会主义建设者和接班人在大学教育中的重要地位，强调高等教育必须为人民服务，为中国共产党治国理政服务，为巩固和发展中国特色社会主义制度服务，为改革开放和社会主义现代化建设服务，进一步推动了中国特色社会主义大学发展道路的完善。

习近平总书记指出："高校立身之本在于立德树人。只有培养出一流人才的高校，才能够成为世界一流大学。"[①] 一所大学办得好不好，不是看它的条件何等优越、规模如何庞大，而是要以长远的眼光、历史的视野看它培养出什么样的人才，看它对国家对民族所做的贡献。立德树人就是要聚焦学生这个中心，将德育贯彻到新时代人才培养的全方位、全过程，把对人才"德"的培养放在教育的重要位置，真正培养出对国家、对社会、对人民的有用之才。我国高等教育在校生中女性占比的提升、女性接受高水平与高质量教育数量的增加代表着社会的进步。坚持把立德树人作为高等教育的根本任务，对女性在家庭中扮演不可替代的角色、在经济社会发展中发挥"半边天"作用，对民族复兴大任与国家社会发展有着重大意义。

第三，坚定不移走中国特色社会主义妇女发展道路，发展有中国特色的社会主义妇女高等教育。党和国家高度重视妇女高等教育事业，保障女性平等地接受高等教育，促进女性获得高质量的高等教育。新时代，女性高等教育与女性教育研究取得进步。全国设置了中华女子学院、山东女子学院、湖南女子学院三所公办全日制本科女子普通高等学校。这三所学校被建设成为中国特色社会主义妇女教育与妇女研究的重镇。其中，中华女子学院历经跨越式发展，进一步明确了高等教育办学

[①] 把思想政治工作贯穿教育教学全过程　开创我国高等教育事业发展新局面 [N]. 人民日报，2016 - 12 - 09 (1).

定位：着力强化妇联干部、妇女干部培训主责，建好建强妇联干部培训基地；着力打造优势学科，成为培养服务社会、家庭和妇女群众的人才摇篮；着力在国际妇女发展和性别平等教育事业中彰显中国特色，成为中国妇女对外交流交往的重要窗口；着力发挥妇女研究智库作用，成为中国特色社会主义妇女理论和家庭建设研究基地。与此同时，国家制定积极政策，开设少数民族专门学校，采取倾斜性定向招生措施，大幅增加少数民族女性接受高等教育的资源。

在女子普通高等学校与其他普通高等学校中，性别平等原则和理念逐步融入教学和科研中，女性学研究与女性学学科建设不断加强。20世纪末，少数高校开始设置女性学相关课程。到2020年，全国已有百余所高校开设了440多门女性学和性别平等课程[1]。特别值得一提的是，1995年，联合国第四次世界妇女大会之后，北京师范大学郑新蓉、史静寰博士首次在高校教育系开设女性学课程"妇女与教育"[2]。随着性别平等原则更加深入人心、妇女教育事业迅速发展，妇女与教育相关课程与研究持续开展，逐渐形成了重视妇女教育相关研究的良好学术与教学氛围。越来越多的学校开始在教育内容和教学方式中引入性别平等观念，在一些师资培训计划和师范类院校课程中增加性别平等内容，增强教育工作者的性别平等意识。女性学专业获得可持续性发展，高校女性学硕士点、博士点不断增多。女性学学科建设与女性学教育将得到系统化发展，被纳入高校人文社会科学的学科群体与学术研究之中。同时，性别平等议题纳入国家哲学社会科学规划，支持开展性别平等与妇女发展研究。

五、成人教育及职业教育

成人教育是指有别于普通全日制教学形式的教育形式，不限年龄、性别，主要由各类成人学校实施的教育。通过成人教育过程，使受教育

---

[1] 刘利群. 知识改变命运 教育成就未来：北京世妇会以来中国女性教育事业进步与发展[J]. 中华女子学院学报，2020，32（6）：129.

[2] 郑新蓉. 北师大首开《妇女与教育》课程[J]. 妇女研究论丛，1996（2）：61.

者提高能力、丰富知识、提高技术和专业水平，或使他们转向新的方向，在人的全面发展和参与社会经济、文化的均衡而独立发展两个方面，使他们的态度和行为得到改变。目前成人继续教育学历有四种主要形式：高等教育自学考试（自考）、网络教育（远程教育）、成人高考（学习形式有脱产、业余、函授）、开放大学（原广播电视大学现代远程开放教育）。

职业教育是指让受教育者获得某种职业或生产劳动所需要的职业知识、技能和职业道德的教育，包括初等职业教育、中等职业教育、高等职业教育（专科、本科、研究生层次的职业教育）。职业教育与普通教育是两种不同的教育类型，具有同等的重要地位。职业教育是一个教育类型，而不是教育层次。职业教育的目的是培养应用型人才和具有一定文化水平及专业知识技能的社会主义劳动者、社会主义建设者。与普通教育和成人教育相比较，职业教育侧重于实践技能和实际工作能力的培养。

第一，成人教育已成为女性接受教育的重要形式。成人教育充分体现终身学习与终身教育的理念。20世纪60年代中期以来，在联合国教科文组织及其他有关国际机构的大力提倡、推广和普及下，终身学习在世界范围内形成共识。许多国家在制定本国的教育方针、政策或是构建国民教育体系的框架时，均以终身教育的理念为依据，以终身教育提出的各项基本原则为基点，并以实现这些原则为主要目标。我国"终身教育法"尚在酝酿、制定中，但以福建省、上海市、太原市为首的省份分别制定了地方性终身教育法规，体现了终身教育与终身学习的重要意义。

2017年，国务院印发的《国家教育事业发展"十三五"规划》提出，加快构建终身教育制度。制定国家资历框架，建立个人学习账号和学分累计制度；建立各类继续教育基本统计制度和多种学习成果认证平台；创新高等教育自学考试学分认定和转换；探索非学历教育学习成果认定和转换；允许学习者通过课堂学习、在线学习、自学等方式获得学分，逐步扩大高等学校招收有实践经历人员的比例，制定不同人群接受教育的资助制度，使所有公民都有机会通过直接升学、先就业再升学、边就业边学习等多种方式不断发展。

根据教育部公布的2019年统计数据，成人本专科在校生有668.56万人，其中女生有392.33万人，占比为58.68%，高于同期普通本专科在校生中女生占比51.72%近7个百分点，如仅统计成人本科，在校生中女生占比高达61.90%；网络本专科在校生有857.83万人，其中女生有387.97万人，占比为45.23%；成人高中在校生中女生占比为54.02%。由此可见，成人教育（继续教育）成为女性接受教育的重要形式，为女性全面发展、充分参与社会经济文化生活、提升竞争力提供了有力的支持。

第二，保障妇女接受职业教育机会并提升妇女职业教育水平与层次。第三次世界妇女大会通过的《内罗毕战略》提出要使妇女特别是青年妇女享有更多的平等机会接受科学、技术和职业教育。早在1978年，教育部就提出改革中等教育结构，从单一的普通中学教育体系转变为与职业教育并行的教育体系。一大批女子中等职业学校和女性特色专业被建立、开设，为社会主义现代化建设培养了大量的中等职业教育女性人才。1996年，《中华人民共和国职业教育法》颁布施行。2019年，教育部发布《中华人民共和国职业教育法修订草案（征求意见稿）》，面向社会公开征求意见，提出国家鼓励职业教育领域的国际交流与合作，支持引进境外优质职业教育资源；建立职业教育国家学分银行，推进职业教育各类学习成果的认定、积累和转换；推行学徒制度，鼓励有技术技能人才培养能力的企业设立学徒岗位等。

《国家教育事业发展"十三五"规划》提出，完善职业学校布局结构，加快发展现代职业教育。强化地市级人民政府对中等职业教育的统筹规划；鼓励产业经济发达地区做好县域内中等职业学校布局规划；新增高等职业学校主要向中小城市、产业集聚区布局；在人口集中和产业发展需要的贫困地区建好一批中等职业学校，重点支持贫困地区建设好符合当地经济社会发展需要的中等职业学校；根据各主体功能区的定位，推动区域内职业学校科学定位，使每一所职业学校集中力量办好当地经济社会发展需要的特色优势专业（集群）；着力建设一批服务现代产业发展和扶贫开发等重点工作领域的高水平职业学校，形成国家重点行业都有骨干职业学校支撑的技术技能人才培养格局，服务产业结构调整优化。

2019年，国务院印发的《国家职业教育改革实施方案》提出，把职业教育摆在教育改革创新和经济社会发展中更加突出的位置。该方案提出，从2019年开始，在职业院校、应用型本科高校启动"学历证书＋若干职业技能等级证书"制度试点工作。到2022年，职业院校教学条件基本达标，一大批普通本科高等学校向应用型转变。经过5~10年时间，职业教育基本完成由以政府举办为主向政府统筹管理、社会多元办学的格局转变，由追求规模扩张向提高质量转变，由参照普通教育办学模式向企业社会参与、专业特色鲜明的类型教育转变，大幅提升新时代职业教育现代化水平，为促进经济社会发展和提高国家竞争力提供优质人才资源支撑。

妇女接受职业教育和技能培训的比例不断提高。国家制定和完善职业教育的法律政策，加大职业教育经费投入，完善助学政策体系，扩大妇女接受职业教育规模。国家开展多样化培训，满足不同妇女群体的职业发展需求。2013年，女性参加政府培训机构举办的职工技能培训人数占总培训人数的43.0%。女性是职业教育的受益者。通过职业教育，女性获得某种职业或生产劳动所需要的专门知识、技能和道德，在一定程度上摆脱依赖，独立自信地走向工作岗位，获得自身的发展、家庭的幸福。根据教育部统计，2019年，普通中专在校生有703.58万人，其中，女生有328.75万人，占总在校生的46.73%；职业高中在校生有405.73万人，女生有170.30万人，占总在校生的41.97%。

第三，职业教育有助于贫困妇女脱贫致富。新时代，脱贫攻坚成为全面建成小康社会得到人民认可、经得起历史检验的三大攻坚战之一。在国家的行动框架下，妇联组织制定了具体的工作意见。2015年12月，全国妇联印发《关于在脱贫攻坚战中开展"巾帼脱贫行动"的意见》，其主要任务之一是强化基层妇女的技能培训，帮助贫困妇女提高脱贫能力。各地妇联组织要推动政府逐步提高贫困妇女在各级各类普惠性培训中的占比，保障贫困妇女平等接受教育培训，平等享有普惠性政策资源；组织动员更多贫困妇女积极参与政府各项实用技能培训，引导更多贫困家庭"两后生"接受职业教育,使贫困妇女真正掌握一技之长;根据建档立卡的贫困妇女底数,掌握贫困妇女现实需求,坚持实际实用实效的原则,开展种植养殖、乡村旅游、家政服务、手工编织、农村电商等适合贫困妇女特点的培训项目,增强妇女脱贫致富本领和自我发展能力。

第三节　社会教育及家庭教育

一、社会教育

中华民族有重视社会教育与家庭教育的优良传统。新时代,随着中国妇女地位的不断提高,妇女在社会生活各个方面的主导力和话语权日益凸显,妇女接受良好教育的愿望日益迫切。在学校教育和家庭教育之外,社会教育对当代女性形成独立人格、完善心智、强健体魄、高尚审美和勤劳品格等方面起到了极大的塑造作用。中国特色社会主义进入新时代,中国社会普遍的教育观念也发生了变化。改革开放40多年的经验和世界发展的趋势昭示着,科学技术和文化知识是国家和个人的核心竞争力。随着学习社会与信息社会的到来,越来越多的人接受终身教育的理念。在政府层面,福建省、上海市、山西省等地先后出台地方性法规,明确终身教育的重要意义,规范社会教育。在社会层面,除学校外,更多的公共事业机构和企业投身到社会教育领域,呈现出百花齐放的态势。在个人层面,广大群众愿意加大对终身学习的投入,努力从多渠道的社会教育中提升能力,获取更多的发展机会。在国家、社会和个人的三重推动下,社会教育呈现了繁荣局面。在这个局面中,妇女与男子一样,充分享受了社会教育进步的成果,为当代女性更加自信、独立、成功提供了有效的助力。总结这一时期的妇女社会教育,具有以下几个显著的特点:

第一,教育主体的多元化。关于教育主体的问题,教育学界一般存

第四章　中国特色社会主义新时代的妇女教育

在两种观点。一种认为主体指教育者，主要是教师；另一种认为主体指受教育者，主要指学生；亦有学者认为主体指教育者与受教育者。虽然，中国人长期秉持"教学相长"的观点，但是从传统意义上讲，教育者和受教育者之间的关系是相对稳定的，多以教育者为主体。随着科学技术的进步，教育主体走向多元化，给妇女提供了更广阔的社会教育空间。新的社会文化模式和新技术浪潮正在催生更多的个人和组织成为社会教育的主体，并借以模糊教育者和受教育者的边界，形成新的社会教育模态。

在传统的社会教育机构内部，社会教育由边缘走向中心。社会教育机构在传统意义上主要包括文化馆（站）、少年宫、图书馆、博物馆、纪念馆、社会教育基地、传统媒体等。近年来，前述机构对自身的社会教育功能的重视和投入达到前所未有的程度。以博物馆、纪念馆为例，收藏与展示是文博机构长期以来的主要工作，社会教育处于次要和边缘状态。但是随着文博机构自身的发展和观众诉求的增加，各大博物馆、纪念馆的社会教育工作日益走向中心。博物馆不仅通过传统的导览服务开展社会教育，而且拓展到开展广泛的讲座、体验活动，部分博物馆甚至将社会教育活动办到了社区、企业，并依托文创产品普及社会教育。至2021年，山东省已举办四届全省博物馆十大社会教育活动案例活动，社会教育成为文博机构比拼的新战场；同样，北京市文物局在对2021年国际博物馆日主题阐释时，明确提出要把社会教育与文教相结合。

新媒体、互联网企业，甚至个人成为社会教育的生力军。新媒体和互联网企业以雄厚的资金实力、先进的管理思维、灵活的运行机制投身社会教育领域。在全球范围内，慕课（MOOC）、TED等在线教育平台大展身手；在国内，网易公开课、清华大学学堂在线、学习强国相继登场。这些使得社会教育的入门成本显著降低，便捷程度明显提升，对社会大众，特别是妇女，提供了更广阔的在线学习空间。此外，由于自媒体发展，个人开办的微博、微信及其他各类公众号、直播平台都可能成为社会教育施教者的平台。从仰望星空的哲学思考到涉及柴米油盐的平凡生活，在网上都会找到相应的教程和课件。更为重要的是，教育者与受教育者的界限已经模糊，受教育者可能通过媒体平台在自身擅长领域转变成为教育者。

随着新时代文化形式和技术手段的多样化，教育主体呈现多元化发展，赋予了女性更广阔、更充分的社会教育空间。互联网的发展、社会的进步减小了性别差异，赋予了教育主体空前的活力，女性和男性一起，在"互联网思维"的驱动下，完成一个空前广泛的社会教育过程，成为最终实现无性别差异的教育普及的理想的重要支撑。

第二，教育方式的灵活性。近十年来，以移动互联网、人工智能、物联网等技术为核心的技术浪潮深刻地改变着社会生活的方方面面，与之相伴的是思想观念的变革。比起智能手机的普及，更深入人心的是利用网络解决问题的思维方式。在这样的背景下，无论学校教育还是社会教育，都正在走出课堂，走向多元的网络与现实空间。

当代社会教育的灵活性体现在：时间的不确定性，即不分昼夜，不分时段，随时可以接受教育；空间的不确定性，即在工作单位、学校、家等各种公共场所和私人领域都可以接受教育；方式的不确定性，即通过网络教学、面授、体验性活动或是自学等多种不同方式。灵活性满足的是当代人们高强度工作与生活之余学习的诉求。对于女性而言，除了事业压力外，家庭生活的负担也使她们往往无法走进课堂，接受系统教育，而这种灵活的教育方式，恰恰更有利于女性的终身教育与持续发展。

当然，我们必须看到，与灵活性相伴随而生的是教育的碎片化。这一教育过程可能随时进行，也可能随时中断，知识和思维的系统性、连贯性受到挑战。在这个学习过程中，教育者和受教育者都更倾向于实用、简短、高效的知识，会回避系统性、复杂性的知识，久而久之形成知识和思维的碎片化传播，不利于受教育者的全面发展。

第三，教育类型的多样化。公益性与市场化看似是相背离的趋向，但是在当下的社会教育活动中，形成了各自的存在价值。一方面，大批公立社会教育机构的广泛加入，部分大型企业的持续投入，培育了广阔的公益社会教育市场。不管是青少年服务机构的免费活动、博物馆的免费讲座、大学的公开课，还是互联网平台打造的各类免费服务，其数量十分庞大,水平普遍较高,完全能够满足当代女性自我教育的一般性需求。

另一方面,知识付费正在逐步成为社会共识。企业和个人通过线上、线下的教育活动收取费用正在成为趋势,越来越多的女性也愿意为高水平、个性化的社会教育付费。资本的注入、市场的形成、观念的改变培育了社会教育的市场化路径,推动社会教育产业向前发展。在现代的理念中,没有绝对的公益,也没有绝对的市场。看似公益的教育有可能潜藏着资本市场的动机,而市场化的教育也完全有可能实现公益的目的。无论是公益化,还是市场化,保证教育的质量和持续发展是前提,给受教者更多元与更丰富的选择才是硬道理。

二、家庭教育

中华民族是一个高度重视家庭教育的民族。传统中国的妇女教育主要以家庭教育为主要平台,直到清末颁布的第一个学制,即"癸卯学制",但其仍然未能将女子纳入学校教育系统,而是规定了"蒙养院的蒙养家教合一""以家庭教育包括女子"[①]。新中国成立后,妇女教育发生了翻天覆地的变化,妇女获得与男性平等的接受学校教育的权利。同时,家庭教育对妇女的塑造与和谐全面的发展仍然发挥着重要作用。长期以来,家庭教育和学校教育共同推进了中华民族道德与文化的构建与传承。

在家庭教育中,妇女扮演着独特的角色。一方面,妇女是教育的主要实施者,母亲是孩子成长过程中的第一个榜样;另一方面,妇女也是家庭教育的接受者,与男子一样受到家庭教育深刻的影响。与此同时,妇女在家庭教育中发挥了独特的作用与影响,妇女是家庭教育的关键因素,对这个关键因素的重视对于提升全民族的家庭教育水平至关重要。因此,密切依靠妇女开展家庭教育尤为重要。

党的十八大以来,以习近平同志为核心的党中央高度重视家庭工作。习近平总书记指出,家庭是社会的基本细胞,家庭的前途命运同国

---

① 陈景磐. 中国近代教育史[M]. 北京:人民教育出版社,1979:198.

家和民族的前途命运紧密相连，要重视家庭文明建设，注重家庭、注重家教、注重家风建设[①]。家庭教育最重要的是品德教育，家风是社会风气的重要组成部分，要积极培育和践行社会主义核心价值观，共建共享社会主义家庭文明新风尚。2012年以来，在国家重视、社会推动和个人努力下，家庭教育呈现出新的发展局面，主要有以下特点：

第一，家庭教育的个体自发与国家主导相结合。新时代，在中央的倡导下，家庭教育得到了前所未有的重视。过去被视为个体与家庭自行开展的教育进一步得到了法律保障、政策支持与社会辅助。2021年1月，全国人大常委会审议通过《中华人民共和国家庭教育法（草案）》（简称《家庭教育法（草案）》）。该草案着力完善家庭教育工作体制机制，夯实家庭教育责任，构建家庭教育服务体系，强化家庭教育支持，为促进家庭教育发展提供法治保障，对家庭教育实施、促进、干预等做了规定。

《家庭教育法（草案）》明确规定，未成年人的父母或者其他监护人是实施家庭教育的责任主体；政府、学校、社会为家庭教育提供支持，促进家庭教育；必要时，国家对家庭教育进行干预。该草案还明确了公安机关、人民检察院、人民法院干预家庭教育的情形和主要措施，并对强制家庭教育指导的实施做出规定。在此之前，重庆市、贵州省、山西省、江西省、江苏省及浙江省相继出台地方性家庭教育法规。相比之下，《家庭教育法（草案）》作为国家大法，立法更具权威性、系统性，特别是对国家干预制度的提出，相关法律责任的明确，相比之前教育领域法律法规增加了"软性规定"，更具前瞻性和实践意义。

2016年11月，全国妇联联合教育部等单位共同印发《关于指导推进家庭教育的五年规划（2016—2020年）》，提出到2020年基本建成适应城乡发展、满足家长和儿童需求的家庭教育指导服务体系，明确家庭教育核心内容是道德教育。该规划部署了准确把握家庭教育核心内容，建立健全家庭教育公共服务网络，提升家庭教育指导服务专业化水平，大力拓展家庭教育新媒体服务平台，促进家庭教育均衡协调发展，深化家庭教育科学研究，加快家庭教育法治化建设等7个方面18项重点任

---

① 《习近平关于注重家庭家教家风建设论述摘编》出版发行 [N]. 人民日报，2021-03-29 (1).

务，同时提出了4项保障措施。

在具体工作层面，该规划提出2020年前要依托城乡社区公共服务设施等，普遍建立家长学校或家庭教育指导服务站点，城市社区达到90%，农村社区（村）达到80%，城乡社区服务站点确保每年至少组织两次家庭教育指导和两次家庭教育实践活动；在中小学、幼儿园、中等职业学校建立家长学校，城市学校建校率达到90%，农村学校达到80%；确保中小学家长学校每学期至少组织一次家庭教育指导和一次家庭教育实践活动，幼儿园家长学校每学期至少组织一次家庭教育指导和两次亲子实践活动，中等职业学校每学期至少组织一次规范的家庭教育指导服务活动。

此外，2019年5月，全国妇联还启动了"家家幸福安康工程"。该工程是妇联系统统筹妇联家庭工作的重要抓手，以推进家庭文明、家庭教育、家庭服务、家庭研究四项行动为基础，推动习近平新时代中国特色社会主义思想深入千家万户，推动社会主义核心价值观在家庭落地生根。从2012年到2021年，国家充分认识到家庭教育的重要意义，家庭教育已不是个体行为，而是个人实施、社会辅助、国家保障的系统工程。以建设文明家庭、实施科学家教、传承优良家风为重点，深入实施"家家幸福安康工程"；构建支持家庭发展的法律政策体系，推进家庭教育立法进程，加大反家庭暴力法实施力度，加强婚姻家庭辅导服务，预防和化解婚姻家庭矛盾纠纷；构建覆盖城乡的家庭教育指导服务体系，健全学校家庭社会协同育人机制；促进家庭服务多元化发展；充分发挥家庭家教家风在基层社会治理中的作用。

第二，家庭教育从自发走向自觉。根据2021年5月公布的第七次全国人口普查数据，我国具有大学及以上文化程度的有21 836万人，与2010年相比，每10万人中具有大学文化程度的由8 930人上升为15 467人，大学文化程度的人口增加约1亿。根据教育部统计数据，从2009年起，各级各类学校中女生人数超过男生；至2019年，女生在研究生（含硕士、博士）与普通高校本科生中的占比分别为50.56%和53.90%。这与我国人口普查数据中公布女性与男性分别占总人口的48.76%与51.24%的人口比例形成了较为鲜明的对比。

与此同时,随着新型城镇化建设速度的加快,城乡差距进一步减小,农村家庭的教育意识和教育能力普遍增强,家庭教育的又一个短板被逐步补齐。在政府的引导和帮助下,农村女童的家庭地位明显提升,家庭教育状况逐步改善,为农村女性的独立成长打下了基础。中国接受良好教育的群体逐步增多,特别是女性受教育程度显著提升,为做好家庭教育奠定了坚实的基础。家庭教育正在从自发走向自觉。家庭生活中,母亲素质的提升,使得无论男童还是女童,都可以在家庭中享受到家庭成员提供的良好家庭教育,使青少年儿童学会学习,学会生存,学会发展,学会与人相处。这为他们走进学校、走入社会提供了基础的教育保障。国家层面也在加快推进家庭教育立法,密切家校联系,加强家庭教育指导,构建学校、家庭、社会"三位一体"的协同育人格局。

第四节 本时期妇女教育的主要成绩

中华人民共和国的成立为妇女教育事业翻开了新篇章,改革开放以来妇女教育发展发生了翻天覆地的变化。随着中国特色社会主义进入新时代,中国的妇女教育事业面临空前的发展机遇。2020年10月,习近平总书记在联合国大会纪念北京世界妇女大会25周年高级别会议上指出:"妇女是人类文明的开创者、社会进步的推动者,在各行各业书写着不平凡的成就。"[①] 在以习近平同志为核心的党中央领导下,坚定不移走中国特色社会主义妇女发展道路[②]。在优先发展教育事业、建设教育强国、持续深入推进教育教学改革、办好人民满意的教育的进程中,我国妇女教育事业持续发展与稳步提升,在促进妇女教育发展和男女平等方面开启新征程并取得重大进展,以教育为基础推动与实现妇女的全

---

① 习近平. 在联合国大会纪念北京世界妇女大会25周年高级别会议上的讲话 [N]. 人民日报, 2020-10-02 (2).

② 李源潮. 坚定不移走中国特色社会主义妇女发展道路 [J]. 妇女研究论丛, 2014 (1): 8-9.

第四章　中国特色社会主义新时代的妇女教育

面发展，通过教育赋权女性平等参与和共享社会发展。

妇女教育事业在党的领导下紧密围绕中央重大决策部署并围绕国家中心工作展开。第一，突出党的核心领导地位。新时代，各项工作都要服从党中央的集中统一领导，按照中央确定的"五位一体"总体布局和"四个全面"战略布局①，全面有序开展各项工作。第二，推进群团组织改革创新。各级妇联全面落实中央对群团组织改革的要求，在党的领导下，充分发挥桥梁纽带作用，坚持服务群众的工作生命线，依法依章独立自主开展工作，促进妇女教育事业发展。第三，努力服务中心工作。新时代，党中央做出全国脱贫攻坚、加强家风家教建设等重大工作部署，为妇女教育事业发展创造了新契机，指明了新的方向，明确了妇女教育的发力点。第四，全面回应民生诉求。教育公平是这一时期群众对教育的重要诉求，在妇女教育中体现男女平等，落实教育公平的要求，正面回应群众诉求是这一时期的重要工作任务。

为全面建设社会主义现代化国家与实现中华民族伟大复兴的中国梦培养人才。党的十八大以来，习近平总书记围绕"培养社会主义建设者和接班人"做出一系列重要论述。2018年的全国教育大会是中国特色社会主义进入新时代召开的第一次教育大会，是我国教育发展史上新的里程碑。习近平总书记的重要讲话，站在党和国家事业发展全局的战略高度，深刻回答了培养什么人、怎样培养人、为谁培养人这一根本问题，特别强调了坚持走中国特色社会主义教育发展道路的重要性，提出构建德智体美劳全面培养的教育体系和更高水平的人才培养体系的战略任务。2019年，习近平总书记在学校思想政治理论课教师座谈会上进一步强调，我们党立志于中华民族千秋伟业，必须培养一代又一代拥护中国共产党领导和我国社会主义制度、立志为中国特色社会主义事业奋斗终身的有用人才。习近平总书记指出："今天，我们面临的任务更加繁重，面向的目标更加远大，更需要我国广大妇女贡献智慧和力量。"② 我国妇女教育事业发展仍处于大有可为的战略机遇期，

---

① "五位一体"总体布局是指经济建设、政治建设、文化建设、社会建设、生态文明建设五位一体，全面推进。"四个全面"战略布局即"全面建设社会主义现代化国家、全面深化改革、全面依法治国、全面从严治党"，是党中央治国理政的总方略。

② 坚持男女平等基本国策　发挥我国妇女伟大作用 [N]. 人民日报，2013-11-01 (1).

新时代与新形势下对妇女教育事业与妇女全面发展提出了前所未有的新任务与新要求。

落实男女平等基本国策,持续提升妇女受教育权利的政策法律保障。2012年至2021年的妇女教育政策与法律是在全面加强党的领导的背景下,基于我国经济社会发展阶段制定的,充分彰显中国特色社会主义制度和国家治理体系显著优势。较前一阶段,这些法律政策更凸显了政治性,体现了全面性,形成了充分面向基层建构、全面回应民生诉求、着力构建多元体系的特色。进入新时代,中国的法治建设进入新阶段。党的十九大进一步明确:"要以良法促进发展,保障善治。"在坚持中国共产党领导的基础上,推进科学立法,坚持公正司法,严格依法行政,全面依法治国,为妇女平等享有受教育的权利和机会提供有力的法律保障。通过法律手段,保障我国始终坚持贯彻落实男女平等基本国策,推进教育改革发展全面提升教育质量和促进教育公平,充分保障妇女平等享有受教育的权利和机会,持续提升受教育程度与质量,以教育为基石促进妇女全面发展。

全面贯彻性别平等原则,妇女教育机会均等在各级各类教育中获得了充分实现。新时代,在党的领导下依据教育法律法规深入实施妇女发展纲要,持续改善妇女受教育与发展环境,促进妇女平等依法享有教育权利,参与教育与各项经济社会发展,共享发展成果。在坚持优先发展教育、持续实施教育惠民政策、缩小城乡教育差距、积极推进教育公平的历史进程中,妇女受教育状况不断得到改善,妇女教育机会均等获得充分实现,受教育水平大幅提升,在促进妇女教育发展和男女平等方面取得重大进展。女童平等接受学前教育得到切实保障;消除性别差距在义务教育阶段得到基本实现;女生平等接受高中阶段教育得到巩固加强;高等教育女生占比超过一半,女性接受高等教育的机会与层次不断提升;女性接受成人及职业教育人数大幅增加,其深度与广度不断扩展。同时,进一步保障妇女平等享有接受终身教育的权利,持续提高其受教育年限和综合能力素质,以教育为基石推动与实现妇女的全面发展。

中国为推动全球妇女教育事业与妇女赋权做出贡献。习近平总书记指出，"站立在 960 万平方公里的广袤土地上，吸吮着中华民族漫长奋斗积累的文化养分，拥有 13 亿中国人民聚合的磅礴之力，我们走自己的路，具有无比广阔的舞台，具有无比深厚的历史底蕴，具有无比强大的前进定力"。立足中国，放眼全球，中国妇女教育事业既是中华民族伟大复兴，也是世界妇女进步事业与人类命运共同体建设的重要组成部分。全面落实《北京行动纲领》、千年发展目标和 2015 年后发展议程，需要各国各民族妇女携手共进。中国妇女占世界妇女总人口的 1/5，中国性别平等与妇女发展既体现了中国的文明进步，也是对全球平等、发展与和平的历史贡献[①]。妇女教育是促进与推动妇女进步事业的基础，与此同时，中国的妇女教育是世界妇女教育的重要组成部分。新时代，中国不断开展构建人类命运共同体的伟大实践，坚定和平发展和合作共赢理念，在开展好本国妇女教育的同时，广泛开展妇女领域国际发展合作，积极在世界促进性别平等与妇女发展事业中发挥作用，为全球平等、发展与和平做出新的贡献。

本章参考文献

著作类

北京妇女理论研究会. 新家庭文化概论［M］. 北京：人民出版社，2016.

陈景磐. 中国近代教育史［M］. 北京：人民教育出版社，1979.

畅引婷. 社会性别秩序的重建：当代中国妇女发展路径的探索与实践［M］. 北京：人民出版社，2019.

杜学元. 社会女性观与中国女子高等教育［M］. 北京：人民出版社，2011.

陆春萍. 女性教育与社会问题研究［M］. 北京：中国社会科学出版社，2019.

教育部财务司，国家统计局社会科技和文化产业统计司. 中国教育

---

① 中国性别平等与妇女发展［EB/OL］.（2015-09-22）. http://www.gov.cn/zhengce/2015-09/22/content_2936783.htm.

经费统计年鉴：2020［M］. 北京：中国统计出版社，2021.

石伟平. 中国职业教育发展报告：2018—2019［M］. 上海：华东师范大学出版社，2021.

习近平. 决胜全面建成小康社会 夺取新时代中国特色社会主义伟大胜利：在中国共产党第十九次全国代表大会上的报告［M］. 北京：人民出版社，2017.

杨润勇，等. 中国农村教育发展报告：2010—2020［M］. 北京：科学出版社，2021.

中华人民共和国国务院新闻办公室. 中国性别平等与妇女发展：2015年9月［M］. 北京：人民出版社，2015.

期刊论文类

黄快生. 妇女参与乡村振兴：制度困境与政策选择［J］. 社会科学家，2021（4）：126-132.

刘利群. 知识改变命运教育成就未来：北京世妇会以来中国女性教育事业进步与发展［J］. 中华女子学院学报，2020，32（6）：129.

刘利群，李慧波. 建设高质量教育体系背景下的妇女教育：面向"十四五"规划的讨论［J］. 妇女研究论丛，2021（2）：11-13.

牟月亭，韩建民. 略论我国的性别教育与社会发展［J］. 当代教育与文化，2017，9（2）：26-31.

聂常虹，陈彤，王焕刚，等. 新时代我国妇女脱贫问题研究［J］. 中国科学院院刊，2020，35（10）：1282-1289.

任海涛. 论教育法法典化的实践需求与实现路径［J］. 政治与法律，2021，318（11）：17-29.

沈跃跃. 从党领导妇女事业百年历程中汲取奋进的力量［J］. 妇女研究论丛，2021，167（5）：5-12.

孙立新，叶长胜. 习近平关于终身教育论述的思想探源、内涵价值及实践推进［J］. 大学教育科学，2021，186（2）：26-33.

生兆欣. 政府·市场·社会：学前教育治理的历史变迁及当代审视［J］. 南京师大学报（社会科学版），2021，236（4）：40-51.

吴惠芳，王宇霞. 加快农业农村现代化背景下妇女发展的机遇与挑战：面向"十四五"规划的讨论［J］. 妇女研究论丛，2020，162（6）：

8-12.

于冬青，张琼.农村幼儿园社区教育资源利用现状及政策建议[J].现代教育管理，2021，379（10）：22-27.

郑新蓉，武晓伟，林思涵.妇女与教育：我国教育性别平等的进程与反思[J].山东女子学院学报，2020（6）：1-13.

结语 中国共产党百年妇女教育的根本经验与重大意义

中国共产党建党百年以来，团结带领人民取得了新民主主义革命胜利，建立和发展了社会主义制度、推动了社会主义建设，实行改革开放和社会主义现代化建设，开创了中国特色社会主义新时代。在这个伟大的历史征程中，中国共产党领导下的百年妇女教育取得了以下几点根本经验。

一、始终坚持党的领导

习近平总书记指出："在革命、建设、改革各个历史时期，我们党始终坚持把实现妇女解放和发展、实现男女平等写在自己奋斗的旗帜上，始终把广大妇女作为推动党和人民事业发展的重要力量，始终把妇女工作放在重要位置，领导我国妇女运动取得了历史性成就，开辟了中国特色社会主义妇女发展道路。"[①] 历史经验表明，没有中国共产党，就没有中国妇女的解放，党的领导是妇女教育的根本保证。

中国共产党人早在五四时期就提出了男女同校、大学开放女禁的主张。早在1923年，中国共产党就将妇女与男子一样在教育上享受平等权利写入了中共三大的宣言。中共四大又将"男女教育平等"作为妇女运动的口号之一。在领导中国人民从站起来、富起来到强起来的伟大变革中，中国共产党始终坚持了对妇女教育的领导。从建党初期创办的平民女校、上海大学，到中央苏区临时政府倡导设立的妇女识字班、夜学，到全民族抗日战争时期在延安开办的陕北公学、鲁迅艺术文学院、中国女子大学等学校，再到解放战争时期由各级党校和政府主办的妇女训练班，面向农村广大劳动妇女的冬学、夜校、识字班，在扫除文盲、普及文化、宣传革命思想、发动妇女群众等方面发挥了积极的作用。

在革命战争年代，注重妇女文化教育始终是中国共产党面向广大妇

---

① 习近平在同全国妇联新一届领导班子集体谈话时强调 坚持男女平等基本国策 发挥我国妇女伟大作用 [J]. 中国妇运，2013（11）：4-5.

结语　中国共产党百年妇女教育的根本经验与重大意义

女进行无产阶级思想启蒙，提高她们的文化水准、政治觉悟和工作能力的重要途径。中华人民共和国成立以后，中国的妇女解放获得了实质性的进展。妇女作为国家公民，其受教育权被写入宪法，不仅得到法律的保护，而且在制度上得到保障。伴随中国国民教育体系的逐步完善，女性接受完善的教育已经不再是天方夜谭。中国共产党作为执政党，始终秉持人民至上的理念，将教育工作置于推动国家进步与发展的首位。党的十八大以后，更将教育的重要性提升到"国之大计、党之大计"的高度，对其给予了充分的重视。习近平总书记关于教育的重要论述，给中国教育在新的历史条件下的改革与发展提供了根本的遵循。教育兴则国家兴，教育强则国家强。新中国成立70多年来，在中国共产党领导下的中国教育取得了令世界瞩目的成就，而其中妇女教育的历史性跨越是新中国教育成就的重要组成部分。

回顾历史，是为了更好地向前发展。中国共产党百年发展历程已经证明，没有党的坚强领导，没有一代代中国共产党人艰苦卓绝的奋斗，中国的妇女教育不可能有今天的进步与成就。党的领导始终是中国妇女教育事业发展的根本保证。

二、始终在马克思主义妇女理论中国化的进程中推进

毛泽东曾经指出："真正的理论在世界上只有一种，就是从客观实际抽出来又在客观实际中得到了证明的理论，没有任何别的东西可以称得起我们所讲的理论。"[①] 马克思主义妇女理论是马克思和恩格斯在19世纪40年代至90年代创立的，是马克思主义理论体系的重要组成部分。中国共产党在领导中国革命、建设、改革和新时代的实践过程中，将马克思主义基本原理同中国具体实际相结合，不断形成具有中国特色的马克思主义理论成果，这就是马克思主义中国化的过程。而中国共产党妇女教育的百年实践，实际上就是中国共产党在领导妇女解放运动的过程中将马克思主义妇女理论运用于中国实际、使之具有中国风格和中国气质的过程，是马克思主义中国化的有机组成部分。

---

① 毛泽东. 毛泽东选集：第3卷 [M]. 2版. 北京：人民出版社，1991：817.

妇女教育

五四新文化运动时期，中国先进的知识分子选择并接受了马克思主义及其妇女解放理论，率先运用马克思主义探索中国妇女解放的道路，指出只有消灭私有制，实现社会主义，妇女才能得到真正的解放。中国共产党自成立之日起，就将推进男女平等、实现妇女解放写在自己的旗帜上。而教育是主要的途径和有效的方法。中国共产党人主张，应将中国妇女运动的重点放在劳动妇女的解放上面，促使劳工妇女运动与劳工男子运动的结合[①]。中国共产党成立之初，就创办了平民女校、上海大学、湖南自修大学等，培养了一批妇女运动的骨干。在其后的革命和建设过程中，中国共产党始终从中国国情出发，根据中国革命形势的发展，在马克思主义妇女理论中国化的一次次飞跃中，不断探索符合中国国情的妇女教育方式和路径。在中国革命和建设时期，中国共产党通过创办夜校、冬学、半日学校、补习班、短训班等灵活的教育形式，面向广大劳动妇女普及文化知识、生产生活常识，讲授革命道理，激发她们参与革命斗争的积极性、主动性。土地革命战争时期，中国共产党开始了正规学校教育的实践。有计划地建立列宁小学、业余学校、工人子弟学校等普及文化知识，并在学校教育之外开展社会教育，创办读报班、识字班、讨论会、俱乐部、演讲所、剧团等，使苏区工农群众都能识字，取得了良好的效果。

毛泽东妇女解放思想是马克思主义妇女理论中国化的代表，毛泽东对"妇女能顶半边天"的形象提法，生动地体现了中国共产党人对男女平等原则的认识，在新的社会制度下，广大妇女建设社会主义新国家的自主性空前提高，各行各业涌现了一批优秀的女性代表。改革开放和社会主义现代化建设新时期，以邓小平、江泽民、胡锦涛等同志为主要代表的中国共产党人围绕社会主义初级阶段的基本国情，就中国妇女运动和妇女工作提出了符合中国国情的新观点和新论断，形成了新时期中国特色社会主义妇女理论，对促进中国妇女教育的发展起到了积极的作用。改革开放之后，教育在推进经济社会发展中的重要作用得以凸显。党的十三大强调"必须坚持把发展教育事业放在突出的战略位置"，党

---

① 魏国英. 中国共产党对中国化马克思主义妇女理论的构建[J]. 中华女子学院学报, 2021, 33 (3): 5-10.

结语　中国共产党百年妇女教育的根本经验与重大意义

的十四大第一次提出"把教育摆在优先发展的战略位置"。为了实现党的十四大所确定的战略任务，20世纪90年代至21世纪初教育领域进行了一系列改革。1993年，中共中央、国务院颁布《中国教育改革和发展纲要》，1995年5月，在《关于加速科学技术进步的决定》中首次提出在全国实施科教兴国战略。党的十五大提出了跨世纪社会主义现代化建设的宏伟目标与任务，对落实科教兴国战略做出了全面部署。为实现上述工作目标，全面推进教育改革和发展，提高全民族素质和创新能力，教育部出台了《面向21世纪教育振兴行动计划》。教育事业发展步入了"快车道"，妇女教育也伴随国民教育体系的完善和教育事业的推进实现了新的跨越。1995年，联合国第四次世界妇女大会在北京召开，中国政府积极履行对国际社会的承诺，通过法律法规及政策手段进一步保障男女公民平等的受教育权，在推进教育事业全面进步的基础上促进女性受教育水平的提高。联合国第四次世界妇女大会以来，中国15岁以上女性人口人均受教育年限增幅超过男性，女性文盲率下降幅度大于男性，男女受教育水平的差距进一步缩小。

党的十八大以来，以习近平同志为核心的党中央带领全国各族人民团结奋斗，推动中国特色社会主义事业进入新时代。习近平新时代中国特色社会主义思想是当代中国马克思主义、21世纪马克思主义，是中华文化和中国精神的时代精华，实现了马克思主义中国化新的飞跃，是党和人民实践经验和集体智慧的结晶，是全党全国人民为实现中华民族伟大复兴而奋斗的行动指南，必须长期坚持并不断发展。习近平总书记指出，"实现中华民族伟大复兴，是党和国家工作大局，也是当代中国妇女运动的时代主题。要牢牢把握这一时代主题，把中国发展进步的历程同促进男女平等发展的历程更加紧密地融合在一起"[①]。组织动员妇女走在时代前列是习近平总书记对妇女工作的殷切希望，他提出妇女要"做伟大事业的建设者、做文明风尚的倡导者、做敢于追梦的奋斗者"[②]。2015年，在全球妇女峰会上，习近平总书记提出要推动妇女和经济社会同步发展，要确保妇女平等分享发展成果。习近平总书记还强

---

①　坚持男女平等基本国策　发挥我国妇女伟大作用[N].人民日报，2013-11-01(1).
②　在新征程上续写"半边天"新荣光[N].中国妇女报，2021-03-07(1).

调妇女权益是基本人权,保障妇女权益必须上升为国家意志,让性别平等落到实处。习近平关于妇女问题的一系列重要论述不仅极大地拓展了中国共产党在新的历史条件下推进男女平等事业的理论内涵,而且极大地促进了中国妇女工作的有序推进,为马克思主义中国化的理论宝库增加了新的内容。在这一过程中,中国新时代的妇女教育被赋予了新的目标、新的内容、新的形式,取得了新的进展。

三、始终与党的各项事业同频共振

"作为无产阶级政党,中国共产党自成立起就认为妇女运动是内在包含于党的整个革命事业之中的,是整个党的工作的有机组成部分。一大召开后,中国无产阶级妇女运动就与党的事业同探索、同发展。"[1] 中国共产党妇女教育,是中国共产党领导的中国妇女解放运动的有机组成部分,是教育妇女、发动妇女、赋能女性的重要手段和基本途径。无论是在革命、建设时期,还是在改革开放和社会主义现代化建设新时期,抑或是在中国特色社会主义进入新时代的今天,妇女教育始终是在党的坚强领导下,与党的各项工作同步推进、同步发展的。

平等参与教育是女性基本权利不可或缺的组成部分,是改善妇女生活状况、提高妇女社会地位、为妇女发展赋权的重要途径[2]。妇女教育涉及方方面面,是一项系统工程。新中国成立后,我们虽然在法律上、在政策上、在制度上确立了妇女作为国家公民应享有的基本权利,女性教育得到了极大的促进。但是,随着时代的发展,妇女教育要适应新的经济社会转型,回应人力资源强国建设的新任务要求,特别是在市场经济的条件下女性多重身份对女性发展的冲击,都给妇女教育提出了新课题、新挑战。无论是作为建设教育强国一部分的妇女教育,还是作为社会建设一部分的妇女教育,都不能独自获得发展,

---

[1] 马芳平. 百年来中国共产党领导和推进妇女工作的理念及方法创新 [J]. 山东女子学院学报,2021 (3):32-42.

[2] 史静寰. 教育、赋权与发展:'95 世妇会以来中国妇女教育研究回顾 [J]. 妇女研究论丛,2007 (1):59-66.

结语　中国共产党百年妇女教育的根本经验与重大意义

妇女教育问题，比如女童教育问题、女大学生发展问题、各行业女性管理者发展空间问题，只能在全社会发展的过程中得到解决。"使妇女教育成为社会大系统中有机的组成部分，与党的各项事业同步发展、良性循环，这是形势发展的客观需要、妇女教育的治本之路。"①

四、始终面向广大劳动妇女和全体党员干部

《中国共产党章程》明确指出，"中国共产党是中国工人阶级的先锋队，同时是中国人民和中华民族的先锋队"，"代表中国先进生产力的发展要求，代表中国先进文化的前进方向，代表中国最广大人民的根本利益"②，"除了工人阶级和最广大人民群众的利益，没有自己特殊的利益"③ 是中国共产党人的庄严告白和庄严承诺。在领导中国人民从站起来、富起来到强起来的历史进程中，始终坚持回应人民的需求，满足人民的需要，把为中国人民谋幸福、为中华民族谋复兴作为自己的初心和使命，艰苦奋斗，百年不辍。中国共产党妇女教育的百年历史，也充分体现了中国共产党的初心与使命。面向最广大的劳动妇女，视她们为变革中国社会的重要力量，中国革命、建设和改革的重要人力资源，新时代中国特色社会主义现代化强国建设的重要参与者，这是中国共产党妇女教育百年探索中对女性群体社会角色的核心定位。因此，一方面，中国共产党妇女教育的作用不是扮演女性的"救世主"，而是唤醒深藏在广大中国妇女心中对家与国的责任，唤醒妇女的自主意识，使她们自觉将个人的命运融入时代的洪流、融入民族解放和国家发展的大局中去。另一方面，中国共产党的妇女教育，除了将广大劳动妇女作为教育、引导和支持的对象，还要时时注意向全体党员干部进行妇女解放和男女平等思想的教育，妇女教育并不是少数妇女骨干积极实践的领域，而是作为党领导中国革命、建设、改革和新时代社会主义事业不可或缺的一个方面，是党在新民主主义革命时期推动反

---

① 王秀娟. 妇女教育应与党的各项事业同步发展 [J]. 妇女学苑，1991 (2)：5-7.
② 中国共产党章程 [M]. 北京：人民出版社，2022：1.
③ 同②21.

帝反封建、争取民族解放，在新中国成立后践行以人民为中心执政理念的重要组成部分。这一基本经验，彰显了中国共产党的革命性、人民性和进步性，也是中国共产党妇女教育区别于在资本主义制度框架下寻求权利平等的女性主义妇女教育主张的根本之处。

五、始终坚持与时俱进回应时代主题

中国共产党自成立以来，始终将妇女解放作为奋斗目标之一。妇女教育是重要的方式和途径。中国共产党建党百年的历史证明，中国共产党妇女教育在其发展过程中，始终与时俱进，回应时代主题，为中国妇女解放事业，为中国男女平等基本国策做了坚实的支撑。

新民主主义革命时期，以劳动妇女为主要力量，联合各阶层妇女投身于推翻帝国主义、封建主义和官僚资本主义"三座大山"的斗争中，打破封建礼教束缚、维护劳动妇女经济利益、实现男女平等是该时期中国共产党领导妇女解放运动的主题。妇女教育围绕这一要求，在破除禁锢广大妇女的封建传统观念、灌输革命思想、普及文化知识和生产生活常识等方面做了大量工作，为发动妇女、教育妇女、引导广大妇女投身革命大潮及融入民族民主革命发挥了巨大作用。中华人民共和国成立后，中国共产党带领中国人民建设社会主义新国家，建设和巩固社会主义成为新的时代主题。在建设社会主义新国家的过程中，动员妇女参与社会主义建设事业，继续与束缚女性的封建残余观念做斗争，进一步改善妇女地位，推动妇女发挥好"半边天"作用是妇女工作的主题，而妇女教育也呼应了这一时代主题，通过扫除文盲、广泛的社会动员与面向妇女的思想教育等活动，妇女掌握了文化知识，积极投身工农业生产，支援国家经济建设，成为社会主义新国家建设的主力军。

党的十一届三中全会开启了改革开放和社会主义现代化建设的伟大征程。基于社会主义初级阶段的现实国情和社会主要矛盾的转变，将中国建设成为社会主义现代化国家是改革开放和社会主义现代化建设新时期中国妇女运动的时代主题。1978年的中国妇女第四次全国代表大会

结语　中国共产党百年妇女教育的根本经验与重大意义

就提出了"四个现代化需要妇女，妇女需要四个现代化"的口号，随后的历次妇女代表大会均根据国家经济社会发展的新形势，提出了妇女工作的新方针[①]。比如，中国妇女第五次全国代表大会提出维护妇女儿童合法权益，充分发挥妇女在建设社会主义物质文明和精神文明中的作用[②]；中国妇女第六次全国代表大会提出围绕经济建设开展妇女运动，从社会发展中求解放，号召广大妇女提高自身素质[③]；中国妇女第七次全国代表大会提出大力提高妇女素质，依法维护妇女权益，全面提高妇女地位，以行动谋求平等和发展[④]；中国妇女第八次全国代表大会明确了跨世纪妇女发展的工作目标[⑤]；中国妇女第九次全国代表大会根据党的十六大报告关于全面建设小康社会的奋斗目标，确定了妇女工作的总目标，强调妇女儿童发展环境的全面优化，妇女在经济、政治、文化、社会和家庭生活等领域的平等得到切实保障，性别平等意识在全社会深入人心，妇女综合素质明显提高，参与可持续发展能力显著增强，男女平等基本国策和儿童优先原则得到进一步贯彻落实[⑥]；2008年，中国妇女第十次全国代表大会也围绕全面建设小康社会的国家发展目标制定了妇女工作的发展目标[⑦]。在上述国家经济社会发展的大背景下，在中国妇女工作有效推进的进程中，妇女教育发挥了全面提升妇女素质、增强女性群体可持续发展能力、提升全社会对妇女儿童的关爱、推进性别平等意识深入人心的积极作用。

[①] 耿化敏. 当代中国妇女运动的伟大转折：中国妇女四大与妇女工作的拨乱反正［J］. 中国妇运，2018（4）：41-44.

[②] 中国妇女第五次全国代表大会：中华全国妇女联合会章程（1983）[EB/OL]. (2004-06-14). https://www.wsic.ac.cn/index.php?m=content&c=index&a=show&catid=37&id=671.

[③] 中国妇女第六次全国代表大会中华全国妇女联合会章程（1988）[EB/OL]. (2004-06-14). https://www.wsic.ac.cn/index.php?m=content&c=index&a=show&catid=37&id=731.

[④] 中国妇女第七次全国代表大会：中华全国妇女联合会章程（1993）[EB/OL]. (2004-06-14). https://www.wsic.ac.cn/index.php?m=content&c=index&a=show&catid=37&id=841.

[⑤] 中国妇女第八次全国代表大会关于中国妇女第八次全国代表大会报告的决议（1998）[EB/OL]. (2005-10-14). https://www.wsic.ac.cn/index.php?m=content&c=index&a=show&catid=38&id=1576.

[⑥] 弘扬时代精神　共创美好未来：学习贯彻中国妇女九大精神的体会［J］. 中国妇运，2003(11)：26-29.

[⑦] 中国妇女第十次全国代表大会：中华全国妇女联合会章程［EB/OL］. (2009-05-15). https://www.wsic.ac.cn/index.php?m=content&c=index&a=show&catid=38&id=1555.

党的十八大以来，中国妇女运动与妇女工作也进入了建设中国特色社会主义的新时代。正如习近平总书记指出的那样，实现党的十八大提出的目标任务，实现中华民族伟大复兴，是党和国家的工作大局，也是当代中国妇女运动的时代主题①。在实现中华民族伟大复兴中国梦的时代主题下，秉持"发展离不开妇女，发展要惠及包括妇女在内的全体人民"的理念，中国共产党妇女教育不仅继续激励广大女性弘扬"自尊、自信、自立、自强"精神，继续在新时代中国特色社会主义建设中建功立业，还继续在弘扬中华优秀传统文化、在社会建设和家庭建设中发挥独特作用，而且，中外妇女工作交流日益活跃，妇女教育交流也日益深入②。在构建人类命运共同体理念的指导下，中国政府以更加自信的姿态，积极参与全球治理，在促进联合国2030年可持续发展目标实现、推动国际社会共同抗击新冠疫情、维护世界和平稳定中发挥着积极作用。中国共产党领导的妇女运动与妇女工作、妇女教育在更为广阔的背景下，正在创造新的"中国故事"。

"百年征程波澜壮阔，百年初心历久弥坚"，中国共产党自成立以来，一直把为中国人民谋幸福、为中华民族谋复兴作为自己的初心与使命，在领导中国人民进行革命、建设、改革和新时代伟大实践的艰难探索中，不仅将妇女视作被解放的对象，还将妇女视为革命、建设、改革和新时代伟大实践的主体，发动妇女、组织妇女、教育妇女、激发女性的创造力是中国共产党在革命时期领导中国妇女解放运动，在建设、改革和新时代的历史背景下推动男女平等基本国策落实的主要内容。在这一过程中，妇女教育扮演了重要角色，发挥了积极作用；妇女教育实践成就是新中国从站起来、富起来到强起来的真实写照，妇女教育理论体系是马克思主义理论中国化时代化的重要成果。通过对中国共产党百年妇女教育历程的系统梳理，发现始终坚持党的领导、始终在马克思主义妇女理论中国化的进程中推进、始终与党的各项事业同频共振、始终面

---

① 坚持男女平等基本国策 发挥我国妇女伟大作用［N］．人民日报，2013-11-01（1）．
② 习近平．促进妇女全面发展 共建共享美好世界：在全球妇女峰会上的讲话［J］．中国妇运，2015（11）：4-5．

向广大劳动妇女和全体党员干部、始终与时俱进回应时代主题的根本经验表明：只有在中国共产党的领导下，才能更好地教育妇女；只有在中国共产党的领导下，才能更好地发展妇女；只有在中国共产党的领导下，才能更好地解放妇女。在全面建设社会主义现代化国家新征程中，中国共产党的妇女教育必将书写新的壮丽诗篇。

本章参考文献

著作类

毛泽东．毛泽东选集：第3卷［M］．2版．北京：人民出版社，1991．

中国共产党章程［M］．北京：人民出版社，2022．

期刊论文类

弘扬时代精神共创美好未来：学习贯彻中国妇女九大精神的体会［J］．中国妇运，2003（11）：26-29．

耿化敏．当代中国妇女运动的伟大转折：中国妇女四大与妇女工作的拨乱反正［J］．中国妇运，2018（4）：41-44．

史静寰．教育、赋权与发展：'95世妇会以来中国妇女教育研究回顾［J］．妇女研究论丛，2007（1）：59-66．

魏国英．中国共产党对中国化马克思主义妇女理论的构建［J］．中华女子学院学报，2021，33（3）：5-10．

习近平．促进妇女全面发展 共建共享美好世界：在全球妇女峰会上的讲话［J］．中国妇运，2015（11）：4-5．

习近平在同全国妇联新一届领导班子集体谈话时强调 坚持男女平等基本国策 发挥我国妇女伟大作用［J］．中国妇运，2013（11）：4-5．

马芳平．百年来中国共产党领导和推进妇女工作的理念及方法创新［J］．山东女子学院学报，2021（3）：32-42．

王秀娟．妇女教育应与党的各项事业同步发展［J］．妇女学苑，1991（2）：5-7．

报纸类

坚持男女平等基本国策 发挥我国妇女伟大作用［N］. 人民日报，2013-11-01（1）.

在新征程上续写"半边天"新荣光［N］. 中国妇女报，2021-03-07（1）.

其他

中国妇女第五次全国代表大会：中华全国妇女联合会章程（1983）［EB/OL］.（2004-06-14）. https：//www. wsic. ac. cn/index. php? m＝content&c＝index&a＝show&catid＝37&id＝671.

中国妇女第六次全国代表大会中华全国妇女联合会章程（1988）［EB/OL］.（2004-06-14）. https：//www. wsic. ac. cn/index. php? m＝content&c＝index&a＝show&catid＝37&id＝731.

中国妇女第七次全国代表大会：中华全国妇女联合会章程（1993）［EB/OL］.（2004-06-14）. https：//www. wsic. ac. cn/index. php? m＝content&c＝index&a＝show&catid＝37&id＝841.

中国妇女第八次全国代表大会关于中国妇女第八次全国代表大会报告的决议（1998）［EB/OL］.（2005-10-14）. https：//www. wsic. ac. cn/index. php?m＝content&c＝index&a＝show&catid＝38&id＝1576.

中国妇女第十次全国代表大会：中华全国妇女联合会章程［EB/OL］.（2009-05-15）. https：//www. wsic. ac. cn/index. php?m＝content&c＝index&a＝show&catid＝38&id＝1555.

后　记

　　本书是"中国共产党百年教育理论与实践研究丛书"的一本，是集体合作的成果。参与写作的人员来自中国人民大学马克思主义学院、社会与人口学院、教育学院。具体分工是：靳诺负责整体框架设计并撰写了前言；张晓京撰写了绪论和结语；宋少鹏撰写了第一章；胡莉芳撰写了第二章，卢荷、孙茜参与了部分工作；宋月萍撰写了第三章；谢梦撰写了第四章；郑水泉、张晓京负责全书书稿的统改；教育学院博士研究生郑佳、王涛、曹宇新，马克思主义学院博士研究生吕瑶、房颖、廖志超、文晨越协助进行了部分资料的收集和整理工作；教育学院袁玉芝参与了部分工作，秦佳丽参与了组织协调工作。

　　中国共产党妇女教育是一个全新的课题。从中国共产党百年发展的大历史线索中把握妇女教育从无到有、从弱到强的发展脉络，说明伴随中国共产党领导中国人民从站起来、富起来到强起来的时代主题的变化，妇女教育扮演了什么角色，取得了什么成绩，发挥了什么作用，未来将如何发展等重要问题，其难度不小，压力很大。我们这个团队虽然尽最大可能吸收同行的相关研究成果，在自己研究的基础上努力回答上述问题，但由于集体项目时间的限制，由于跨越百年的历史梳理需要时间的沉淀、积累和更精细的研究，所以，本书的写作只能算是为中国共产党百年妇女教育研究探路，是最为初步的尝试，错漏之处还恳请方家指正。

编　者

2022 年 10 月 19 日

图书在版编目（CIP）数据

妇女教育/靳诺，郑水泉主编．--北京：中国人民大学出版社，2023.9
（中国共产党百年教育理论与实践研究丛书/靳诺总主编）
ISBN 978-7-300-31839-4

Ⅰ.①妇… Ⅱ.①靳…②郑… Ⅲ.①妇女教育-教育史-研究-中国 Ⅳ.①G776

中国国家版本馆 CIP 数据核字（2023）第 122014 号

国家出版基金项目
"十四五"时期国家重点出版物出版专项规划项目
中国共产党百年教育理论与实践研究丛书
总 主 编 靳　诺
执行主编 郑水泉 刘复兴

妇女教育

主编　靳　诺　郑水泉

出版发行	中国人民大学出版社			
社　　址	北京中关村大街31号		邮政编码	100080
电　　话	010-62511242（总编室）		010-62511770（质管部）	
	010-82501766（邮购部）		010-62514148（门市部）	
	010-62515195（发行公司）		010-62515275（盗版举报）	
网　　址	http://www.crup.com.cn			
经　　销	新华书店			
印　　刷	北京宏伟双华印刷有限公司			
开　　本	720 mm×1000 mm　1/16		版　次	2023年9月第1版
印　　张	16.75		印　次	2023年9月第1次印刷
字　　数	237 000		定　价	78.00元

版权所有　侵权必究　印装差错　负责调换